本书受“云南省教育厅高校学术著作出版基金”资助
本书为国家社会科学基金项目研究成果（项目编号：05XZX003）

○樊　勇　高筱梅　著

理性之光

LIXING ZHI GUANG
LUN FAZHAN DE HELIXING JI XIBU DIQU HELI FAZHAN

论发展的合理性及西部地区合理发展

云南大学出版社
YUNNAN UNIVERSITY PRESS

图书在版编目（CIP）数据

理性之光：论发展的合理性及西部地区合理发展/樊勇，高筱梅著．—昆明：云南大学出版社，2011
ISBN 978－7－5482－0495－4

Ⅰ．①理…　Ⅱ．①樊…　②高…　Ⅲ．①区域经济发展—研究—西北地区②区域经济发展—研究—西南地区
Ⅳ．①F127

中国版本图书馆 CIP 数据核字（2011）第 124897 号

理性之光——论发展的合理性及西部地区合理发展

樊　勇　高筱梅　著

责任编辑：蔡红华　和六花
装帧设计：夏雪梅
出版发行：云南大学出版社
印　　装：昆明宝王印务有限公司
开　　本：889mm×1194mm　1/32
印　　张：10
字　　数：258 千
版　　次：2011 年 7 月第 1 版
印　　次：2011 年 7 月第 1 次印刷
书　　号：ISBN 978－7－5482－0495－4
定　　价：25.00 元

地　　址：昆明市翠湖北路 2 号云南大学英华园内（邮编：650091）
发行电话：0871－5033244　5031071
网　　址：www. ynup. com
E－mail：market@ ynup. com

前　言

当代哲学的一个前沿问题便是对发展的哲学思考。近些年，发展的合理性问题已成为社会关注的焦点。

发展是人类社会的主题，“发展才是硬道理”。发展有其内在的合理性规定，并非一切发展都是合理的。发展不仅是一个快与慢的问题，还是一个好与坏的问题。不仅是一个怎样发展的问题，更是一个为谁发展的问题。发展的合理性是发展的一个关键性问题。西部大开发战略正进入全面和深入的发展阶段，在以科学发展观为指导和构建和谐社会的时代背景下，西部广大地区的开发、建设和发展取得了举世瞩目的辉煌成就。但西部地区仍然有诸多关于发展的合理性问题值得深入研究。对发展合理性的研究体现了以哲学方式对人类发展行为及其效应的自觉关注和反思。

党的十六届三中全会提出了科学发展观这一重要概念，十六届六中全会又进一步明确了建设社会主义和谐社会的任务，十七大更是强调要全面把握科学发展观的科学内涵和精神实质，着力解决影响和制约科学发展的突出问题，把科学发展观贯彻落实到经济社会发展的各个方面。[①] 科学发展观的确立、和谐社会目标的提出，表明我们党和国家对发展的认识具有时代性和前瞻性，是对社会主义社会本质和社会发展

① 科学发展观重要论述摘编［G］. 北京：中央文献出版社，2009.

规律的新认识，标志着我国发展模式的深刻转变，反映出我们对合理发展的高度重视。

书中对发展的合理性及合理发展进行系统深刻的理论阐述，对合理发展的评价、合理发展模式的选择等作了论述，结合西部地区发展实际，对存在问题和解决办法作了具体分析论证。

本书的特色在于以发展的合理性为核心、以科学发展观为指导、以人类社会可持续发展和人的自由全面发展为归宿，以西部地区合理发展为切入点，在哲学、社会学及经济学层面对发展合理性进行了理论阐释和实证分析。刻意体现理论与实际相联系、共性与个性相统一、定性分析与定量分析相结合。

著　者

2011年4月

目　录

上篇　理论与认识

第一章　内涵与实质
——解读发展 …………………………………… (3)
一、发展的内涵与本质 ……………………………… (3)
二、发展思想的演变历程…………………………… (11)
第二章　核心与要义
——合理发展的内核在于发展的合理性……… (21)
一、关于合理性……………………………………… (22)
二、发展的合理性问题……………………………… (34)
三、发展的合理度…………………………………… (45)
第三章　追问与考证
——合理发展的理论与现实…………………… (48)
一、合理发展何以可能……………………………… (48)
二、可持续发展与合理发展的内恰………………… (49)
三、对“部分先富，先富带后富”发展方式
合理性的认识…………………………………… (58)

四、社会主义阶段发展市场经济的历史必然性与合理性……………………………………………（63）
五、由发展的合理性引出对“效率优先，兼顾公平”的思索——“效率优先，兼顾公平”具有阶段性……………………………………………（64）
六、对发展代价的合理而辩证的思考——两益相衡夺其重，两害相衡取其轻……（69）
七、对合理发展的总体把握…………………………（72）
第四章 标准与模式
——发展合理性的显化 ……………………（76）
一、合理发展的评价原则与标准问题分析………（76）
二、合理发展的模式问题探讨………………………（85）

下篇 问题与对策

第五章 颇具潜力的西部
——大开发中的大发展…………………………（95）
一、西部地区的基本自然情况………………………（95）
二、促进合理发展的契机——西部地区大开发……………………………………………………（96）
第六章 问题的显现
——西部地区发展中欠合理性的诸多表现 ……（108）
一、认识方面的欠合理性之剖析 ………………（109）
二、经济发展方面欠合理性之探究 ……………（113）
三、社会发展方面欠合理性之分析 ……………（125）
四、生态环境发展方面欠合理性之论证 ………（133）
五、城市发展方面欠合理性之认知 ……………（142）

第七章 合理发展的瓶颈
——阻碍西部地区合理发展的主要因素 ……（146）
一、政策和体制存在欠缺 ……………………（146）
二、西部地区贫困问题仍未得到根本解决 ……（148）
三、西部地区开发及发展进程中的环境瓶颈
……………………………………………（149）
四、西部地区科教事业发展及人力资源开发的短板
……………………………………………（150）
五、西部地区的开放程度和实效依然不尽如人意
……………………………………………（156）
六、西部地区承接产业转移的能力弱、选择性差
……………………………………………（156）
七、西部地区持续发展的内生增长因素远未形成
……………………………………………（159）
八、城市发展相对滞缓成为合理发展的“梗阻”
……………………………………………（161）
九、西部地区发展资金短缺 …………………（164）
十、经济发展与生态及环境保护矛盾的约束
……………………………………………（165）
第八章 提升西部地区发展合理性
——宏观层面的思考与对策 …………………（169）
一、思想观念的合理转变 ……………………（169）
二、制度的合理创新 …………………………（176）
三、国家调控功能的合理发挥 ………………（178）
第九章 提升西部地区发展合理性
——中观层面的思考与对策 …………………（188）

一、开拓解决西部地区生态贫困和温饱问题新的合理途径 …………………………………… (188)
二、西部地区发展模式的合理取舍 ……………… (191)
三、产业结构的合理调整、优化和升级 ………… (204)
第十章 提升西部地区发展合理性——微观层面的思考与对策 ………………… (212)
一、西部地区合理发展中农业的合理发展 …… (212)
二、西部工业发展模式的合理建构 ……………… (225)
三、西部地区城市化合理发展的思考 …………… (238)
四、西部地区资源的合理开发与利用 …………… (243)
五、西部地区发展中生态环境保护的合理途径 ………………………………………………… (249)
六、切实立足本地，合理培育特色及规模 …… (252)

附 录 攀枝花钢铁（集团）公司发展循环经济综合研究报告 ………………………………… (263)
结 语 ………………………………………………… (299)
主要参考文献 ……………………………………… (301)
后 记 ………………………………………………… (307)

上篇　理论与认识

第一章　内涵与实质

——解读发展

发展是人类社会、国家及地区不容置疑和争辩的事实，发展是不可抗拒的趋势，发展是永恒的主题。邓小平同志曾高度而敏锐地概括出了“发展是硬道理”这一具有时代性的重要命题。随着科学发展观的创新提出和深入实践，对发展有了更高的要求——又好又快。发展是一个宽泛的、丰富的、深厚的哲学、经济学、社会学范畴，其囊括了经济社会发展的各个方面，并包含全面、协调、可持续发展的深刻内涵；体现了对发展合理性的深入思考，对人类社会发展规律的深刻把握。

一、发展的内涵与本质

（一）定义发展

词典中，发展是“事物由小到大、由简单到复杂、由低级到高级的变化”[①]。从特定意义上讲，发展专指一个社会的现代化问题和现代化过程[②]。

---

① 中国社会科学院语言研究所词典编辑室编．现代汉语词典［G］．北京：商务印书馆，1983：295.

② 吴忠民．发展社会学［M］．北京：高等教育出版社，2002：65.

社会层面的“发展”是一个十分厚重的范畴，不仅指经济的发展，还包括政治、文化等各领域的发展；既有量的增加，又有质的变化；既有生产力和经济基础的发展，又有生产关系和上层建筑的发展；既是当前的发展，又是长远的发展。不仅是物的发展，更是人的发展。

作为当今时代的主题，发展主要是指满足社会主体（即人类）生存和进一步幸福之需要，表征着社会进步。与此同时，由于发展具有社会历史性和鲜明的社会指向性，因而又可成为考量社会变化的评价性范畴。发展对应于社会的进步性变化，若社会没有发展，则意味着社会变化呈现退步或陷入困境。当然，由于标准、背景和视角的不同，人们在认识的细节上会对发展有着不同理解。譬如有的观点认为科技革命和工业发展是发展的标志，也有观点认为现代科技和工业恰是造成人类文明与生态环境发生冲突的主要原因，是伪发展，回到自然经济中去才是发展，如此等等。但不论作何种诠释，有一点是被共同认可的，即社会向前和向上的整体结果与趋势当为发展本身。

（二）探讨发展范畴的内涵

全面深入领会发展的内涵是正确评价发展和有效促进发展的前提。从一般意义上说，发展等同于社会进步。社会进步作为一种人类社会的历史现象，是一个正向的、积极的社会变化，即人类社会由低级到高级、由简单到复杂的运动过程、趋向及结果。社会进步作为反映人类社会演变过程或走势的历史观念，对人类社会生活起着巨大而直接的指导、肯定和激励作用。人类始终不会满足于现实状况，始终会努力促使已经获得的文明向一个更为令人满意的方向发展。这样，人类总会在现实发展状况的基础上，提出新的构想、目标和预言，憧憬和勾勒更美好的未来。这种社会进步的观念和认识，就其体现和不断实现人的需要来说，是推动社会进步的精神动力。

从哲学上分析，社会进步与发展同价值有关，是一个社会价值评价问题。社会进步及发展的观念和认识，亦是作为一种价值理论而存在着。在该价值评价活动中，作为社会价值评判主体的人，依据一定的价值标准，对作为社会价值评判客体的整个社会或特定国家及地区的社会发展状况，作出理论及观念形态的价值判断。同时也反映出评价主体的主观价值标准与对象客体客观发展状况之间的契合关系。而主体考察、评判对象客体的价值标准，则成为判断社会进步及发展最为重要的依据。

倘若再作进一步的深入分析，社会发展是在社会进步基础上所产生的社会系统的正向质变过程，是社会构成要素相互作用而形成的一种整体性的跃迁。其中，经济发展只是社会发展中的一个基本部分，其所反映的也只是社会整体构成中的局部变化。这种变化虽然在社会变革中处于基础地位，影响着社会诸多构成的变化，但却并不决定社会进步及发展的整体性质。

全面建设小康社会发展战略和科学发展观赋予了发展新的内涵。社会发展不同于经济发展，而经济发展也有别于经济增长。在第四届中国经济学家论坛上，全国人大常委会副委员长成思危以学者的身份对此提出了自己的看法。他说，增长是发展的重要因素，但不是唯一因素。要在未来20年中实现中国国内生产总值翻两番，提高人民素质，使中国经济具有可持续发展的能力，过分注重发展速度不行，要全面把握十六大报告中所讲的发展的内涵，实现社会、经济、科技等方面的全面进步和人民生活质量的提高。发展和增长并不是完全相等的，实际上，发展是全面的，不仅包括物质，还包括人的素质等多个方面。党的十七大报告将发展提到新的认识高度，指出要以科学发展观为指导，实现以人为本，全面协调可持续的崭新发展观。

审视过去、展望未来，在我国现代化建设的“三步走”战略部署中，如果说前“两步走”是以发展经济为主要内容的话，那么“第三步”便是强调社会的全面发展，是由“又快又好地发展”向“又好又快地发展”的转化，由“GDP为本”向“以人为本”的转变。全面建设小康社会目标的制定和构建社会主义和谐社会任务的提出使发展在三个维度上呈现出更多的内涵：其一，横向的全面发展。党的十七大进一步明确了全面建设小康社会的目标是全面发展的目标。这里所说的全面发展，既包括经济的发展，同时包括政治、文化、科技、教育、社会等各方面和人的全面发展。建设中国特色社会主义，应是我国经济、政治文化全面发展的过程，是我国物质文明、政治文明、精神文明全面建设的过程。把发展作为党执政兴国第一要务，既要求把经济建设作为中心任务抓紧抓好，又要求把其他各项事业的发展抓紧抓好。其二，纵向的可持续发展。可持续发展观主张人类的发展不应该破坏自然界的丰富性和多样发展的可能性，一部分人的发展不能以损害另一部分人的发展为代价，当代人的发展不能以牺牲后代人发展的能力为代价。十六大报告把“可持续发展能力不断增强，生态环境得到改善，资源利用效率显著提高，促进人与自然的和谐，推动整个社会走上生产发展、生活富裕、生态良好的文明发展道路”作为全面建设小康社会的重要内容之一，这不仅具有新意而且很有时代感。其三，内在的相互协调发展。这是指经济、社会、自然的协调统筹发展。我们讲发展是党执政兴国的第一要务，并不意味着其他方面的任务就无关紧要。物质文明建设不能以牺牲精神文明为代价，经济发展不能以污染环境为代价，国家发展不能以地区巨大差距为代价。

坚持发展，历来是我们党全力关注和努力实践的重大问题。毛泽东曾形象地指出“落后就要挨打”，邓小平深刻地强调“发展才是硬道理”，江泽民高瞻远瞩地提出“把发展作为党执政兴国的第一要务”，胡锦涛站在时代的高度阐发“科学发展”的重要论断。党的十六大报告中强调：“能不能解决好发展问题，直接关系人心向背、事业兴衰。党要承担起推动中国社会进步的历史责任，必须始终紧紧抓住发展这个执政兴国的第一要务。”党的十七大报告则使我们产生了这样一种思考：能否科学、合理地发展，是发展的关键。

（三）揭示发展的本质

关于发展的本质问题，不少学者认为，发展的本质是人们生活状况、生活质量的改善，提高人们建构自己的未来的能力，表现为经济逐步增长，科学技术水平不断提高，文化日益繁荣，生态环境得以改善，即生态、经济和社会合理而协调的优化过程。笔者认为，发展的本质是向前、向上的社会运动，是社会文明整体性的进步和质的飞跃。发展应是全方位的进步，包括精神文明的进步，是“传承于物、落脚于人”的人的发展。

著名印度学者、1998 年诺贝尔经济学奖获得者阿马蒂亚·森（Amartya Sen）指出，贫困的实质是主体缺乏进行活动的基本能力。发展的最高指向应为“以人为中心”，衡量发展的最高的价值标准就是人的“自由”。他在《以自由看待发展》一书的开篇就指出：“本书论证，发展可以看做是扩展人们享有的真实自由的一个过程。”① 书中还说道：“发展要求消除那些限制人们自由的主要因素，即：贫困以及暴政，经济机会的缺乏以及系统化的社会剥夺，忽视公共设施以及压迫性政权的不宽容和过度干预。”② “自由不仅是发展的首要

---

① ［印度］阿马蒂亚·森．以自由看待发展［M］．任赜，于真，译．北京：中国人民大学出版社，2002：1.

② ［印度］阿马蒂亚·森．以自由看待发展［M］．任赜，于真，译．北京：中国人民大学出版社，2002：2.

目的，也是发展的主要手段。”① 由此对“发展”问题确定了一个以“自由”来概括的新视角，进而阐明“实质自由的缺乏直接与经济贫困相联系”，“消除贫困就是要赋予主体以进行活动的实质自由，这一过程就是发展”，发展就是“实质自由的扩展”②。

以人为中心的社会发展，包括人自身的发展进步和为人的发展进步提供保证条件的社会各方面的发展这两个方面。而为人的发展与自由提供各种保证条件的社会的发展主要包括：社会在经济、政治、科学技术、文化教育以及人们生活的其他领域的进步，诸如医疗、交通、安全、福利保障、闲暇与娱乐、社会民主与公正以及生态环境等状况的不断改善。两个方面中，人的发展与自由是社会发展的中心和最高目标。社会发展是一个“球形层状结构”，其中，人的自由、进步与发展是这一体系的核心。人是社会历史活动的主体，是发展和解放社会生产力、推动社会进步的承担者和体现者。社会发展的实质和目的，说到底，就是在社会生产力水平不断提高基础上求得人的发展与自由。即通过社会生产水平的提高，使一切社会成员过上富足的和一天比一天充裕的物质生活，并逐步使人们的体能和心智获得充分的自由的发展和运用。具体表现为三点：第一，人类自身生存状态的进化，人与自然关系的和谐。第二，人的社会生活活动状态的进化，人与人之间所结成的各种社会关系的升华。第三，人的个性发展状态的进化，人得以自主且充分地改善、提高与发掘自身各种素质，达到不断超越自身的境界。总之，经济社会发展的基本宗旨应在于“以人为本位”，并具体反映在：其一，人在发展过程中应当具有主体的意义。其二，发展的根本目的在

① [印度] 阿马蒂亚·森. 以自由看待发展 [M]. 任赜，于真，译. 北京：中国人民大学出版社，2002：7.

② [印度] 阿马蒂亚·森. 以自由看待发展 [M]. 任赜，于真，译. 北京：中国人民大学出版社，2002：61.

于实现人人共享、普遍受益。从终极意义上说，社会发展的本质在于经济发展基础上人的自由全面发展。从涉猎的内容上讲，社会发展既包括人类物质方面的内容，又包括精神及价值观方面的内容；既要求经济效益又要求社会效益和生态效益。“发展是集科技、经济、社会、政治、文化，即社会生活一切方面的因素于一体的完整现象。”① “发展应该被看成是复杂的、多元化的，经济的、社会的、科学的、文化的……它必须具有一种综合的特点，即包括社会生活的多种表现形式，并符合根植于各国人民的历史财富的道德的和文化的目的。”②

应当再次强调的是，社会发展还是一个价值问题，社会发展存在着具体的价值取向与判断。社会发展的价值问题也是发展合理性的焦点问题。事实上，社会发展作为社会历史的演变过程，本身就是一个价值与事实的相互转化过程。以人的发展及自由作为社会发展的中心和实质，要求有与之相适应的价值评判标准。这种评判标准，既应当能够体现主体在社会发展方面的主观需要和利益，充当主体进行社会价值评判的主观尺度。又应当能够客观、公正、全面地反映社会历史发展的必然的合理的过程，充当反映社会发展辩证过程的客观尺度。由此实现在社会发展实践基础上的主观与客观的具体的历史契合，并通过具体的原则和评价指标体系表现出来。

（四）描述发展的特性

社会发展不仅是一个宽泛的、丰富的、深厚的复合型范畴，而且具有一系列显著的特性。透过对其特性的分析，有

① 联合国教科文组织．发展的新战略［M］．北京：中国对外翻译出版公司，1990：4.

② ［西班牙］费德利克·马约尔．不要等到明天［M］．北京：社会科学文献出版社，1993：29.

助于我们进一步深刻认识社会发展。

（1）发展的共同性。任何性质的发展主体都有谋求发展的愿望和动力，任何国家、民族、阶级、地区和个人，都有发展的权利与义务。这一点是共同的。

（2）发展的相对性。发展是硬道理，这一点是共同的和绝对的。不过，就不同的发展阶段、水平而言，发展又是动态的、相对的。所反映出的发展的功能、作用与成就，是各不相同的。对于不同的国家和地区，发展的性状有所差异。譬如，就广大发展中国家和欠发达地区而言，发展是加快向现代化社会的有秩序的转变，对发达国家和发达地区而言，发展是探索现代社会的自身完善与持续发展。

（3）发展的经济性。这是发展的基本特性，社会发展首先体现为生产力及社会经济发展，此乃一切发展的根本。

（4）发展的价值性。发展必存在发展主体，而发展的价值因发展主体的不同而异。在阶级社会中，由于阶级利益的根本对立，阶级间的发展原则、立场和目的截然不同。而在国家间、地区间，由于发展的不均衡，亦客观地存在着现实的利益矛盾，这些均导致发展主体对发展的价值判断出现差异，形成发展价值的变化。

（5）发展的渗透与兼容性。发展具有巨大的渗透力和宽泛的兼容性。发展的许多共性和相互间的联系，是发展彼此渗透与兼容的内在根据。

（6）发展的文化性。作为“硬道理”的“发展”，其内容还包含着文化的发展，并呈现着文化的先进性。发展的文化性表现在以下几个方面：首先，以人为本的文化指向性，即蕴涵在发展中的文化，其方向与精神应当代表和反映人民的根本利益，体现先进文化的前进方向，并体现出人文精神和人文关怀的显著作用。其次，求真及尊重科学，即符合自然、社会、经济发展的客观规律。再次，以高新科技为支撑。尤其在高新科技迅猛发展的当今时代，高新科技成为发展的主要驱动力和重要的发展手段。

(7) 发展的内缘性。发展必然根植于民族的沃土，受制于国情民意。发展的战略、目标、道路和结果常取决于具体国家的、民族的以及阶级的性质与状况，直接受发展主体的内在本性所作用和影响。

(8) 发展的系统性。社会发展是诸多发展要素的合理组合和发展资源的优化配置过程，是一项庞杂的系统过程。此外，社会发展是广为联系和开放的，在当今世界经济等一体化趋势下，发展中的彼此联系、相互促动无法人为割裂。

蕴涵于上述发展特性的一个根本特性是社会发展的合理性。

二、发展思想的演变历程

(一) 发展思想的基本脉络

对人类发展思想的历史考察，还要在人类社会发展的历史大框架中进行。人类发展思想的演变历程，伴随着人类社会从农业社会向工业及后工业社会的过渡。而现代发展思想的形成，那还是半个多世纪以来的事情。现代发展思想是人类传统发展思想的积淀，是在当今历史条件下人类发展理念的升华，故而应是我们研究和探讨的重点所在。

第二次世界大战以后，人类社会步入了一个高速、迅猛、广泛发展的新时期，发展思想亦由此产生了显著变化和发展。回顾以往，人类对发展的认识大致经历了经济增长、经济发展、全面的社会发展三个阶段。发展思想经历了从简约的经济发展到综合的社会发展；从以物为中心的发展到以人为中心的发展；从“人类中心主义”误导下的畸形发展到“生态人类中心主义”指导下的科学发展；从追求一时繁荣的发展到谋求可持续的发展的演变历程。

20 世纪 40 年代，由法兰克福学派提出的“经济增长论”，可以说是早期的发展思想，其思想内核是“发展 = 经济增长”。认为唯有促进经济增长，落后国家和地区才能实现追赶的目标。其核心观点是：工业化是经济活动的中心，经济增长是发展的主要标志，GDP（国内生产总值）是发展的首要标尺。但这一思想并不能体现收入分配的改善和社会结构的完善，随着“有增长无发展”现象的出现，暴露出了认识的局限。

20 世纪 60 至 70 年代，继“经济增长论”之后，罗马俱乐部未来学派提出了“增长极限论”，其思想内核是“发展 = 经济 + 自然”。可以说这是发展思想的一种进步，针对发展中出现的生态和环境问题，警告人类发展必须有所节制和限制。但由于其以“增长—资源—环境”的相互关系为出发点，从而将人置于完全被动的地位，流露出强烈的悲观情绪。

20 世纪 70 年代后期，欧美一些经济学家组成的新经济研究会提出了“可持续发展思想”，其思想内核是“发展 = 经济 + 自然 + 社会”。揭示了发展与环境、资源的关系，提出了代内及代际公平发展等主张。

20 世纪末，发展思想进化到了“综合发展思想”阶段，认为“发展 = 经济 + 自然 + 社会 + 人”，将人与自然的关系作为重中之重，并进一步认为发展不但包括经济增长、政治文化及科技的进步、社会的转型、生态保持平衡等各种因素在内的综合发展过程，而且包括人的发展。

发展思想演进中的一个关键点在于，对经济增长与经济发展的异同有了正确认识。人类已经认识到，经济增长是经济发展的基础阶段和初级表现。经济增长意味着更多的产出，即指一个国家或一个地区在一定时期中产品和劳务的实际产出的增长，更恰当地说，是人均实际产出的增长。经济发展是指伴随着经济增长所发生的变化——经济结构的变化。社会发展则是在经济增长和经济发展基础上所产生的政治结构、文化结构等的变化以及社会结构的整体变化与跃迁。因此，经济增长是一个偏重于数量的概念，经济发展是一个既包含数量又包含质量的概念，而社会发展则是一个内涵较广的概念，具有整体性、全面性、升华性及合理性的意蕴；随着发展沿着上述阶段及方向的展开和一些发展问题的出现，人们更深入地认识到：不应把发展简单地理解为一个经济范畴，它同时也是一个社会范畴和人文范畴。经济增长和经济发展指标、过程和成果是推动社会发展的前提及手段，但不是社会发展的标准和目标，更不是终极目的。确如联合国教科文组织所指出的那样，发展与增长的区别正在于“发展不纯粹是一个经济现象”①。不应把发展视为孤立静止的，发展是一个联系和互动的范畴。孤立、封闭型的发展是不可能持续稳定的。特别是由于当今经济全球一体化进程的快速推进，各国的独立发展已日益变为全球性相互依存、联系与制约的发展，因此，不但应关注和认识国内地域间的协调发展，同时还要关注和认识全球范围内国与国间的协调发展；不应简单地将发展游离于人与自然关系之外，而应当在人与自然的和谐关系中谋求发展，不单重视物质的积累和经济的发展，更要关注人的进步和自由程度的提高。只有从经济增长引申至社会发展及人的自由全面发展，才能全面深刻地把握发展。

（二）发展观的历史嬗变

所谓发展观，是人们在特定发展思想基础上形成的对发展的本质、目的、内涵和要求的总的看法和根本观点，是反映在发展方式、发展过程和发展结果上的观念和认识，是对人类发展思想和发展行为的概括和总结。从哲学高度讲，是体现在发展问题上的世界观和方法论。从根本上说，发展观是社会实践的产物。伴随发展思想和理念的变化，作为系统化理论化的发展观亦发生了相应的改变。与之相应的是，有

① 联合国教科文组织．发展的新战略［M］．北京：中国对外翻译出版公司，1990：4.

什么样的发展观，就会有什么样的发展道路、发展模式和发展战略，就会对发展实践产生什么样的具有根本性、全局性、长期性的重大影响。

1. 发展观的时代转变

从单纯的经济发展观演进为全面发展观。传统的发展观具有仅强调经济增长和经济发展的单一性。全面发展观的产生，标志着人类的发展观日趋系统、全面和深刻。尤其是在全面发展的理念中揭示出了发展的本质。

从本位主义的发展观转变为全球化的发展观。市场经济的空前发展和世界经济一体化的逐渐形成，致使人类的发展观较之于小农经济的发展观有了重大的变化。封闭和孤立式的发展道路与模式被根本否定，融入全球经济体，在国际关系和世界市场中谋生存、求发展、图壮大，是必然选择及必由之路。

从无视生态环境的发展观进化为可持续发展的发展观。在“人类中心主义”理念的误导下，伴随着人类科技的进步和作用于自然能力的增强，人类在思想意识上割裂了人与自然的依存与同一的本质联系，盲目、粗放和近乎贪婪地开发自然资源，肆意排放工业废弃物，并试图征服整个自然界。这种无视自然界自组织和自我修复极限，一味索取和不顾生态保护的行为，直接导致了人类历史上空前的生态灾难。在事实和危机面前，人类不得不反思和检点过去的行为，重新审视人与自然的关系，并在系统科学、环境科学和生态科学等现代科学理论指导下，实现了由“人类中心主义”向“生态人类中心主义”的转变，深刻地认识到了和谐人与自然的应有关系、实现可持续发展的必要性、必然性和紧迫性。可持续发展的思想成为科学发展观的核心。

从以发展的客体为中心到以发展的主体为中心的历史性转变。这是发展观由“见物不见人”到“由物见人”的质变。人类的发展观由物的及生产力的发展提升到人的发展的层面，表征着人类对发展的认识实现了由片面到全面、由现象入本质的飞跃，实为发展观最重大、最关键和最根本的转变。

阿马蒂亚·森说过："狭隘的发展观包括发展就是国民生产总值（GNP）的增长、或个人收入提高、或工业化、或技术进步、或社会现代化等等观点。当然，国民生产总值或个人收入的增长，作为扩展社会成员享有的自由的手段，可以是非常重要的。但是自由同时还依赖于其他决定因素，诸如社会的和经济的安排（例如教育和保健设施），以及政治的和公民的权利（例如参与公共讨论和检视的自由）。"① 他认为，现在社会把发展看做目标，但却将发展的含义仅仅狭隘地看做是经济增长、技术进步、工业化、现代化等等，这些对于社会的进步是有效的工具，然而它们只有手段的意义，仅具有工具性的价值。发展的真正目的在于发展主体，发展主体是一个包含普遍性的概念，每一个人都应成为主体。由个人组成的社会应当把让每个人都成为主体看做自己的目标。让每个人都成为主体才是社会的目的，社会应当把主体能力平等和自由的实现看做真正的发展。发展作为基本能力平等是一种具有普遍性的价值要求。

20世纪70年代以来，在国际范围内，人们已越来越意识到以经济增长为核心目标的传统发展模式是一种"只见物不见人"的片面发展模式。社会进步绝不仅仅是单一的经济现象，而是社会的经济、政治、科技、文化等因素与人的全面、综合、协调发展过程。社会发展进步的目标，也不应仅是经济方面的单项突破，而应是人的全面发展。联合国在第二个十年发展计划（1970—1980年）、国际劳工组织在1976年召开的世界就业大会中均指出应当实施以人的发展为核心的"基本需求战略"，法国著名经济学家弗朗索瓦·佩鲁在接受联合国教科文组织委托所撰写的《新发展观》一书中也代表

---

① ［印度］阿马蒂亚·森．以自由看待发展［M］．任赜，于真，译．北京：中国人民大学出版社，2002：1.

性地提出了"人的发展第一"的观点。这些文献及观点的共同点在于：(1) 强调经济发展与整个社会发展的均衡，认为二者应是同一发展过程的两个方面，不能顾此失彼。(2) 强调社会发展的整体性、综合性、内生性，认为社会发展是由人口、环境、政治、经济、科学技术以及其他相关系统组成的有机整体，发展应当最终求得整体的最佳效益。某一部分的发展不应以牺牲另一部分的发展为代价。各国都应合理开发利用自己的人力、物力资源，要善于学习先进国家的发展经验，而不应当重复西方工业化国家发展的老路。(3) 强调社会发展进步，首先应是人的发展进步。认为人是社会发展的主体，是社会发展进步的规划者和决策者，同时又是参与者和实践者。因此，社会发展进步必须以人为本，人是一切发展进步的最终目标。

认识到社会发展的实质是谋求人的发展和自由，是对生产力标准的深化和超越。就社会发展与生产力关系而论，社会发展是一个比生产力发展更加深刻，又更能体现历史进步辩证过程的概念。毕竟，在现实生活中，生产力的发展并不一定会立即带来人的全面发展，更不能等同或代替人的自由全面发展。

从思维方式角度看，发展观的历史嬗变蕴涵着思维方式的深层变革，表现为由线性思维向非线性思维的转变、由简单性的点状思维向复杂性的系统思维的转变、由保守型思维向创新型思维的转变、由对立性思维向和谐性思维的转变、由物本思维向人本思维的转变。伴随上述重大转变，实现了人类思维范式的重大革命，并为科学发展观的形成奠定了思维基础。

2. 科学发展观是谋求人类及社会持续发展的新理念

2004 年 3 月 10 日，胡锦涛总书记在中央人口资源环境工作座谈会上的讲话中提出科学发展观并将之概括为"发展是第一要义，以人为本是核心，全面协调可持续是要求，统筹兼顾是方法”。其具有以下五个鲜明特征：一是人本性特征。以人为本，就是要以实现人的全面发展为目标，通过社会进步实现人的自由全面发展。这里的“人”不只是单个的人，而是指最广大的人民群众，这里的“本”是指人民群众的最根本的利益。因此，以人为本就是切实保障人民群众的经济、政治、文化权益，一切发展依靠人民、为了人民，让发展的成果惠及全体人民。就是要谋求最广大人民群众的根本利益和人类的长远利益。从而明确要求把人民群众作为经济社会发展的价值主体。二是全面性特征。要求以经济建设为中心，全面推进经济、政治、文化建设，实现经济发展和社会全面进步，即把“经济更加发展、民主更加健全、科教更加进步、文化更加繁荣、社会更加和谐、人民生活更加殷实”作为发展的总体目标。三是协调性特征。在推进生产力和生产关系、经济基础和上层建筑相互协调的基础上，做到和做好统筹城乡发展、统筹区域发展、统筹经济社会发展、统筹人与自然和谐发展、统筹国内发展和对外开放。四是可持续及长远性特征。把实现可持续发展作为发展的基本准则，强调生态环境的改善，资源利用效率的提高，人与自然的和谐，实现经济发展和人口、资源、环境相协调，坚持走生产发展、生活富裕、生态良好的文明发展道路。五是适度性特征。表现为从发展的速度、规模、社会总量需求等方面实现对发展的度的正确把握，通过发展的量的逐步积累实现发展的质的变化及飞跃。

科学发展观的实质是鼓励发展而不是否定发展，是强调又好又快地发展而不是限制发展，是注重社会和谐程度的增加而不只是 GDP 的增加。它的提出是对“发展才是硬道理”和“发展是党执政兴国的第一要务”思想的继承和发展。从“合理性”的角度审视，科学发展观的理论内核当为发展的合理性，或曰科学发展观内含着发展的合理性，是关于合理发展的根本观点。

(1) 科学发展观的产生具有坚实的理论基础和深刻的时代背景。

传统科学理论和现代社会发展促成了科学发展观的形成，而科学发展观则赋予了发展更为丰富和深刻的内涵，清晰了社会合理发展的思路。通俗地说，树立科学的发展观，就是要用马克思主义的世界观和方法论来看待发展，解决“为什么人发展”和“怎样发展”的问题。党中央审时度势，在我国跨入全面建设小康社会的关键时期，高度地概括出了科学发展观，为我国新时期的社会主义建设和合理发展提供了纲领性的理论指导。

科学发展观是基于马克思主义世界观、方法论和基本原理而产生的。首先，在发展的价值取向上，科学发展观提出了“以人为本”、实现人的全面而自由发展的价值目标，把人民群众答应不答应、满意不满意作为评价和衡量发展的基本标准，深刻体现出人民群众是历史的创造者的观点和马克思主义关注人、实现人的全面而自由发展的主线，从而坚持和丰富了马克思主义唯物史观及群众史观。其次，在发展的认识论上，科学发展观否定了片面以人为中心、对自然肆意掠夺的不可持续的发展方式，坚持了马克思主义关于人是自然界的一部分、人类社会与生态自然应和谐发展的辩证唯物主义生态自然观的思想。再次，在发展的方法论上，科学发展观强调在以经济建设为中心的基础上注重各方面协调发展，提出了发展的全面协调、统筹兼顾和健康持续的思想，从而既坚持了矛盾分析方法中“重点论”和“两点论”的高度统一的要求，又折射出了唯物辩证法关于事物普遍联系和永恒发展的基本特征。体现出发展方法上辩证、统一及和谐的辩证唯物主义观点，呈现为尊重社会发展规律的科学发展方法论。

科学发展观是基于当代社会背景而形成的。第一，新中国成立以来的社会发展过程中，发展观念的一些偏差客观地造成了诸多问题，如经济增长长期以粗放式为主，公共卫生、社会保障体系不健全，资源短缺、环境破坏较为严重。这些都要求树立新的发展观念，努力实现全面、协调、可持续发展。第二，我国进入发展的新阶段，暴露出新问题。在经济实力极大增长的同时，存在的问题也更加复杂。存在着城乡差距、地区及居民贫富差距持续扩大的矛盾与问题，人口过多增长、经济发展同生态环境、自然资源的矛盾日趋加剧，经济增长方式相对落后、竞争力不强等问题较为突出。这些问题如果解决不好，就会出现城乡和地区差距持续拉大、贫富差距进一步加剧、生态环境更为恶化，导致经济社会发展受阻，甚至会引起社会动荡和倒退。因此，要正确处理经济发展、社会发展与人的发展的关系，处理好城乡发展、地区发展的关系，做到统筹兼顾，全面发展。第三，国际社会越来越重视生态保护、资源可持续利用和社会经济的可持续发展。可持续发展已形成共识并已成为人类社会文明进步的重要标志。总之，科学发展观，是对我国改革开放以来发展经验和教训的总结，是对国际近现代发展经验和教训的汲取，是对人类社会文明进步成果的借鉴和发展。就我国而言，新中国成立以来特别是改革开放以来，我国经济社会取得了历史性的伟大成就，人民生活总体上达到了小康水平，但现在的小康还是低水平、不全面、发展很不平衡的小康。树立和落实科学发展观，就是致力于解决这些问题，从而体现和维护好最广大地区和最广大人民群众的根本利益。

（2）科学发展观开拓了人类社会发展的崭新境界。

科学发展观通过以人为本为核心，五大统筹为可持续发展的实现路径的基本内容和要求，科学地回答了“为什么发展”、“为什么人发展”、“靠什么人发展”、“怎么样的发展”和“怎样发展”等一系列困惑人类社会发展的理论与现实问题，探寻出了一条发展的正确道路。其突破了过去把发展简单理解为经济增长的局限，强调正确处理经济增长的数量和品质、速度和效益的关系，重视经济、政治、文化的全面发展，重视人与自然的和谐发展，重视经济效益、社会效益和生态效益的统一的可持续发展，强调发展是经济增长、社会进步、环境和谐的系统集成。它要求发展必须同时遵循自然规律、经济发展规律和人类社会自身的发展规律。必须着力提高经济增长的质量和效益，努力实现速度、结构、质量、效益有机统一，不断保护和增强发展的可持续性。必须坚持理论与实际相结合，因地、因时制宜地把科学发展观贯穿于发展的各个方面和环节之中。充分考虑地区之间的发展差异和不同情况，根据实际条件和发展需要有重点、有步骤地采取措施，不搞一刀切。有效解决自身发展中存在的突出矛盾和问题①。

由此可见，科学发展观坚持以人为本与尊重客观规律有机统一，坚持以经济建设为中心与社会全面发展有机统一，坚持各方面快速推进与整体协调发展有机统一，坚持人类社会发展与自然生态环境保护有机统一。科学发展观已成为中国特色社会主义理论体系的重要组成部分，是马克思主义中国化的最新理论成果。

就广大西部地区的发展而言，树立和落实科学发展观，必须突出“又好又快发展”这一主题，以结构调整为关键点，切实实现经济增长方式的转变；以协调发展为基本点，切实实现平衡发展；以和谐社会为落脚点，切实推进社会主义和谐社会的建设。坚持以经济建设为中心，转变经济增长方式，提高自主创新能力，对西部地区的资源进行有序、有限、有偿地开发和利用。扎扎实实打基础，突出重点抓生态，调整结构创特色，依靠科技增效益，扩大开放促发展，统筹兼顾谋和谐。使西部地区的经济增长建立在提高人口素质、高效利用资源、减少环境污染、注重质量效益、缩小贫富差距的基础上，不断提升西部地区开发和发展的合理性。

---

① 深刻认识科学发展观的重要指导意义［J］．思想理论教育导刊，2004（4）：1.

第二章　核心与要义

——合理发展的内核在于发展的合理性

对任何国家、民族乃至整个人类而言，发展是大方向和根本出路。正如邓小平同志所强调的，发展才是硬道理。发展是硬道理，但并非指所有的发展都是合理的。科学发展观丰富和深化了发展的内涵，同时赋予了发展以更大的合理性。反视之，从合理性的角度考察发展问题，则既应把发展看做目的，又应将其看做手段，不仅要关注能否发展、以何种速度和强度发展，还应特别关注发展的后果与代价怎样，要权衡发展的正负效应，还要处理好整体与局部的关系。也就是说，发展不仅要求快速，而且讲究科学；不仅表现为量，而且更体现为质；不仅存在怎样发展的问题，而且还存在着为谁发展的问题；既存在工具理性，又存在价值理性。从理论方面看，发展合理性问题的提出意味着对哲学史长期占统治地位的理性主义传统的反省与重建，表明哲学研究对于发展价值和意义问题的特殊关注。从实践方面看，对发展合理性的研究体现着当代人类以哲学方式对自身发展行为及其效应的自觉关注和反思，是对发展中不合理实践及其负效应的自觉反省和检讨。一句话，发展存在合理性问题，发展的合理性是发展的核心与要义，人类理性对发展的合理性给予足够关注。

发展的合理性具有共性与个性相结合、手段与目的相结合、社会历史与时代特征相结合、整体与局部相结合等特点，因此，发展的合理性可以从历史与现实、理论与实践的结合点上去探寻。而要认识发展的合理性，首先要了解和认识合理性问题。

一、关于合理性

合理性问题是20世纪后半叶哲学的一大热点，也是当代哲学研究的一个重要前沿问题，有着深刻的实践背景和理论缘由。它体现着当代人类对自身行为及其效应的反思，尤其是对非合理化（发展）实践及其所造成的反主体效应的自觉反省。

（一）了解和认识合理性的内涵是把握合理性的前提

从词义上看，“合理性”一词可以拆解为“合乎”和“理性”，因此合理性可一般地理解为就是合乎理性。

事实上，理与理性虽有联系但还是有很大的不同。因此，要完整、准确地理解“合理性”概念的含义，就需要从合理性与理性的区别与联系中探求。理性，乃人类从自身内在本性和要求出发，运用人类特有的思维能力去正确认识和合理评价对象的能力。可见，理性是人的一种认识能力、精神机能，一般指与感性、知觉、情感和欲望相对的，一种主体对自身和外部存在的理智、批判能力和过程。理性可分为广义的和狭义的两种，狭义的理性作为认识论的一个概念，与人的“感性”认识程度相对应，特指人的深层认识能力，“具有‘超越性’与‘规范性’双重意义”①。其为人类的高级认识阶段。广义上看，理性泛指人类健全的理智、思想和知识，与迷信、愚昧及无知相对应。在起初的哲学认识中，理性的就是合理的，合理的就是理性的。随着人类自我认知能力、

① 费多益．科学的合理性［M］．北京：科学出版社，2004：17.

水平和程度的提高，人们已逐渐认识到合理性并非简单地对应及等同于理性。尽管合理性与理性具有相似的词根，但合理性中原有的“理性”内容已经逐步泛化为一般意义上的“标准”的含义，理性作为合理性的唯一标准也开始被更多的标准取代，并且作为规范性概念。合理性的内涵也有别于作为描述性概念的理性。理性是就人自身的内在本性或能力而言的，而合理性是就对象之合乎秩序，或合乎目的性而言的。理性是主体的特征，而合理性是被考察的对象的特征，是从人的目的出发对人的行为及其结果的理性评价、约束和规范。“如果没有人的‘合理性’的安排处置，世界就无所谓合理的东西。”① 理性作为人的理智与智慧能力，其在本性上应当具有很大的合理性成分。理性与合理性的关系集中表现在合理性要求理性的说明与论证。合理性要为人们所认识和承认，就必须通过理性，采取理性的表达形式。同时，通过人自身理智地认识和约束非理性，理性可使非理性成为人的活动中的合理因素。但由于理性本身并不是宇宙或历史的本质或基本规律，同样也不是人的本质和人类实践活动的基本规律，因而，理性并不是合理性的全部，尤其对理性的滥用和过分理想化则是不合理的。可见，理性的不等于是合理的，非理性的也不等于是不合理的，而合理性则应当是理性的。在逻辑学中，这是充分而非必然的逻辑关系。哈贝马斯认为，传统超验意义上那种全知全能的理性已经失落，理性不再是人类生活的主宰，不再是绝对真理的代名词，因为“合理的不再是世界本身呈现出来或主体设计，或从精神的形式过程中产生出来的事物的秩序，而是我们在与现实打交道时解决问题的方法”②。也就是说，一方面，理性不应再是人类生活的

① 赫·施奈德巴赫．作为合理性之理论的哲学［M］//德国哲学：第7辑．北京：北京大学出版社，1989：75.

② 哈贝马斯．论现代性［M］//王岳传．后现代主义文化与美学．北京：北京大学出版社，1992：20.

唯一标准和尺度，需要为人的自由意志和情感留出应有的空间。另一方面，随着人类理性认知程度的提高，具有实体形态的理性已经作古，其只是工具意义上的和方法上的合理性而已，即被作为与“恰当的方法”同义的东西被强调。理论与实践中常出现这样的情形，即运用理性的逻辑形式、方法和程序，遵循理性的原则和规律所作出的假设、证明和发现是理性的，但不一定是合理的。比如说人类的某些行为是理性的，只是说其活动形式、手段、程序等符合理性原则和标准，而不能由此判定活动本身是合理的。可见，合理性是多维度的认知和评判问题。因此，现在即便我们还是说“合理性乃合乎理性”，但这时所说的“理”已有了两层含义：一是“合天之理”，二是“合人之理”，合理便是客观尺度与主观尺度的有机统一。其基本含义和要求是，合乎思维的逻辑性、客体的规律性、主体的目的性、行为的技术性，而这四者又是内在联系的，合理性正是四者的有机统一。合理性不仅有“合乎理性”之解，还有“合理的特性”之意。前者的要点在于如何确认“理性”，不同时代、民族及不同的阶级与阶层对“理性”有不同的观念。后者则重在追问什么是合理的，表现为对事物存在或人的活动是否“应当”、“正当”、“可取”、“有益”的认识与评价。严格地说，合理性满足合乎理性的要求，并内在地隐含有认识与评价的“标准”的意思。而根据词源学的考察，合理性具有“理由的可接受性”之义①，此也表明了合理性亦有对理由评价的含义。既然是评价，就需要有一定的标准方能进行，因而合理性总是同评价标准分不开的。

通过对理性的深入剖解并依据理性和合理性的内在关系，我们可对合理性有更为深刻的认识。从认识和实践的主客体角度说，理性可分为主体理性和客体理性，合理性则是主体

① 费多益．科学的合理性［M］．北京：科学出版社，2004：29.

理性和客体理性的统一体。其中，主体理性实质上是主体通过逻辑思维及其成果所表现出的主体本性、需要和本质力量。目的性集中体现了主体理性作为人的本质属性，因而合理性要合乎主体的内在主观尺度。客体理性实质上是客体在主体认识及实践中所形成的客观规律性或客观尺度，任何一个客体对象都有自身的结构方式和内外联系的形式以及由此决定的事物属性、内在本质、变化规律等，它们构成这一事物之所以是它自身的客观尺度，故合理性又要合乎客体的外在客观尺度。

从理论和实践角度看，理性又可分为理论理性和实践理性。理论理性主要表现为理论上的严整性、体系化、自洽性和逻辑性。而实践理性反映出的则是一种实践的客观性和必然性。与之对应，合理性可分为理论合理性和实践合理性。理论的合理性就是人类关于认识世界的观念的正确性，其实质是理论的自洽和互融。实践合理性则是人类关于改造世界的观念与行为的正确性，是人类实践活动的合理化，其实质在于人类自身对实践活动进行理性的自觉、约束、规范和调控，使之不致超越物性和人性所规定的范围和方向。

从必要性和可行性角度出发，理性还可分为价值理性和技术理性。相应的，合理性也可分为价值合理性和技术合理性。价值合理性的实质是对象、功能和效用相互契合的判断逻辑性。价值合理性不仅具有价值主体针对性，而且存在针对价值主体的价值大小的判别问题。合理性应当合乎价值主体的价值选择的标准并满足价值最大化的要求。技术合理性实质上是一种目的和手段相互契合的行动逻辑性。具有契合性质的目的与手段之间的逻辑关系和方法与结果的一致性，构成了技术合理性的评判尺度。合理性不仅蕴涵价值合理性，而且要求体现出行为中的技术合理性。

（二）合理性问题的历史考察

“合理性”是对西方传统哲学的重要范畴——理性——进

行反思、批判、扩展的直接产物。西方哲学史上对合理性尤其是实践合理性之本质的研究始于康德，他最早通过对理性的两种基本形式，即理论理性和实践理性的认识，探讨了实践的合理性问题。“人类理性（哲学）有两个对象，即自然和自由，因而它不但包含着自然率，而且包含着道德率。”① 他不仅提出了实践合理性的概念，而且认为实践合理性是行动的功能，所研究的是物自体，解答的是“应当如此（何）”等问题，“自然的哲学讨论的是一切实有的事物，而道德哲学讨论的是应有的事物”②。

合理性作为备受哲学界关注的焦点问题之一，也产生了诸多有代表性的观点和理论。黑格尔讲，合理性一般是普遍性和单一性相互渗透的统一，并可具体展开为价值的辩证统一，合规律与合价值、合目的的统一等等，甚至认为，凡是现实的都是合理的，凡是合理的都是实现的。德国当代著名社会学家马克斯·韦伯将理性分为形式的合理性和实质合理性。按他的意思，形式合理性在理论层面上是指合乎逻辑性、规律性，在实践层面上是指合乎某种形式化规则，可以由理智去调控的行为。实质合理性则是指合乎道义的、人伦的具体规则，以及可以由伦理道德调控的实践行为。形式合理性与实质合理性是平起平坐、同等同重的。应当说，把合理性问题拆解为形式合理性与实质合理性，是用哲学合理性观念剖析社会现实问题的结果，也是对合理性认识的提高。韦伯继而认为，资本主义具有形式合理性而缺乏实质合理性，社会主义则有实质合理性而在形式合理性上存在某些问题。可见他比一般资本主义的学者更尊重客观事实，但在合理性问题上却没有跳过形而上学的羁绊，表现为以孤立和抽象的方

---

① ［德］康德．纯粹理性批判［M］．武汉：华中师范大学出版社，2000：679.

② ［德］康德．纯粹理性批判［M］．武汉：华中师范大学出版社，2000：688.

法处理理论对象的相对独立性，未能辩证地看到形式合理性与实质合理性两者间的内在联系，也就难以从唯物史观的视角和高度去讨论社会历史的合理性问题。应该说，在两种合理性之间，实质合理性居于主导地位，起着支配作用。实质合理性在总体上制约、决定着形式合理性，而形式合理性对实质合理性具有一定的反作用。当然，实质合理性在一定意义上也依赖于形式合理性。譬如，在当今经济改革与发展中，正是通过形式合理性的现实形式（如股份制、农村土地流转等），实质合理性的内涵才能反映出来，从而使全体民众获益，使经济与社会的发展更为合理。赫伯特·西蒙说，合理性指的是一种行为方式，从规范的角度研究合理性问题，是要指出在一定的条件下为达到一定的目标（如社会贫富问题、公平问题的解决），应该如何去做。劳丹说“二十世纪哲学最棘手的问题之一是合理性问题”，“合理性——无论是合理行为还是合理信念——的核心做（信仰）我们有充足理由去做（信仰）的事”。此外，有的哲学家提出，合理性就是使个人效用达到最大的行为。另有哲学家认为，合理性就是“相信那些我们有充足理由相信为真（或至少可能为真）的命题并按照这些命题行动”。还有一些学者从价值观角度将合理性定义为“力求达到可达到的并值得达到的目标”。可见，他们也主要从理念的合理性、方式方法的合理性、目的的合理性、价值的合理性和实践合理性等方面来探讨和阐释合理性问题。现在，我们可以依据以往人类认识的积淀、已有的研究成果和倾向，将合理性大体归纳为三种理想模式与类型：一为工具—目的的合理性，亦称工具合理性。它仅考虑达到目的的工具、手段的可行性和有效性。而由于目的本身合理与否不在视野之内，即不考察目的本身合理与否，因而其易导致张扬工具、手段而遮蔽目的本身的意义和价值的工具主义。二为价值合理性。它注重对目的本身的合理性进行反思（如发展为了共同富裕和人的自由全面发展的价值取向的合理性所在），其途径是从人的价值、利益、手段及边际条件等考察目的合理与否。三为实践合理性。这里的实践合理性不是简单地等同于康德对实践合理性的认识，而是一种综合意义上的全面、辩证和深刻的合理性，是在实践理性的基础上，由马克思实践的唯物主义中所内生出的一种新的和更高的合理性的认识模式，即基于人、实践及人生的无限丰富和自由解放，对包括人的所有实践活动在目的与手段、活动与结果、长远与近期、理论与实际方面进行理性规范。从这个意义和高度着眼，我们可把实践合理性理解为是人从自身的目的、需要出发，根据对客观世界所做的正确认识，进行满足人类整体和长远的利益或生存、发展需要的实践活动能力。实践合理性的目的不在于追问人"能够做什么"，而是追问人"应当做什么"和"如何做什么"。前者是人的实践能力的尺度，后者则是对人的实践能力的理性审视。它包括实践"怎样是"、"怎么样"和"应如何"三个相互关联的内容和环节。因此，实践合理性取决于四个因素，即实践观念与认识的合理性、遵从客观规律的主客体关系的合理性、实践手段和工具的合理性、实践结果的合理性。

虽然三种合理性的认识路径与模式不是同一层面的，但相互间亦存在有渗透、制约的关系。

（三）合理性的本质在于理性中的必然与应然关系

对合理性本质的认识，也应当以对理性的认识为切入点。综合前面的有关论述，理性无外乎有以下两种语义：人类的理性方法和理性能力。作为一种认识方法，它与逻辑化、规范化、条理化相联系。作为一种评价方法，它与完善化、理想化相联系。而理性外化为人类特有的一种价值标准和评价尺度，体现着人对物质世界的真理性、完美性以及对人类社会平等、正义、人权等的具体要求。因此，理性就是指人类从自身内在本性和要求出发，运用人类特有的思维能力去正确认识和合理评价对象的能力①。合理性在回答“应合乎什么样的理性”的同时，回答了“怎样合乎”等问题。它不是单纯地关注理念，而且以实践的高度注重工具、重视价值。它尤其注重对目的本身的合理性进行反思，从而恢复了理性的“人性”本性，重视人生、人性的价值和意义。它要求克服工具理性的过分张扬所导致的人的异化和生存危机，同时要求避免走向另一个极端，即片面强调人的能动意识、浪漫色彩和价值观念，告诫人们单靠价值理性去行为只能建立一个虚幻的世外桃源。从而提示人们，要克服科学主义和人本主义在合理性理解上的片面性，关键在于辩证地认识工具理性和价值理性的统一、物性和人性、规律性和目的性的统一，由此也为我们正确把握合理性的本质指引了方向。

哲学上的理性概念的发展，是对现实中理性本身的发展的思辨与反思。人类理性发展的历史也表明，理性不过是人类在认识世界和改造世界的活动中所表现出来的特征。理性的作用在于帮助和指导人们的活动，使之趋于合理化。故此，合理性所标示的便是人们合理地从事思维和行动的能力。这使我们在洞察合理性与理性的真切关系中，意识到了理性的恰当位置，有助于发挥其应有的功能和作用，从而也利于揭示出合理性的本质所在。合理性一方面是对理性的延展和回归，表现为：合理性抵触任何超现实的先验理性和绝对理性，而是对传统绝对理性主义的扬弃。相对于传统理性主义未能从总体上把握人的思想与有目的行为的实质，割裂地看待认识与实践、手段与目的、理智与信念，合理性使理性以对于人的本性、能力和目的的一种自我反思和评价的形貌而呈现，即刻意通过理性的眼光去审视现实、修正偏颇，使之不断完善。与此同时，它要求理性对自身也采取批判态度，使之能够认识到自身的局限性和历史性，修正自身以适应改变了的

① 余晓菊．实践的合理性：人类走出困境的现实途径［J］．湖南师范大学社会科学学报，2003（1）：6.

现实，从而也使理性回到应有的合理地位；另一方面，合理性是对理性外在标准的吸纳。通过对工具的、价值的、伦理的以及实践的等评判标准的选择与补充，使合理性日臻完备。这样，合理性既依靠理性，又不唯一地取决于理性。合理性问题的提出，形成了对人的理性作用与功能的新的要求与规范。

“人类理性”的指向和目的，归根结底在于正确地认识世界和改造世界。实践合理性之所以突出于理论合理性，在于实践合理性把正确“改变世界”作为自己的根本任务，在于它将理论合理性包含于自身之中并作为自己的前提，在理论合理性所阐释的“是什么”和“怎么样”的知识基础上，进一步去解决“应如何做”、“为谁做”以及“怎么去做”的问题。在这一节点上，先前的哲人们均有经典阐述。康德认为，“纯粹实践理性的真正动机”就是“纯粹的道德法则自身”①。黑格尔比康德又进了一步，他认为理念才是最高的概念，而理念本身又分为两种，即理论的理念和实践的理念。黑格尔所讲的实践实质上也是理念的活动。马克思则肯定以往哲学家将理性分为两种，但他批评以往哲学家对理性所作的先验和唯心的理解，宣告“哲学家们只是用不同的方式解释世界，而问题在于改造世界”②。马克思认为，“解释世界”归根结底也是为着“改造世界”。列宁也说：“实践高于（理论的）认识，因为它不但具有普遍性的品格，而且还有直接现实性的品格。”③ 在实践唯物主义视野中，实践被理解为人类实际地处理自身与世界之关系的活动，它是主体和客体之间的一种物质过程。如果说实践是人类的生存方式的话，那么，实践理性就是人类的生存与发展的智慧。这种智慧有着无限的

---

① 康德文集［M］. 北京：改革出版社，1997：233.

② 马克思，恩格斯. 马克思恩格斯选集：第1卷［M］. 北京：人民出版社，1972：19.

③ 列宁. 哲学笔记［M］. 北京：人民出版社，1974：230.

潜能，它不仅能够否定人与自然、人与社会、人与自身关系的不合理、不和谐的现象，提出并解答“应如何”的问题，还能够理性地评价人类社会发展的合理性，进而自觉和有效地解决人类社会发展实践中的不理性问题。因此，就其本质来说，实践合理性是人类正确认识自身与世界的关系的基本路径，是人类以理性观念把握世界的最高方式。

值得一提的是，合理性作为一个判断和评估的过程及结果，其判断的标准和衡量的尺度具有很大的“主体际性”，其不仅涉及政治、制度，还涉及文化，也难怪普特南等人认为，合理性的本质及标准在于文化性①。的确，合理性与被文化习俗规范确定为合理性实例的东西是同一的（或本身包含在那些东西之中），离开了文化所设定的价值就无所谓事实，在一个文化共同体内部，说某物是某一事实或某物是客观的，即意味着相信这一事实是合乎理性的，而理性的可接受标准则涉及文化的价值观念。文化主体构成的共同体为我们规定了客观性的准则并使这种客观性成为可能，因而，合理性本质又是一种文化活动和能力。

把握合理性问题的关键在于正确地认识和处理合规律性与合目的性的关系。从“合规律性”上是推导不出主体行为“应当”与否的。事物的规律只是决定了事物未来变化的可能性，即决定了事物未来“能是”（或“能成为”）什么，而无法决定事物未来“应是”（或“应成为”）什么。“能是”的根据在事物自身的规律之中，而“应是”的根据则在主体的规定性之中。虽然事物的规律决定的“能是”有别于主体追求的“应是”，不过，“能是”包括多种可能性，其中的某些可能性可能是符合主体价值追求的，因而它可以成为主体追求的“应是”。可见，“能是”和“应是”还是存在一定调和性的，也就是说，有可能实现合规律性与合目的性的统一。

---

① Hilary Putnam. Realism with a Human Face［M］. Harvard University Press，1992：147.

如果割裂两者的关系，将合规律视为判定人类行为合理性的唯一尺度，即合规律的就是合理的、有价值的，那么，人也就只能成为规律自我实现的一种有意识的工具，哲学也就只是一种“解释世界”的哲学而非“改造世界”的哲学。另一种极端是“目的论”，这种观点的支持者认为，合理性就在于方法论规则对行为目的的适应性，“目标”是合理性的轴心。合理性可以被看做是“去使用那些被认为可以达到所要求目标的手段”① 不过，这并不等同于“工具主义”。尽管合理性目的的实现有赖于合理的方法、工具和手段，“有助于达到预期目标的手段”是合理性的一种重要的本质体现，但这绝非合理性本质的全部。“目的”虽然是合理性本质的一个重要体现，不过，手段、目的和价值的关系才是合理性的核心和本质问题。不少哲学家（如劳丹等）在利用价值解决合理性问题方面，将人类行为目的和评价标准合二为一，也就是说把目的和价值直接联系起来。他们辩证地认为，目的是追求最能解决问题的理论，而评价选择的标准也是看解决了多少有意义的实际问题，以及消除了多少重要的反常和概念问题。如果符合这个标准，那就是进步的，进步的就是合理的，这种进步与合理性在于理论、研究和行动解决传统问题的有效性、有益性或能力的增长。

综合而言，合理性的主要方面在于实践合理性，实践合理性的实质在于对人类实践活动进行理性的约束、规范和调控，使之不致超越物性和人性所规定的分析和范围②。主体的实践活动只有在不危及整个自然系统，对人类的生存基础不构成威胁时，实践的目标和结果不危及他人乃至整个人类利益时，并且是在朝向“人的自由全面发展”这一终极目标努

① R. Giere. Scientific Rationality as Instrumental Rationality [J]. Study in History and Philosophy of Science, 1989, 20 (3).

② 余晓菊．实践的合理性：人类走出困境的现实途径 [J]．湖南师范大学社会科学学报，2003 (1): 6.

力时，才是积极的、可行的，因而也是最合理的。此亦是合理性根本之所求、根本之所在。

（四）合理性所具有的特征

1. 主体指向性

研究合理性问题，必须充分注意到合理性的主体针对性。作为一个评价问题，对合理性的追问主要不是考察“对象是什么”，而是更多地注重评价对象的应然和可否，并彰显主体的价值观向度和对实然应然的取舍态度。

2. 社会历史性

合理性的标准与其他一切标准（不论是关于自然界的还是关于社会领域的）一样都是在一定的认识、思想发展阶段和社会发展阶段下的产物。合理性的社会历史性就是指合理性的观念及其标准受一定的物质生产方式、社会上层建筑（譬如社会意识形态）的影响和制约，它们既是人类认识水平、伦理水平及社会发展水平的反映，也随着人类认识水平、伦理水平及社会发展水平的变化而变化。在阶级社会里，它们都具有阶级性，表达一定阶级的利益。合理性标准的社会历史性亦表明合理性具有一定的相对性。

3. 合理性是一个开放、动态的概念

它不是先天给定、永恒不变的，而是通过具体政治、经济、科技及文化等社会环境中的社会主体行为相互协调逐渐趋于完善的。简言之，合理性的内涵、内容及标准等随社会主体间社会交往与联系的改变而变化。当然，合理性内涵、内容及标准的变化在总体上受到合规律性与合目的性统一等的限制。此外，合理性研究可以贯通到各个实践领域、各种社会活动之中。不仅如此，合理性在人类历史的纵向和横向上兼容并包着人类社会政治、经济、科技及文化的共同成果，不同主体在对合理性的认识、价值取向的选择、评价标准的制定上，常存有共同点。

二、发展的合理性问题

一方面，对发展合理性的研究体现了人类以哲学方式对发展行为及其效应的自觉关注和反思。从本质上分析，发展合理性是人类对“应为何”和“应如何”发展的观念诠释与解答。另一方面，发展存在合理性问题是社会发展的特征之一，合理发展是社会进步的根本要求。社会发展既然是人类社会的一种向前、向上的变化，它就必然具有合理性的特征、要求和规定。发展的合理性与科学发展内在统一。

（一）发展合理性内涵的阐述——发展的合理性是合理性的具体化表现

发展的合理性是合理性在发展问题上的具体反映和内在要求。发展就其实质来说，是一种理性的认识活动和具体的实践过程。从伦理学角度上看，发展是一个具有合理性与现实性的伦理理念。从唯物论和合理性角度上讲，发展是一种实践理性，发展合理性更是一种实践合理性。对发展合理性的认识和反思，也是人类理性和能动性的集中表现。人类的本性主要包括人的自然属性、人的社会属性和人的精神属性。这也决定了人类社会的发展合理性具有自然的、社会的和思想道德的内容。阿马蒂亚·森指出，发展不仅具有工具性意义，而且具有目的性意义。就其内容而言，发展合理性至少包括发展的工具理性（主要是发展过程和活动中人们用于处理人与自然关系的实践理性）的合理化、技术理性的合理化、道德与价值理性的合理化。

发展的合理性不仅是理论的，更是现实的。为此，阿马蒂亚·森列举了大量事实及数据，来支持发展观的现实合理性。譬如缩小贫富差距，提升社会公平，包括改善妇女的受教育程度，可以降低出生率，提高健康和素质程度，从而使每个人受益等。的确，发展的合理性总是通过人的有依据的发展行动体现和实现的，即发展的“合理性体现在总是具有充分论据的行动方式中”①。因此，发展的合理性便是一个实践合理性问题，毕竟发展更多地体现为人类社会的实践活动。依照前面的界定与阐释，发展合理性的本质和研究意义在于，如何消除现代人类发展实践活动中所造成的反主体性效应，及时发现和修正不合理之处，从理论及行为规范的层面确保发展实践具有合理性，或曰努力实现发展理性、过程及结果的合理化。确切地说，发展实践合理性的追求目标是人与自然、人与人（或社会）之间对立与冲突的和解，谋求国家及地区间发展的公平与和谐，逐步实现人的自由全面的发展。换言之，合理化的实践活动及其结果，将使人与自然的冲突关系得到和谐，使人与人之间的紧张关系全面缓解，使最大多数人的根本利益得到最大保障。概而言之，发展实践的合理性要求发展在具体实践中充分体现出科学、合理。

“合理”与“不合理”，既是一个事实判断，又是一个价值判断。社会发展合理作为一个评价性范畴，其也就由此具有事实和价值判断的特性，成为内含主体需要和利益标准的一种价值判断，是一个依据一定的价值标准而对社会领域的变化现象所进行的评价性描述。这样看来，发展的合理性取决于主体利益追求的合理性，取决于评价标准和评价尺度的合理性，并可以进而把社会的合理发展概括为：第一，合理发展是合规律性（如社会发展中社会意识与社会存在状况相适合的规律、社会发展的代价规律、社会发展的协调规律、社会发展的创新规律、社会发展的可持续发展规律等等）与合目的性相统一的发展，即合理性发展首先应是社会发展本身所固有的客观规律或必然趋势的具体体现，同时又必须符合社会主体的目的要求、符合最大限度地实现最大多数人的最大利益和幸福的原则。第二，合理发展是社会的整体性、

---

① 哈贝马斯．行动的合理性和社会合理化［M］．洪佩郁，译．重庆：重庆出版社，1994：40.

协同性发展，它要求实现经济、政治、文化、生态等的全面进步，要求区域间、阶层间及行业间的和谐发展。第三，合理发展是代价最小、进步最大的发展，或是以尽可能少的代价来实现最大进步的发展。两害相衡取其轻，两益相比取其重。第四，合理发展是社会发展与人的发展相统一、人与自然相和谐的可持续发展，是以人为本的发展。总之，合理发展是一种集真、善、美于一体的发展。

发展的合理性是一种综合的合理性，概括地讲，是指合乎思维逻辑性的发展、合乎客体规律性的发展、合乎主体目的性的发展以及合乎手段技术性的发展。无论在“工具合理性—价值合理性”上，还是在“形式合理性—实质合理性”上，或是在“理论合理性—实践合理性”上，发展的合理性的本质都集中表现在合乎思维的逻辑性、客体的规律性、主体的目的性、行为的技术性，而这四者又是内在联系、有机统一的，并与时代特征和阶级性质相吻合。发展合理性的实质正在于对发展活动进行理性的评价、约束、规范和调控，使目的合理性、工具合理性、价值合理性及实践合理性等发展合理性的内容融为一体，实现科学的、平等的、公正的和可持续的发展。

发展要体现出发展的合理性，就要对各种发展目标及实现每一目标的种种手段进行自觉反思，对发展进行价值判断和价值选择，探求其合理化限度并寻求合理化标准以指导具体的发展问题的合理解决。

由发展的合理性可派生出合理发展的目标。若对合理发展目标进行追问，则一要问什么是合理发展的目标，二要问如何实现合理发展目标。前者是基础方面，先明确了什么是合理发展目标，才能围绕合理发展的目标设计合理的发展手段，如果发展目标本身就是不合理的，那么发展手段的合理性也就无从谈起。譬如，单纯将发展目标定格为实现现代化，把现代化片面理解为经济现代化，那么，对实现合理发展的目标而言，再好的手段和途径也是徒劳的。我们说，即使是把社会的全面现代化作为发展目标也是不尽合理的。因为，第一，发达国家及地区不但实现了经济现代化，而且实现了社会生活的其他方面的现代化，但它同时又患上了“现代社会病”，并面临着许多难以解决的社会问题。社会为此付出了沉重的代价。第二，把发展的目标规定为实现现代化就意味着把实现现代化以后的发展排除在发展研究视野之外，发展也将失去新的、更高的、更合理的目标。从合理发展的最终目标上讲，合理发展的目标应当是“发展型+和谐型”社会。“发展型+和谐型”社会是能实现协调而持续发展的社会。其中，协调是持续的协调发展，持续是协调的持续发展。如上所言，协调不仅指科技、经济、社会、生态的协调，而且还包括社会发展中人与人发展的协调，社会发展的成果要能够促使大多数人受益，有利于每个人自由全面的发展。

（二）发展合理性问题的提出——由不合理到合理的理性反思

现实中存在“不合理”，才会产生对“合理”的要求和期望。发展的合理性正是基于人类社会过去发展实践中所出现的诸多不合理问题而提出的。由于人类在过去的发展过程中未能处理好人的活动所面对的双重关系：人与自然的关系和人与社会的关系（包括人与人的、阶级与阶级的关系等），致使在人类发展实践中出现了“正负效应”同步增强的现象，在对诸多问题和困惑的反思中，进而引发了人们对发展合理性问题的思考。

1. 人类在对过去发展认识和行为的反思中提出发展合理性问题

首先，对近代工业文明发展模式的客观评价与自觉反思。对这种发展模式作出哲学上的反思和评价，无论是对于我们的社会发展理论还是对于我们的社会发展实践来说都是非常有益的，这也成为发展合理性问题之所以提出的一大原因。

应当看到，西方近代工业文明的发展模式的出现是符合历史必然性的，它对于农业文明来说无疑是一个伟大的进步。在发展物质生产力和物质财富的创造方面，也取得过辉煌成就。但是我们必须看到，也正是这种模式的发展造成了当代的各种危机，这些危机甚至已经威胁到人类的生存。说明这种发展模式在当今是欠合理的。

工业生产是一种对自然界的“改造”。从理论上讲，如果人对自然的改造活动是符合自然规律的，就不应当是破坏性的。自然界自发进行的合规律变化同人的实践活动所引起自然界的合规律的变化应当具有同样的效应。但是，如果人的实践活动所遵从的只是自然界的局部规律，而没有认识和遵从自然生态系统的整体规律，那么即便由于我们的生产活动遵循了局部的、个别的自然规律而使我们的个别活动获得成功，获得了眼前的局部利益，但是由于我们没有认识和遵循自然生态系统的整体规律，因而在我们获得了“工具价值”的同时，却常常丢失和损失了“生态价值”，损害了人类长远的生存利益。在工业文明的范围内是不能彻底解决生态问题的。生态问题的彻底解决，只有通过发展模式的根本变革，即从工业文明向生态文明的转变，这是发展合理性的具体要求。

工业文明发展中的另一大不合理之处在于人的物化和人的异化，这在私有制条件下表现得十分突出。大机器生产是工业文明的一个重要标志，大机器生产是建立在高度分工基础上的，生产规模大、品种多，因而这种生产只能通过商品交换才能进行。马克思指出，在商品经济形态，人的特征是“以物的依赖性为基础的人的独立性”①。资本主义大工业化生产，由于完全是建立在对物的依赖上和资产者对剩余价值的贪婪追逐上，因此人的一切社会关系被物化，这种商品经济把人纳入它的普遍的价值体系之中，使劳动力成为一种可

① 马克思，恩格斯．马克思恩格斯全集：第46卷，上［M］．北京：人民出版社，1972：104.

使用、可交换的商品在经济中发挥作用。于是，人作为劳动力的使用价值和交换价值得到重视，而他的人格价值（个性、尊严、权力、生命价值）却被吞没了，人的价值仅仅表现为物化的使用价值和交换价值，即作为手段的效用价值，而不是主体性价值。结果便是人被物所支配，被他自己的产品所支配，被异己所支配。特别是，资本主义生产方式运行的动力机制是自由竞争，遵循的基本原则是优胜劣汰，其结果是一方面使生产效率不断提高，另一方面又造成社会严重的两极分化，穷者越穷，富者越富。这种制度和生产方式的本质弊端是无法用政府调控等外在形式克服的。恩格斯曾批判道："对现代资产阶级的发展来说，最可耻的是它还没有超出动物界的经济形式。"① 由此探究下去，将引起人们对发展问题中社会制度合理性的深思。

其次，对公平与效率关系失衡的深刻反思。我们对发展模式、发展战略和政策的评价，不仅要有效率的尺度，而且要有人本的尺度。在"发展与人"的关系中，社会发展只是手段，"为了人"才是发展的终极目的。是社会发展为人服务，而不是人为社会发展服务。公平与效率的关系是发展中的一个核心问题，也是伴随发展始终的大问题。对两者关系的态度和处理方法不同，直接导致两种不同的发展性质和结果，尤其是决定着社会发展不均和失衡等问题的性质及状况。因此，由公平与效率的现实关系引出了人们对社会发展合理性的思考。客观地讲，人类迄今未能很好地处理好公平与效率的关系，至少是没有动态地、历史地认识和解决公平与效率的关系，因此出现了以"发展差距"和"贫富问题"为集中表现的发展合理性问题。

再次，对发展协调性问题的反思。发展的不协调表现为区域发展的不协调、产业结构的不协调、发展模式的不协调

① 马克思，恩格斯．马克思恩格斯全集：第31卷［M］．北京：人民出版社，1972：469.

以及经济发展与社会发展不协调等，发展的协调性问题是影响发展合理性的一个直接原因。

最后，人们对人与自然关系的反思。人与自然的关系是一对矛盾。在人类实践发展的不同历史阶段，这一矛盾的具体性质和表现各不相同。例如，自原始社会至19世纪，人与自然的矛盾基本上表现为自然的强大和人类实践能力发挥不够之间的矛盾。20世纪以来尤其是跨入21世纪后的今天，人与自然的矛盾主要表现为人类实践能力与手段的日益强大和对实践自觉调控不够之间的冲突。20世纪中叶以来基于人与自然矛盾的人与世界关系全面冲突的实质和核心是人类实践活动中“能够做”和“应当做”之间的矛盾，后者恰恰是关于发展实践目的和价值的合理性问题。因此，当代人类发展实践的不合理性所造成的人类生存危机迫使人们对发展实践活动中的观念、决策和行为及其结果的正确性、正当性、正义性等进行全面系统的反思，进行再认识和再评价，以求实践活动向着科学化、合理化的方向发展。

人类对人与自然关系的反思，反映出人类对在哲学史上长期占统治地位的理性主义传统的反省与重建。理性虽然是实践活动的重要精神力量，实践活动的全过程自始至终莫不受到理性的引导和调控，但是如果对理性毫无节制和缺乏自律，则必定会使人类陷入自负的境地，也必然使理性失去应有的价值规范而蜕变为单一的技术理性或工具理性。工具理性对于功利化、技术化的一味追求，对物的占有的过分看重，都强化着人对自然的奴役意识，使人类在征服自然的一时陶醉中忽视了自然生态系统的固有本性和规律的规定性，造成人对自然无节制的开发和利用，从而破坏了自然生态系统平衡，使人与自然的关系趋于恶化。通过反思和自觉，人们已经深刻认识到发展实践合理性所要合乎的“理性”决不是传统理性主义所指的片面理性，而是经过批判和反思所达到的科学化的理性即全面的、合理的理性，表现为工具理性和价值理性或技术理性与人文理性的辩证统一。

2. 人类社会发展的历史和现实中存在的不合理现象和问题

通过一系列现实中不合理发展的事实而深切感悟追问发展合理性之重要，在人类社会发展的历史和现实中均存在诸多困扰人类社会发展的不合理现象和问题，而对发展合理性的诉求亦由此显得必要和迫切。

（1）不合理的发展导致了全球性约束问题：人口增长、粮食短缺、能源和资源枯竭、污染和生态环境恶化。一方面，以物质财富增长为核心、以经济增长为唯一目标的观念和行为，是这些问题的重要原因。这种观念和行为支配下的发展的不合理之处在于：完全忽视了人与自然、人与社会的健康、稳定、持续发展的主客观基础，造成了经济增长与社会发展之间关系的紧张，严重割裂了经济与生态、物质价值与精神价值以及经济增长与人的全面发展之间的有机联系。此为非阶级性不合理发展的表现。另一方面，阶级和剥削的存在，使得发展的不合理性被打上剥削阶级的烙印。在阶级社会中，剥削阶级的阶级统治使经济与伦理、公正与效率、自由与平等关系被颠倒，剥削阶级的利益成为发展的根本目的，这就把人变成了实现经济增长的工具和手段，从而造成了马克思曾经指出的人的劳动及人自身的异化现象的发生，也造成了人的畸形发展，成为“单向度”的人。此为阶级性不合理发展的表现。

（2）有增长而无发展：长胖而不长高。前面已经讲过，经济增长和经济发展是两个不同但又有联系的概念。在现实中，常有“有经济增长却无经济发展”现象存在，这同样是一种不合理的发展。

经济增长是指一国在一定时期内实际物品和劳务产出的增长，或一国在一定时期内人均实际产出的增长。经济发展必须有经济增长，而有经济增长并不一定有经济发展。经济发展的内涵远比经济增长丰富，它是随着经济增长而同时出现的经济结构、政治结构和社会结构的合理变化。它具体要求，提高人民生活水平，减轻人口压力，消除恶性通货膨胀、改善就业状况，保持经济稳定和国际收支平衡，使产业结构、产品结构及贸易结构合理化，让人民有更多的民主和自由权利，等等。事实上，在一些发展中国家和欠发达地区，随着经济高速增长和工业化水平提高，反而出现失业增加、物价上涨、财产分配更加不合理，急需救济的人口不断增加，生态平衡遭到破坏，环境质量恶化，最终导致“有增长而无发展”的后果。“有增长而无发展”是典型的不合理发展。

（3）有气而无力：不合理的发展使得不发达国家和地区缺乏发展极。法国经济学家弗朗索瓦·佩尔鲁克斯认为，增长速度在每个地区是不一样的。增长的势头往往集中在某些主导部门和有创新能力的行业，而这些主导部门和行业往往聚集在城市中心，这些中心就成为发展极。发展极对国民经济最积极的影响就是它对广大的周围地区所发挥的扩散效应。一方面，在发展极（增长点）由于具有创新能力的主导产业和行业的存在，它的广泛的前向关联和后向关联使得在它们四周聚集着日益增多的其他相关部门和行业以及辅助性厂商，提供社会劳务的社会产业也围绕着发展极迅速增长，要素流动在市场机制作用下更多地流向中心城市。另一方面，发展极在离心力作用下，还把增长和发展的势头通过技术、组织、要素、信息等渠道向其周围地区弥散，从而使一国经济不是通过平面的板块式推移而是通过多层次的发展极在不同的点上带动经济的增长。而且，这种带动还表现为扩散效应从一个产业向另一个产业发生渐进的波及和影响，从而使技术的间接流动成为扩散效应中至关重要的内容。不发达国家和地区普遍处于一个不合理的发展环境之中，不合理的发展环境对应着不合理的发展格局，这都十分不利于不发达国家和地区发展极的生成和壮大，从而极大地抑制了不发达国家和地区的发展，并使贫富差距进一步拉大。发展极理论对我们考察欠发达地区贫困的成因有着重要的方法论意义。

（4）依附性发展：与生俱来的欠发达状况始终难以摆脱。不发达或欠发达（underdevelopment），指的是一个国家或一个地区经济社会发展扭曲与滞后的状态，犹如生物成长的“发育不良”，而不仅仅是“未发展的”（undeveloped）状况。德国学者安德烈·冈德·弗兰克在《依附性积累与不发达》一书中，通过对世界资本积累进程中依附性生产关系与交换关系的分析，透彻地说明了不发达的问题。其基本结论之一是：先发国家和地区生产关系与交换关系的结合，促成不发达的发展即依附性发展的开始。

（5）过度发展（over－development）和超前增长（hyper-growth）：酿成揠苗助长和青黄不接的后果。表现为无限制、非理性的物欲追求，资源、能源的无节制浪费，不顾主客观条件盲目地追求高增长率，一味效仿发达国家和地区的消费方式和生活方式，等等。这两种倾向主要出现在发展中国家和地区。

（6）马太效应：“贫乏而富有、富饶而贫困”。这集中反映出区域间的经济社会发展的不平衡与差距。例如我国东部发达地区自然资源相对贫乏，但他们利用科技、人才、资金等优势，最大限度地利用欠发达地区的自然资源，使自己尽快发展起来。相反，中西部等欠发达地区由于地缘、基础设施、人才、资金等方面的劣势，自己丰富的资源优势难于转化为经济优势，甚至成为发达地区的原料和加工基地。这也是一种不合理的现象，是一种平等中的不平等发展。

（7）天平失衡：产业结构失调、财富分配失准、贫富分化失度、平民百姓失望。发展过程中出现的上述一系列经济及社会不协调的问题和矛盾，主要涉及发展合理性中的微观问题和社会主体价值判断问题，其在经济欠发达、社会欠发展的地区普遍存在并常成为制约当地经济社会协调发展的突出问题。

（三）发展合理性功能的揭示——思想的先导，行动的指南，行为的规范

（1）发展合理性具有认知功能。认知功能首先表现为对不科学、欠合理的发展观点与行为的识别，进而修正发展的理论与实践。其次，发展合理性的认知功能集中表现在对是否“以人为本、以发展为第一要义、以统筹协调为途径、以可持续为目标”的科学发展观思想的揭示与判别。

（2）发展合理性具有解释功能。发展的合理性是我们在发展实践中正确考察新现象、分析新问题的科学理论依据，是端正和统一认识的思想基础。它不仅描述发展“是什么”，而且能正确回答发展“为什么”和“怎么样”，从而为实践中的发展提供必要的认识前提。

（3）发展合理性具有评价功能。发展的合理性是我们在发展理论与实践中评判发展认识与行为是非的“坐标”，是建构“合理发展”的评价指标体系的“主线”，是评价发展优与劣、好与坏的尺度。其不仅是建立评价标准的思想指导，而且是进行具体评价的理论依据。

（4）发展合理性具有指导功能。发展合理性是我们实现合理发展的行动指南。它要求和告诫我们，发展应针对和围绕“人”而进行，应符合自然、经济和社会发展规律。其一，要实现经济社会更好、更快、更合理地发展。其二，要全面、协调、可持续地发展，处理好发达国家和地区与不发达国家和地区间的和谐关系。其三，按照自然规律、经济规律和市场规则办事。

（5）发展合理性具有规范功能。它可以有效地规范和约束人们发展实践中的行为，告诉人们哪些能做、应做，哪些不能为之、不应为之，从而体现和发挥出对人们的发展实践活动进行科学的规范的功能。

（6）发展合理性具有预测功能。它能根据人类社会发展

的客观规律和主观要求，综合考察各种现实和可能的因素，正确推测发展的走势和未来景况，回答将来的发展“会怎样”和“应怎样”。通过预测，可以创造和完善各种有利条件，减少不利因素，从而使发展逐渐趋于合理化，同时将发展的代价控制在尽可能理想的范围之内。

三、发展的合理度

发展既是一个定性的问题，又是一个定量的问题。发展的合理度，便是一种对发展的定量化描述。

（一）理论铺垫

1. 发展合理度概念的阐释

发展合理度，即发展合理性的程度的度量。发展的合理性是相对于发展的不合理性而言的，但具体事物往往不是在完全合理与完全不合理这截然对立的两极之间非此即彼，而是处于合理与不合理之间。发展便是如此。因此，在发展的合理性与不合理性之间有着很大的合理性空间，经历着由不合理到合理或由合理到不合理的渐进过渡，也即存在着发展合理度的各种量级序列。借助一些程度概念对它们加以测量和区分，承认并注意到合理性评价中的程度差异，在发展合理性空间中把握发展合理性问题，是一项很有意义的开拓性工作。利于摆脱在合理性问题上的两极对立的形而上学思维模式，有助于深化对合理性的研究，提高对发展合理性的精确化认识，从而更完整地把握发展合理性问题，并进而强化合理发展战略与措施的可操作性。

2. 发展合理度指标体系的确立

发展合理度的指标主要包括自然指标（N）（如自然条件、资源禀赋等）、社会指标（S）（如社会制度和经济体制、人口因素等）、经济指标（E）（如经济增长率、产业结构比、人均 GDP 等)、科技指标(S&T)(如经济增长及社会发展中的科技贡献率等),以及伦理道德指标(E)、文化差异指标(C)、综合指标(A)。各指标间存在一定的数量关系,并且是可变的和互为影响的,由此构成衡量发展合理度的动态指标体系。

3. 影响发展合理度因素的分析

影响发展合理度的因素主要有发展主体的自然条件禀赋、产业结构性状及经济发展状况,发展主体所具有的社会物质及精神文明程度,发展主体所处的社会制度性质以及社会公平公正程度,发展主体所处社会环境的市场发育情形、科技发达程度及道德水平状态,发展主体自身的习俗性征与文化差异,以及发展主体的外部发展环境与条件的状况。

(二)模型构建

1. 发展合理度模型的意蕴

构建发展合理度的模型,是科学评判发展合理度的重要环节。而建立发展合理度模型的关键是选择和确定模型的主变量、约束参量、控制参量,以及这些变量之间的描述性关系,从而实现对发展合理度的系统分析与判别。

2. 发展合理度模型的初构

综合发展合理度的上述影响指标和因素,借鉴其他相似问题的定量表述方法,试构建发展合理度的表达式如下:

发展合理度 = $\alpha \cdot \eta \cdot$(经济增长率 + 人均生产总值 + 产业结构匹配度 + 科技贡献率)

式中,α 是人与自然和谐因子,可通过对各个国家(地区)在处理人与自然关系中的综合排序和总体评价而得。η 是衡量社会成员贫富差距的贫富因子,可由基尼系数与国情修正值乘积而得[①]。

---

① 范金.可持续发展下的最优经济增长[M].北京:经济管理出版社,2002.

3. 发展合理度模型的解析

首先，上述模型表明，α 和 η 两个参数对发展合理度的影响最大，即发展合理度的最直接、最大的影响因素是社会成员的贫富差距问题，表现为一种乘积关系性影响而非累加关系性影响，反映出的是一种结果性的影响力而不是起点和过程性的影响力。因此，解决贫富问题是提高发展合理度的核心和关键。

其次，社会与自然的和谐度是决定发展合理度的又一重要因素。这其中包括代内、代际自然资源的合理开发和应用程度，环境的保护程度和生态产业的发育程度等。可见，处理好人与自然、社会与自然、经济发展与生态平衡的关系是提高发展合理度的基础，也是重中之重的工作。

再次，发展是一个动态过程，因此，发展合理度也相应地是一个动态的度量和评价过程。通过对发展合理度的动态了解，可微观地洞察发展中不合理现象的成因和环节所在。

应当说，建立发展合理度模型尚属一项尝试性的开创工作，其中肯定存在许多疏漏、粗糙和幼稚之处。不过，此处提出发展合理度概念的意义超过阐释发展合理度和建立发展合理度模型本身，进行这种尝试性思考的更大意义在于：期待此举能够启发人们善于用科学、定量的手段与思维方式去认识发展的合理性问题，去揭示其中的数量关系，进而完整、深入和科学地把握和应用发展合理性问题。

第三章　追问与考证

——合理发展的理论与现实

富有合理性的发展是合理发展。由发展的合理性可以引发对合理发展的追问和对若干相关现实问题的探究。

一、合理发展何以可能

合理发展不仅是必要的，也是可能的。主要依据在于人的认识能力和自我约束能力发展的无限性，人之社会关系的可塑性。其中，“主体理性的规范化趋势”、“主体意图的合理化变化趋势”、“主体能力的进步趋势”和“主体方法的科学化趋势”都有助于合理发展的逐步实现。

在认识理性中，主体理性是人的一种能力。就其运行而言，它是主体的思维功能，就其结果来说，乃是思维着的主体对外部存在的理智审定，是人类意识的高级形态。而当发展主体理性指向具体发展实践并作用或调控实践过程及结果时，便形成了发展实践理性，表现为人依据对客体的认识，从主体需要和意志出发进行发展实践活动的能力和行为规范和活动原（准）则。

在不合理的主体认识的引导下，不可能构建出合理发展。随着人类认识能力及水平的逐步提高、社会的不断进步，人类的发展行为和结果已显露出日臻合理的变化趋势（如对人与自然关系深刻反思和合理化重构等)，也使合理发展不断由可能成为现实。事实表明，发展主体能力在对自然界事物运动规律的认识、对与自然关系认识以及在对人类社会进步的自觉认识和自我推动上有了显著的提高，且仍显不断提高的趋势，这成为合理发展逐步实现的重要基础。

要实现合理发展，必须要求发展主体发展方法日趋科学化，发展主体发展方法的科学化是合理发展得以实现的重要主体性条件。发展主体的自我约束能力是不断提高的，包括认识和尊重客观规律、按客观要求谋求发展的自律（如遵从经济发展规律、自觉调适产业结构等)，发展实践中的道德自律和正确处理利益关系的自律（如正确处理局部利益与整体利益、眼前利益与长远利益的关系)，发展主体修订合理发展原则和评价原则的自律，等等。这些均是人类社会实现合理发展不可或缺的基本条件。

二、可持续发展与合理发展的内恰

可持续发展是合理发展的实现目标，合理发展是可持续发展的基本前提，两者是内在统一的。反言之，可持续发展从总体上解答了发展的合理性及合理发展问题。

可持续发展作为一种新的发展理念和模式，是人类对自身发展历程及当前资源及生态环境危机进行深刻反思后作出的理性抉择。简而言之，可持续发展主要是两个维度上展开。可持续发展是人类反思人与自然的关系、权衡人类社会发展长远利益与近期利益而作出的一种正确的价值判断和明智的路径选择。可持续发展理论内生有一个基本的价值观念：只有体现“可持续”的发展，才是合理的发展。也可以拓展地认为，只要是利于“可持续”的发展，就是合理的发展。可持续发展的合理性体现在多个方面：从发展的自然属性与条件上认识，可持续发展在于保护和加强环境系统的生产和更新能力，是一种不超越环境系统自循环和再生能力的发展；从发展的社会属性与目的上看，可持续发展意在不超出维持生态系统承载能力的情况下，改善人类的生活质量，是一种最终落脚于人类自身的社会发展；从发展的经济属性及其实质上看，可持续发展是在保护自然资源的质量和其所提供服务的前提下，使经济发展的净利益增加到最大限度；从发展的科技属性及其功能上看，可持续发展是科技含量及应用程度最高最优的发展。

说到底，社会发展是一个人类社会与自然和谐相处的过程。可持续发展是合目的性与合规律性的真实统一。社会发展的规律不仅存在于人与人的关系中，也存在于人类与自然的关系里，从根本上讲，人类社会本身也是自然的一部分。在可持续发展中，一方面体现出了把人类的利益作为发展的最终目的，并把人的局部利益和整体利益、眼前利益和长远利益结合起来。另一方面体现出了人类尊重自然及社会运动的规律，按规律行事。可持续发展达到了人类社会经济行为科学化、发展要求时代化、发展过程理性化、发展结果和谐化和发展关系伦理化。

通过对以下方面的探讨，可以深化对可持续发展与合理发展关系的认知。

（一）以人为本凸显可持续发展的合理内核

以人为本是可持续发展之合理性的充分体现，是判别发展合理与否的重要标准。从可持续发展的核心、目标及其原则都可以看出以人为本的中心思想。首先，可持续发展的核心思想是健康的经济发展应该建立在生态可持续发展、社会公正和广大社会成员积极参与自身发展决策的基础上。其次，可持续发展的目标是既要使人类的各种需要尽可能得到满足，个人尽可能得到充分发展，又要保持资源和生态环境的平衡，不对后代的生存和发展构成威胁。再次，可持续发展公平性原则、持续性原则等主要原则都是为了人类的根本利益与长远发展。最后，可持续发展对应着人类社会贫富问题的根本解决。实现可持续发展与贫富问题的解决直接相关，从发展的合理性上说，可持续发展的实现与否将受制于地区间发展程度的差距和社会成员间贫富程度的差距。只有消除地区间过大的发展差距和贫富差距，才能真正实现社会的可持续发展。总之，可持续发展作为一种新的发展思路和理念，其中心是社会发展既要满足全人类的需要，即纵向上考虑后代人的需要，横向上满足当代人的需要。同时，强调经济发展必须保护环境和资源，从而使经济发展能持续，进而促进人的自由全面发展终极目标的逐步实现。

（二）生态思维体现可持续发展的合理思维模式

从发展理念上说，可持续发展是对人与自然关系进行生态思维的结果。生态思维是人类从生态哲学辩证思维的角度，自觉审视和思考人与自然界，特别是人与生态环境之间的复杂关系，并以人和生态环境和谐发展为价值取向的思维方式。生态思维的鲜明特征在于强调人与自然构成关系的系统性，依存关系的整体性，协同进化的协调性。传统思维低估自然的受动极限性，高估人类的能动性，致使人以“征服者”的姿态对自然进行掠夺，其结果是破坏了自然。生态思维则把包括人类在内的整个自然界视作相互联系且不可分割的有机整体，相互依存、和谐共生；强调人的能动性和受动性的统一。“人作为自然存在物，一方面具有自然力、生命力，是能动的自然存在物，这些力量作为天赋和才能、作为欲望存在于人身上；另一方面，人作为自然的、肉体的、感性的、对象性的存在物，和动植物一样，是受动的、受制约的和受限制的存在物。”① 人可以能动地认识及改造自然界，但这种能

① 马克思，恩格斯．马克思恩格斯全集：第42卷［M］．北京：人民出版社，1995：167.

动性是有限的、非绝对的。人在自然界获得多大的自由，并不单纯取决于人的能动性的发挥，而是更多地取决于对人的受动性的正确认识程度和合理控制能力；强调自然界自组织的开放性与物质能量转换的循环性。自然界既是一个自组织协调的有机开放系统，又是一个有序的循环系统。生态思维强调人类应遵循生态环境演化的自然规律和社会经济发展客观法则，将资源开发与环境保护，经济建设、社会建设与生态建设协调并举。科学地发展生产力，合理地解放自然力。

（三）生态人类中心主义是可持续发展合理性新的理论解读

由生态思维可以提升出生态人类中心主义的理论认识。可持续发展的合理性还在于人类思想观念的历史性转变：由人类中心主义到生态人类中心主义。生态人类中心主义是与人类中心主义对立的一种崭新的发展理念。

从学理上讲，人类中心主义是一个关于人与自然相互作用应然状态的价值判断，是关于人类在宇宙中的地位的一种文化观念。“以人类为中心”与“以人为本”截然不同，“以人为本”在内容上也有别于西方“人本主义”。在价值观层面上，“以人为本”是以最大多数人民的利益为根本的出发点和归宿点。在认识论层面上，以人为本是透过人的生活条件来分析和解决与人相关的一切问题，诸如人与经济、人与社会、人与文化、人与环境等等。在方法论层面上，以人为本是充分尊重人，把人的能力作为最重要的资源放在第一位，通过提高人的素质，调动人的积极性和创造力来取得经济效益和社会进步。从实质上说，人类中心主义是“一切以人为中心，一切以人为尺度，一切从人的利益出发”。人类中心主义主张，人是世界的主宰，是自然界最宝贵的东西，人的利益高于自然界万物的利益，人类能根据自己的理性使自然界满足人类的需要。从人的主体地位上看，“人类中心主义”似乎有一定的道理，毕竟人类当以自身存在和发展作为自己全部行为的出发点和归宿点。人类社会发展不可能也不应当以生态中心主义、动物中心主义、植物中心主义等荒谬思想和观点为指导。人类中心主义同样是一种极端、片面和狭隘的思想认识，其缺陷和错误在于以一种短视的、不可持续的方式来求得人的发展，最终走向了发展目的的反面。因而，其非但不能从根本上体现和维护人类的利益，反而损害着人类的根本和长远利益。

人类中心主义的产生，在很大程度上是基于从前反对以上帝、神为中心，是为了把人从神的统治中解放出来，使人性、人权、人道及人的主体能动性得以回复，以人类的理性和科学技术为工具，让人类掌握、创造和享受属于自己的世界。因而，人类中心主义具有一定的历史合理性和进步性。但后来，伴随着科技的飞速进步，人类认识自然、开发利用自然的能力与水平极大提高，人类一方面简单地认为自然资源取之不尽、用之不竭，无视自然界的承载能力的有限而任意排放工业废弃物，另一方面又狂妄自大地“征服和改造”自然，盲目、冲动和无畏之举尽现。特别是资本主义原始积累和粗放型工业化大生产阶段，在剩余价值及高额垄断利润驱动下，人类对自然的掠夺和破坏到了肆意的地步，人与自然的关系扭曲到了极致，生态危机达到了空前严重的程度。因此，人类中心主义经历了摆脱神仙上帝和征服主宰自然的历史形态与过程。今天，正是出于保护自然、强调生态环境伦理、和谐人与自然关系以及实现可持续发展的目的，人们开始了对人类中心主义的反思、反省和重构，人类中心主义演进成为生态人类中心主义。

生态人类中心主义强调，体现和维护人类的利益是首要的，但保持生态平衡和保护生态环境，则是人类实现根本利益和长久利益的基本前提，也是最终解决人世间贫富问题、实现人的自由全面发展的重要保障。它主张，应当将人类利益作为处理人与自然关系的基本价值尺度。不过，这里的

"人类"是作为类概念的人，是一切人的总和，它不仅包括同一代所有的人，而且也包括过去、现在和未来各个世代的人。与此相应，生态人类中心主义所注重的人类利益或人类的共同利益，也只可能是人类整体的利益和人类长远、根本的利益，从这一角度看，生态人类中心主义又是把这种人类共同的、整体的和长远的利益奉为根本价值尺度的人类中心主义，是以保持生态平衡、消解生态危机为要务的人类中心主义。因此，保持生态平衡、追求人类根本利益，是生态人类中心主义的核心点，"生态"是前提，"中心"是实质，"利益"是目的。人类保护自然是出于保护自己的目的。试想，家已不存，财富何有？生态人类中心主义是对人类中心主义思想观念的升华，是人类认识的一次历史进步，是处理人与自然、人与人关系的一种全新的伦理价值原则，是可持续发展的深层思想指导。其科学性和合理性是不言而喻的。

为了深刻理解生态人类中心主义的科学性与合理性，在此不妨对比一下与人类中心主义相对应的另一种极端的非人类中心主义思想——生态中心主义。该观点的主要理论支持是"深生态学"，其认为，人以外的所有自然物都有其"内在价值"和"自身利益"，自然界中所有的生命物种都是"平等"的，人只是"生态系统"中的一分子，是自然界的"普通公民"。生态中心主义因此有一个基本的原则，即自然与人类具有同等的价值、尊严和权利，尊重自然的价值和权利与尊重人类的价值和权利是一致的。其意义在于否定了"人类中心主义"关于人是自然界"主宰"的狭隘观念，但同时也把人在自然界中的主体地位消解了。在生态中心主义看来，大自然万物是有人格的，人类应恪守"敬畏生命"的绝对律令。对人类来说，保持生命、促进生命就是善，反之就是恶。由此推论，吃猪羊肉则是恶，爱蚊子苍蝇却成了善。事实上，西方一些动物保护组织就是持这样的佛教生态伦理学的观点，甚至认为生物的权利高于人的权利。更有生态中心主义者认为，科学技术和经济发展是生态失衡和环境污染的元凶，提出“科技及生产力零增长”的思想，主张为保护生态环境而消解发展，这是典型的“存在论”和“泛自然主义”的表现，混淆了“自然问题”和“人的问题”的关系，背离了保护生态环境的目的，因此是不合理和不可取的。

要彻底实现合理发展，必须真正完成恩格斯所讲的“两个提升”，即人从动物中提升出来和从社会关系中提升出来。其中，人类自觉地从社会关系中提升出来显得更为关键。人与自然的关系也折射出人与人的关系，只要人类社会还存在阶级、国家，就难以做到“从全人类根本利益出发”。历史上任何剥削阶级和剥削制度，所维护的都是最少数人的最大最根本利益。正是人类中心主义中“个人中心主义”，借助国家权力和意志，使特殊利益的主体为了最大限度地追逐自身特殊的、眼前的、直接的既得利益，肆无忌惮地向大自然展开近乎残酷的掠夺和暴虐的“征服”，并使生态危机不断加剧。恩格斯说过：“到目前为止存在过的一切生产方式，都只在于取得劳动的最近的、最直接的有益效果。那些只是在以后才显现出来的、由于逐渐的重复和积累才发生作用的进一步结果，是完全被忽视的。……在西欧现今占统治地位的资本主义生产方式中，这一点表现得最完全。支配着生产和交换的一个一个的资本家所能关心的，只是他们的行为的最直接的有益效果。”“这些行为的自然影响也是如此。当西班牙的种植场主在古巴焚烧山坡上的森林，认为木炭作为能获得最高利润的咖啡树的肥料足够用一个世代时，他们怎么会关心到，以后热带的大雨会冲掉毫无掩护的沃土而只留下赤裸裸的岩石呢？在今天的生产方式中，对自然界和社会，主要只注意到最初的最显著的结果。”① 我们说，强调人与自然的和谐相处，最根本的还在于人与人的和谐相处。合理发展从根本上

① 马克思，恩格斯．马克思恩格斯选集：第3卷［M］．北京：人民出版社，1972：519、520.

讲是为了人类持续的、最大的发展和利益。尤其应强调的是，在生态人类中心主义中，被置于中心地位的是人类的共同利益，而不是作为少数人的利益，因此，废除私有制是生态人类中心主义的内在要求，换言之，人与人关系的和谐是人与自然关系和谐的保证。

概而言之，可持续发展观整合了“人类中心主义”和“非人类中心主义”中的合理成分，摆正了人类在自然界中的位置，树立起尊重生命、善待自然、自觉维护生态系统平衡及良性运行的环境意识和伦理责任感，深刻体现出对人的主体性的正确认知。事实上，当今人类社会发展中出现的困境和危机，并不是人的主体性所致，而只能说是由在传统的发展观念的影响下形成的片面、畸形了的“主体性”所引起的。这种“主体性”外显为一味追求物质财富，混淆了增长与发展等概念，使人变成了实现增长的工具，成为马尔库塞所描述的“单向度的人”。这样的主体性不仅片面，而且盲目和粗放，缺少自我反思和自我规范。可持续发展要求实践主体对外部自然界的整体规律性有清楚的认识，对活动的限度有清醒的认知，对人类活动的后果有准确的预判，对自身行为有自觉的规范。因而，可持续发展在合理性的支配下，在人类健康的主体性的驱动下，在人类自觉的未来价值目标引导下，成为人类自我反思、设计、调控发展秩序的进步而合理的发展模式。

（四）统筹、协调、和谐是实现可持续发展的合理方式

可持续发展的“首要”还是发展，可持续发展不是为了限制发展，而是为了更稳定、更持久地发展。而统筹、协调、和谐“三大可持续发展”是实现可持续发展的根本保证。其中，统筹、协调及和谐，既是思想观念，又是行为方式。

可持续发展有三大方面的内容，即自然可持续发展、经济可持续发展、社会可持续发展，其中最主要的是经济可持

续发展。当然，经济可持续发展与其他两种可持续发展并不完全矛盾和对立，而是可以有机统一、协调一致的。首先，经济可持续发展是自然及社会可持续发展的基础。保护生态决不在于摈弃经济与科技的发展，不在于原始意义上的回归自然，而是在保护中谋求发展。只有经济与科技可持续地发展，才能持续地为生态建设和社会建设提供足够的财力与技术，才能选择资源节约型、质量效益型的发展方式，真正把经济建设与生态建设和社会建设有机结合起来。只有实现经济的可持续发展，才能有效解决社会发展中的主要矛盾。矛盾的解决首先依靠经济发展，合理、稳定和持续的经济发展是硬道理。其次，自然可持续发展和社会可持续发展是经济可持续发展的保证。缺乏丰富的自然资源、良好的生态环境、优越的社会条件，经济的可持续发展将失去支撑和保障。相反，自然和社会的持续发展将推动经济发展持续稳定地进行。三大可持续发展烘托出了可持续发展的关键词——发展，展现出了其合理性——可持续，揭示出了其关系——和谐。

从社会发展形态上说，合理的社会发展目标是发展型社会。发展型社会就是能够实现协调、和谐及持续发展的社会。“和谐”是持续的和谐发展，是自然、经济、生态、社会、科技的协调，以及区域、行业及产业结构的协调。“持续”是协调而和谐的持续发展。如前所述，欠发达地区最突出的问题是经济发展和社会发展不够协调，而许多先发展起来的国家及地区的问题则更多表现为社会发展与人的发展不协调。两者面临的共同问题是未能很好地实现协调和和谐发展，因而又难以实现持续发展。因此，全面、协调、和谐的可持续发展应当成为共同的追求。

三、对“部分先富，先富带后富”发展方式合理性的认识

（一）对“部分先富，最终共同富裕”的合理认知

邓小平同志把马克思主义与中国社会主义建设实践相结合，科学而合理地提出了让一部分人、一部分地区先富起来，最终实现共同富裕的崭新思路，并将共同富裕视作社会主义的本质内容。共同富裕是社会主义的本质和目的，但共同富裕也绝不是同时同步富裕。由部分先富再到共同富裕的方略，同发展的合理性有着密切的内在关系。“部分先富，先富带后富，最终共同富”是社会主义初级阶段解决贫富问题的创造性实践。

在社会主义的“字典”里，最终实现共同富裕的发展被定义为合理的发展，合理的发展要求尽快实现共同富裕。从发展合理性的视角进行剖析，不仅可以深化对“部分先富，最终共同富裕”思想和实践的理解，而且有助于我们坚定和深入地贯彻。

（二）“部分先富，最终共同富裕”闪烁出发展的合理性

第一，其合理性表现为“部分先富，最终共同富裕”既合客观规律又合崇高目的。解放和发展生产力是社会主义制度的基本经济规律和要求，可概括为手段的必然性。共同富裕是社会主义制度的根本目的和本质规定，可概括为生产目的的必然性。先富与共富的思想将合规律与合目的融为一体，把公有制与共同富裕统一起来。邓小平同志指出：“社会主义的本质，是解放生产力，发展生产力，消灭剥削，消除两极

分化，最终达到共同富裕。”① 此外，社会发展规律还包括社会意识的发展规律。中国共产党从国家和民族的根本利益出发，构建了有中国特色社会主义的科学的价值观念体系，即以集体主义为思想原则、以为人民服务为价值核心、以共同富裕为价值目标、以“三个面向”为价值取向、以“三个有利于”为价值标准、以“三个代表”为价值实践形式，其符合价值认知与选择的规律，迎合了价值观发展的进步趋势。“先富与共富”因而在本质上也同社会意识的发展规律相吻合。

第二，其合理性表现为“部分先富，最终共同富裕”过程的合理性。发展规律向我们展示了发展的阶段性，即发展存在一个布局、次序和互动的问题，需有步骤、循序渐进地进行。尤其是我国的生产力发展极不平衡，部分现代化工业与大量落后于现代化水平的传统工业并存，一部分经济比较发达的地区同广大不发达地区和贫困地区并存。加之我国是一个统一的多民族国家，各民族的分布区域、生产力水平、生活水平、受教育程度、生产方式、风俗习惯等有着很大的差异。这就决定了各地、各人的发展和致富不可能一步和同步实现，而应集中精力、力量和优势重点突破，鼓励条件较好的地区和人们通过诚实劳动和合法经营率先富裕起来，通过他们在科技、资金、经验等方面的积累，以点带面式地向欠发达、欠富裕的地区和人们示范和带动，逐步使较落后的地区和人们较快地发展和富裕起来，进而提高整体富裕水平。早在1978年，邓小平同志就指出：“在经济政策上，我认为要允许一部分地区、一部分企业、一部分工人农民，由于辛勤努力成绩大而收入先多一些，生活先好起来。一部分人生活先好起来，就必然产生极大的示范力量，影响左邻右舍，带动其他地区、其他单位的人们向他们学习。这样，就会使

① 邓小平．邓小平文选：第三卷［M］．北京：人民出版社，1993：373.

整个国民经济不断地波浪式地向前发展，使全国各族人民都能比较快地富裕起来”，“沿海地区要加快对外开放，使这个拥有两亿人口的广大地带较快地先发展起来，从而带动内地更好地发展”①。进而又说道：“共同富裕的构想是这样提出的：一部分地区有条件先发展起来，一部分地区发展慢点，先发展起来的地区带动后发展的地区，最终达到共同富裕。”②“不能削弱发达地区的活力，也不能鼓励吃‘大锅饭’。”③这不仅是一个影响和带动整个国民经济发展的大政策，也是实现社会主义共同富裕的必经过程，符合历史辩证法。分阶段、有次序地逐步实现共同富裕是发展合理性的客观要求。

第三，其合理性表现为“部分先富，最终共同富裕”结果的合理性。共同富裕作为社会主义发展的理想结果，既体现了以人为本、谋取人民大众幸福的人学内涵，又吻合了人的全面自由发展的社会进步终极目标。马克思、恩格斯早就强调：“无产阶级的运动是绝大多数人的、为绝大多数人谋利益的独立的运动。”④其一直把实现人的彻底解放、充分富裕和自由全面发展视为人类社会发展的最终目标，并认为，共产主义社会“将是一个以各个人自由发展为一切人自由发展的条件的联合体。”⑤在未来理想社会中，每个人的自由发展为一切人自由发展提供条件，共同富裕为一切人的自由发展创造前提。由此可见，共同富裕与维护最大多数人的根本利益、实现每个人的自由全面发展是完全一致的。

---

① 邓小平．邓小平文选：第二卷［M］．北京：人民出版社，1994：152、277.

② 邓小平．邓小平文选：第三卷［M］．北京：人民出版社，1993：374.

③ 邓小平．邓小平文选：第二卷［M］．北京：人民出版社，1994：277.

④ 马克思，恩格斯．马克思恩格斯选集：第1卷［M］．北京：人民出版社，1995：283.

⑤ 马克思，恩格斯．马克思恩格斯全集：第4卷［M］．北京：人民出版社，1958：491.

第四，其合理性表现为“部分先富，最终共同富裕”的对立统一性。先富与共富的统一，首先是绝对和相对的辩证统一。富与不富是相对的，故而先富也仅是相对后富而言，比照未富而已。追求富裕则是绝对的，无止境的。因此，先富带后富逐步共同富，也不只是一个单一过程和简单循环，而是不断交替往复并提高的复杂过程。其次，先富与共富的统一是局部发展同整体发展的有机统一。矛盾及事物运动的不均衡性决定了发展及富裕的不同步性。在社会主义初级阶段的历史条件下，发展是一个由不富到富裕，由一部分先富到共同富裕的过程。共同富裕并非同步富裕。对不同的地区和人们，发展应该是同时的，但程度上则不可能是同步的。再次，先富与共富的统一是发展的不平衡与平衡的统一。发展的不平衡与平衡，具体反映在先富、后富、共同富上。正是通过从先富到后富再到共同富裕的逐步转化，完成由不平衡发展向平衡发展的过渡。先富与共富的统一是矛盾普遍性与特殊性的统一。邓小平同志指出：“有条件的地方，要尽可能搞快一点。”① “这是加速发展、达到共同富裕的捷径。”②由此可见，邓小平在提出“先富共富”思想时，遵循了唯物辩证法共性与个性对立统一的原理，从“先富”特殊性与“共富”普遍性的相互连接中，设计、制定出合理的致富战略，堪称唯物辩证法活的应用。最后，先富与共富的对立统一是“先、快、共”的对立统一。“部分先富，最终共同富裕”的思想涵盖了三个方面的内容。其一，允许一部分人率先富裕起来。其二，最终目的是实现社会成员的共同富裕、整体富裕。其三，让有条件的这部分人先富是为了尽快实现共同富裕。以上三层意思可用“先、快、共”三个字概括。

---

① 邓小平．邓小平文选：第三卷［M］．北京：人民出版社，1993：375.

② 邓小平．邓小平文选：第三卷［M］．北京：人民出版社，1993：166.

其中，“先”是手段和方式，也是共同富的一部分。“快”是一个客观存在的、相对较短的过程。它包含有一部分条件好的人和地区可以较快地富裕起来，更重要的是通过他们的示范和带动，能够较快地实现共同富裕。因而“共”是目的、结果和归宿。共同富裕是社会主义的本质要求和根本目标。“先富、后富及共同富裕”的具体实践，表明了我们不仅是为建设有中国特色的社会主义而努力，从更高的层面上讲，是为实现全人类的共同富裕而奋斗。

共同富裕包含三层含义：贫穷不是社会主义；少数人富裕、少数地区发达、少数城市繁荣也不是社会主义；只有共同发展、共同繁荣、共同富裕才是真正的社会主义。正如邓小平同志所指出的：“社会主义最大的优越性是共同富裕，这是体现社会主义本质的一个东西。”① “社会主义与资本主义不同的特点就是共同富裕。”② 共同富裕不是指同等富裕和同步富裕，更完全有别于资本主义的贫富分化。社会主义与资本主义有许多本质的区别，包括所有制、财富分配和精神文明等，其中一个根本区别，就是社会主义坚持共同富裕，不搞也不可能搞贫富两极分化。

总之，“部分先富，最终共同富裕”既是社会主义制度能力和优越性的突出体现，也是发展合理性的内在反映。

（三）“部分先富，最终共同富裕”中的权宜与合理

从某种意义上说，允许一部分人和一部分地区率先富裕起来，是一种为尽快实现共同富裕而采取的权宜之举。权宜之举也存在合理性问题。权宜之举是指人们在具体操作过程中短期或临时使用的一类计策。大部分权宜之举缺乏实质合

---

① 邓小平．邓小平文选：第三卷［M］．北京：人民出版社，1993：364.

② 邓小平．邓小平文选：第三卷［M］．北京：人民出版社，1993：123.

理性，缺少对人的价值及利益的合理关切。然而，大部分权宜之举在小范围或短时期内有特定的形式合理性。但是，允许一部分人和一部分地区率先富裕起来，则是一种兼有形式合理性与实质合理性的权宜之举。

邓小平关于社会主义本质的有关论述，启示我们要按照社会主义本质去正确对待社会发展中的权宜之举，告诫我们不能认为是初级阶段就可以撇开社会主义本质要求。因此，我们所运用的手段、权宜的做法必然也必须受制于社会主义的本质属性。而“部分先富，最终共同富裕”，就兼顾了手段与目的的统一，过程和结果的统一，局部利益与整体利益、眼前利益与长远根本利益的统一，从而使形式合理性与实质合理性真正辩证统一起来。

四、社会主义阶段发展市场经济的历史必然性与合理性

市场经济是人类文明的历史表现，它从萌芽到成熟，经历了数千年的发展过程。尽管它是人类社会发展进程中的一个阶段性的和手段性的产物，但市场经济与生俱来就有其必然性及合理性，特别是在社会主义制度中，其必然性和合理性表现得尤为明显，而且其必然性与合理性是统一的。

市场经济是人类社会发展过程中、一定历史条件下不可逾越的一种具体的经济形态。市场经济客观存在的必然性和合理性集中表现在：其一，通过其特有的经济运行机制，比较有效地实现资源的优化配置，通过生产效率与效益的显著提高极大地促进生产力水平的提高，进而推动社会的进步。在社会主义制度中，在生产力水平较低的状况下，大力发展市场经济，是为了有效提高社会生产力，为了不断满足人们日益增长的物质和精神生活的需要，为贫富问题的解决及和谐社会的构建奠定更充分、更完备的基础。其二，市场经济

的一般本质有利于促进独立个人的生成。历史表明，在人类以往漫长的发展过程中，经济形态经历了由自然经济到市场经济的转变。在自然经济条件下，个人无独立性可言，体现人的主体性的不是个人而是群体，群体支配着个人的一切，个人只能从属于群体。用马克思的话说，个人只不过是“一定的狭隘人群的附属物”。在市场经济条件下，“物的依赖关系”取代了“人的依赖关系”。市场经济成为个人独立活动的社会化交往形式。个人亦逐渐摆脱了等级从属、人身依附关系的束缚，培养了人们的竞争意识和独立人格，建立起以对财富的占有关系来表现人的价值、地位的独立关系。这就是马克思所说“以物的依赖性为基础的人的独立性”的基本内涵。因而，解放个人、创造独立自主的人，推动人们形成自由平等的人格，这也是市场经济所不可替代的重要历史作用。这正是，谈市场经济，关注人的发展。总之，就直接意义来讲，发展市场经济的目的是为了大力发展社会生产力，但就其最终意义来说，它的根本目的是为了人的发展，是为了实现人的自由全面的发展。大力发展社会主义市场经济与推动社会进步和促进人的自由全面发展是统一的。反过来说，市场经济（尤其是社会主义市场经济）的存在和发展也是发展社会生产力的客观要求，不仅必要、必然，而且合理。

五、由发展的合理性引出对“效率优先，兼顾公平”的思索——“效率优先，兼顾公平”具有阶段性

（一）公平与效率对应发展的合理性

公平与效率的关系问题，也是当代社会发展中的一个没有得到很好解决的重要问题。这个问题的实质，是当代发展所面对的科学和伦理的关系问题，说到底，是发展的合理性问题。一方面，我们要尊重自然和实践规律，提高生产效率，促进经济发展；另一方面，又必须解决分配的合理性，处理

好人们之间的利益关系。

发展的合理性规定着中国的发展理论与实践，它要求我们的发展战略、政策和措施必须遵从发展合理性的基本原则与要求。随着我国社会发展程度的提高和全面建设小康社会伟大实践的不断推进，发展的合理性问题日益凸现出来，并促使我们进一步认清和调整好公平与效率的先后关系；发展是多要素的，公平和效率是发展的重要因素，而公平与效率的先后关系，更是经济及社会发展中要解决和处理好的重大问题。发展的合理性对具体社会生活行为（包括处理公平与效率的关系等）具有指向和约束的作用，具有调适诸发展要素之间关系的功能。反过来讲，发展的合理性通过一系列具体的社会生活内容及行为展现出来。对公平与效率关系的正确处理，是发展合理性的一个突出表现和具体展开。

（二）在合理发展中实现公平与效率具体、历史的辩证统一

对公平与效率关系的认识和处理，是发展过程中所面临的极为现实的问题。“效率优先，兼顾公平”是我国现阶段的一项基本经济及社会原则。多年来，公平与效率的关系一直是人们谈论和研究的热点，学术观点和争论不少。总的来看，对两者关系的阐述似乎更多地聚焦于经济领域之中。事实上，效率和公平涉及经济和伦理两个领域，而公平又兼有经济和伦理意蕴。其不仅要求“获得机会”的平等，而且还要求“收益结果”的均衡。美国哲学家艾德勒说道，像在政治领域内一样，在经济领域里，公平及正义的第一原则是把根据自然权利属于大家的东西还给他们自己。所有人都有一种自然权利去得到过好日子所需要的经济物资，使他们不因某种程度的经济损失而贫困潦倒①。因此我们不能仅从经济角度过分强调效率而使更具社会意义的公平被弱视。发展的合理性提

① ［美］艾德勒．六大观念［M］．北京：三联书店，1989：78.

醒我们，应当做到“经济的”和“道义的”兼顾与并举。从社会主义的本质上说，效率是手段和过程，因而是历史的和过渡的，而公平则是核心及目的，故而是持恒的。

效率是劳动的效果与劳动量的比率，强调的是以尽可能少的物质耗费生产出尽可能多的符合市场需要的产品，取得尽可能大的经济效益。它是市场经济的共生体，市场带来效率，效率要求市场。市场经济是一种效率经济。而人们对公平的认知则远不像对效率的认知那样较为趋同。公平实质上是某种社会关系的观念表现，是属于社会意识形态领域的内容。公平这一范畴固然在经济领域中有较为充分的表现（如等价交换等），但从更深层的含义上讲，它尚属于伦理学范畴，应指人们对某种社会现象及关系的道德评价，可具体表现为：社会成员享有同等的机会、权利与自由，分配尺度统一，社会保障体系健全，有效控制贫富差距等。针对效率而言，主要要求社会成员参与市场竞争、获得经济收益的机会应当均等，表现为“过程”的公平。从社会主义制度道德取向上说，又要求同时兼顾“结果”的均衡。形成一种“过程”与“结果”良性互动的动态制约机制和协调发展状态。公平绝非平均，均衡绝非均等。平均主义的思想和行为既同公平相抵触，又与效率背道而驰。虽然经济正义的一个基本原则是要体现社会公平，实现共同富裕，但是共同富裕不是同步富裕，也不是同等富裕，更不是以一部分人的富裕牺牲另一部分人的富裕。在利益分配关系上，以平均主义而不是通过发展生产力的途径缩小差别，抹平劳动者之间的财富和报酬，以均富求共富，这是不平等、不公平的，也是难以持久的。追求公平是人类社会文明与进步的体现，实现公平是进步社会的发展目标和制度要求。

在社会主义社会发展的不同历史时期，公平与效率有着不同的内容和关系。下文拟在发展的合理性的指向下，就公平与效率的阶级性和“效率优先，兼顾公平”的阶段性作些分析。

分析一，公平和效率的关系具有明显的阶级性，不可脱离阶级成员的共同利益而盲目追求效率。

效率和公平是社会现象，人类社会步入阶级社会以后，二者的关系便带有浓重的阶级色彩。这是因为，其一，在阶级社会中，经济、政治及道德等内容，都必然带有鲜明的阶级性。统治阶级掌握了生产资料，在经济上处于主导地位，因而效率及效益总是隶属于统治阶级，公平与效率的关系亦取决于统治阶级的利益需要。资产阶级始终把效率放在第一位，最大限度地获取剩余价值，用虚伪的公平为真实的效率服务。无产阶级则从广大人民群众根本利益出发，强调经济直至政治等的公平，以最终实现共同富裕为己任，使切实的效率为真正的公平服务。其二，公平与效率的关系随着社会制度的变迁而演变。原始社会在平均主义前提下谋求效率的提高，实际上既没有公平又难有效率。剥削阶级则一味追求其自身利益的最大化，削弱乃至忽视公平的地位和要求。从社会发展的必然趋势及结果看，唯有共产主义社会，由于效率、生产力及道德觉悟的充分提高，基于社会财富的“充分涌流”和社会成员各种需求得以满足，公平不仅得以实现而且被提升到了首要的位置，社会进步的最明显特征显现于全社会范围内推崇“公平第一”。这是一种高级而纯正的公平，是合理发展最终所要求的公平。

发展的合理性及公平与效率的阶级性提示我们，对当前社会过度的贫富差距问题应当有所警觉。在财富分配上，公平不是平均，但更不是过度贫富差距。“静态陷阱”理论揭示了对公平和效率很难做到“鱼和熊掌兼得”。优先考虑效率，势必默认经济起点的不均等，这必然逐步导致经济终点的不均衡，出现过度贫富差距或贫富分化。若干年来，我国生产力和效率的明显提高是不可否认的事实。但与此同时，贫富差距不断扩大的问题已相当突出，且愈演愈烈。这同共同富裕的阶级和社会奋斗目标是背离的。对社会主义社会而言，过度的贫富差距绝对不是公平，其发展也决非合理。从某种意义上说，贫富分化比普遍贫困更有违公平和难以让人接受。

分析二，“效率优先，兼顾公平”有其阶段性，公平有待逐步强化。

公平与效率的先后关系仅是一个政策目标问题，而实现共同富裕则是一个社会目标问题，也是我们判别社会发展合理与否的根本标准。政策目标必须服从于社会目标，经济目标也应当服从于政治目标。因此，公平效率的先与后、重与轻不是固定不变的，而应随着发展阶段和状况的不同有所变化，公平与效率的关系也因此呈现出阶段性来。社会主义制度下对公平与效率关系的调整，必须围绕共同富裕这一社会总目标来实施，依据共同富裕的实现程度来进行。

市场经济是一种效率经济，其作用更多地表现为提高经济效益而较少地体现出财富分配上的公平。为尽快补上“发达经济”这一课，基于效率在促进经济及社会发展中的巨大作用，在社会主义市场经济体制下，应重效率，但这种突出和重视必须以贫富差距适度、人民生活水平整体提高为基本前提，实现公平与效率的有机结合、一部分人先富和共同富裕的辩证统一。实际上，“效率优先，兼顾公平”原则的制定，已经体现出社会主义制度对公平的注重，但由于效率与公平极难调和的内在矛盾性，加之社会主义初级阶段条件下公平自身的不足（如未能充分权衡人们先天及后天能力的差异、社会民主法制不够健全等等），尽管我们步入市场经济的时间不是很长，然而社会成员间贫富差距过大甚至过度已是毋庸置疑的事实，这与“优先”的效率得到充分优先，而被“兼顾”的公平相对弱化不无关联。如若对不断扩大的贫富差距缺乏足够的警觉和及时的抑制，势必出现富者更富、穷者更穷的“马太效应”式的恶性循环。“效率优先”经济增长战略的缺陷恰恰在于生产先于分配，牺牲许多社会公平而换取效率。一些国家在过去曾经历了为效率而容忍几代人的不公平分配，结果付出了丧失尊严、品质恶化、金钱压迫、社会动乱等惨痛的代价，尤其是财富分配中公平被弱化的问题成为导致贫富悬殊的根本原因。前车之覆，后车之鉴。社会主义初级阶段毕竟也是社会主义，公平与效率的关系及由此产生的结果应当与发展合理性相对应，与全面建设小康社会的奋斗目标和社会主义制度共同富裕的本质要求相吻合。

公平与效率的阶级性规定着“效率优先，兼顾公平”的阶段性。贫富差距过大的现实及进一步扩大的趋势要求我们对效率与公平的关系作新的审视和必要调整，即逐步强化公平，做到在公平的基础上追求效率。

六、对发展代价的合理而辩证的思考
——两益相衡夺其重，两害相衡取其轻

（一）发展的代价问题

在人类社会实践活动中，人们为了创造一定的价值、为了达到特定的实践目的，总是要作出某种放弃、付出某些牺牲，这就是代价。发展同样如此，即在发展实践中，为达到发展目标常会付出这样或那样的代价。有学者甚至干脆将发展看做是通过付出代价并努力扬弃代价以寻求再生之路的过程，进而将发展视为进步与代价之间的矛盾运动。由于造成代价的原因各不相同，因此付出代价的类型和程度也不尽相同。概括地说，发展的代价主要有两种，即基于历史发展必然性所付出的客观代价和由主观因素所造成的人为代价。它们之间的区别在于：产生的根源不同、可控程度不同、对发展的作用不同、与发展的关系不同以及实质上的不同。发展的代价的表现是多样的，一如与工业文明对应的旧的发展模式所造成的“主体的精神牺牲以及主体间关系的疏离化”（这是人类因为社会发展价值向度发生偏离所付出的代价）；二如

大规模工业化生产所导致的对生态环境的明显破坏（这是任何国家在工业化发展阶段都无法避免的代价）；三如发展中国家在“中心—边缘”型及依附型发展中因跨国公司的垄断活动等原因所造成的其短期行为以及其与发达国家之间的巨大贫富差距（这是当前发展中国家在发展过程中普遍付出的代价）；四如社会主义市场经济建设和对外开放所伴随产生的拜金主义与利己主义侵蚀以及相当程度的区域、行业间的发展悬殊（这是难以避免和消减的代价）；五如社会主义国家为尽快实现共同富裕而允许一部分人和地区率先富裕起来所伴生的暂时性的较大贫富差距（这是发展过程中和手段上的代价）；等等。随着人类发展实践活动负效应的日益突出，代价问题日益引人关注。为了实现代价的合理性和发展实践的合理化，我们不仅要有正确的代价认识，而且应具有合理的代价思维。

（二）确立合理的发展代价的新思维

合理的发展代价思维实际上是合理的发展代价的选择。这种代价选择主要表现在四个层面：第一，发展主体在价值冲突或价值选择中，为了某一优先价值的实现而不得不忍痛放弃另一部分合理有益的价值追求；第二，发展主体为了实现发展目标而必须或必然要做出的成本投入；第三，发展主体在获取或享受某一发展成果的同时，不得不承担同一实践活动所附带产生的负面作用及影响；第四，对于因人们主观的错误或失误所导致的不合理发展所引发的损失或消极后果如何更好地去弥补。

发展代价的合理取舍取决于合理的代价思维。在发展实践中，人们的代价认识和决策远未达到令人满意的程度，而究其认识论根源，则不得不归因于代价思维的缺乏或代价思维的不合理性。换言之，合理发展的具体实践已向人们提出了代价思维合理化的要求。所谓发展代价思维，是指人们对发展实践活动如何趋利避害、兴利除弊而进行的“应当与否、如何更好”等的推理与判断，它是人的理性思维在逻辑和价值观上的特殊运用。发展代价思维可分为两种基本类型，即背理的发展代价思维和合理的发展代价思维。背理发展代价思维是人们关于发展代价之付出的一种不科学、不合理的错误思维，如认为一切发展代价都是应该并且可以避免的，一切付出代价的发展实践都是不合理的发展实践等。合理的发展代价思维则是指人们在发展实践的基础上对具体实践中的代价的合理性进行的理性反思、评价、预测和规范，其核心、本质在于对代价的付出“是否应当和值得”、“如何应当和更好”等问题的评判与把握、分析与推理。它是以实践为基础并以合真性和合义性作为自己存在的前提，即它既以业已获得的对客观规律正确认识的客观真理作为认识基础，不断求真合真。又以人类合理的生存发展和社会进步作为价值指归，趋善合义。

发展代价思维是合理还是背理，直接关系到合理发展实践活动的成败得失，因而，合理的发展代价思维是实现合理发展的重要因素。基于合理的发展代价思维的特点和要求，在具体的发展实践的代价认识、取舍、选择上，应把握好以下四个方面：

第一，认识和行为应当有前瞻性。由于发展目标的实现和发展代价的付出有一定的时间及过程差，故对发展代价应该具有远见卓识。超前性是保障发展主体合理付出代价的一个重要条件，它包括对发展目标所能产生的代价的各种效应进行准确的评估，从而减少乃至避免不必要的代价投入；包括对发展代价的付出、转化及分配的具体机制进行探究，竭力消除各种不利因素以减轻发展实践中的各种必要代价，提高发展实践的效率；还包括预先培养“阵痛”意识，提前做好承受“阵痛”的各种准备。

第二，整体思维和权衡。为了促进代价的支付趋于有利、积极，避免有害、消极，合理的发展代价思维强调对发展实践活动作整体把握。发展代价整体思维的实质是系统思维与精确思维的统一。为了促进发展代价的合理付出，合理的发展代价思维注重从整体上对实践活动各环节作全面考察，而不是拘泥和局限于某个或某些细节、某些方面。在强调整体的同时，又提出精确度量代价的要求，即力求定量分析。因为如果缺乏对发展代价进行精确性思考，往往会“失之毫厘，谬以千里”，使各种背理代价意外产生。因此，应尽可能精确地评估、预测各种发展代价的大小、范围，力图对发展代价作定量把握。

第三，全面辩证取舍。所谓全面，就是从主与次、远与近、整体与局部、内容与形式等方面正确衡量和取舍代价。所谓辩证取舍就是求主避次、求远弃近，重整体轻局部、重内容弱形式。两益相衡夺其重，两害相衡取其轻。

第四，动态跟进。发展是一个动态的变化过程，因此发展的代价也不是一成不变的，而是随着发展进程的推进而相应改变。这就要求我们在动态中正确认识、科学把握和合理取舍发展的代价。善于因动而异、随机应变。

总之，要依靠合理的发展代价思维克服背理发展代价思维的主观片面性和盲目性，使客观必然与人的主观能动有机结合起来，促进合理发展的顺利实现。

七、对合理发展的总体把握

总结以上章节的内容，我们可以从下列几种含义上去综合地理解合理发展：（1）合乎事理、法则、规律、必然性；（2）合乎逻辑、有道理、有根据；（3）合乎理性、合乎理智；（4）合乎正义、合乎伦理和道德规范；（5）合乎利益、合乎价值规范；（6）合乎法律规范、合乎具体国情。

发展的“合理”与“不合理”，既是一个事实判断，又是一个价值判断，既是指发展的“实然”状态是否合规律性、合必然性，又是指人们对发展的“应然”要求及其价值评价。基于这种认识和理解，我们可以把社会的“合理发展”的含义概括为如下六个主要方面：

第一，合理性发展是合规律性和合目的性相统一的发展。合理发展首先应是社会发展本身所固有的客观规律或必然趋势的具体体现，同时又必须符合人的目的要求和“最大限度地实现人类幸福的原则”。同时，人们对发展理想或对发展目标的设定也应该建立在对发展规律的深刻认识和把握的基础之上，应该与社会发展规律相一致并在社会发展客观规律的基础上达到同一。任何违背客观规律的发展、任何无视客观规律对人的主观目的的制约作用的目标设定，即使在局部或短期内能够实现或取得一定的成效，但从全局和长远利益看，绝不可能有真正意义上的合理发展。譬如我们过去曾兴师动众搞过的“全民大炼钢铁”、“围海围湖造田”等，虽在短期内显示了一定的成效并促成了一时的经济增长，但最终却有碍社会发展，被证明是欠合理的发展举动。

第二，合理性发展是目标与手段相统一的发展。合理发展涉及什么样的发展目标才是合理的发展目标，采用什么样的手段去实现发展目标才是合理的。合理发展的目标是基础，只有先确定了合理的发展目标才能围绕此目标设计合理的发展手段。发展手段应该服务于发展目标，应该与发展目标相一致并有助于发展目标的实现。只有基于历史的必然趋势和现实的客观条件制定了合理的发展目标，又围绕发展目标设计了合理的发展手段并使二者达到一致、统一，合理发展才有可能实现。

第三，合理性发展是社会的经济、政治、科技、文化、教育、产业结构等多方面、多目标的全面而协调的发展。人类社会是一个有机统一的整体。人类社会的这种整体性，一方面是就各个国家、各个民族之间的关系而言的，它表现为全人类有着共同的利益，世界越来越趋向于一体化，尤其是经济及社会的发展越来越趋向于全球化。因此，发达国家的发展与发展中国家的发展必然相互影响、相互制约。从这个意义上说，发达国家完全有责任、有义务扶植、帮助发展中国家取得发展。另一方面是就一个国家、一个民族内部而言，人类社会的整体性又表现为社会的各个领域、各个方面也是相互联结、相互制约、相互作用，某一领域或某一方面的发展必然要求其他领域或其他方面与之相适应、相协调。因此，合理发展绝不是单一的经济发展，而应该是社会的经济、科技、文化、教育、产业结构之间及其内部的全面而协调的发展。“是集科技、经济、社会、政治和文化，即社会生活的一切方面的因素于一体的完整现象”。

第四，合理性发展是环境、资源、经济、人口的可持续发展。这是一种既实现经济发展的目标，又实现人类赖以生存的自然资源与环境的和谐，使子孙后代能够安居乐业、共富互裕、得以永续的发展。单纯、片面地追求 GNP 增长或以滥耗资源、牺牲环境和生态失衡为代价换来的单纯的经济发展，决不是合理的发展。“对发展进行评估的理想方法是，应在考虑 GDP 这类中介性指标之前，用人类和环境方面的进步来衡量取得的成绩。”① 人类必须转变发展观念，树立以人为本、谋求可持续发展的科学发展观。健康的经济及社会发展应当建立在生态持续能力、社会公正和人民积极参与自身发展决策的基础上。既要使人类的各种需求得到满足、个人得到充分发展，又要保护生态环境，不对后代的生存和发展构成危害。为此，人类必须纠正过去那种靠高消耗、高投入、高污染和高消费来推动和刺激经济高速增长的发展模式，走高科技、集约型、生态型、循环型的经济发展道路。

第五，合理性发展是以尽可能少的代价换取最大限度发

① Vinod Thomas，等. 增长的质量［M］. 本书翻译组，译. 北京：中国财政经济出版社，2001：3.

展的发展。发展都必须付出一定的代价，问题是付出什么样的代价、多大的代价和怎样付出代价。合理发展要求努力防止必然代价的扩大，尽量避免因主观认识和操作上的失误而造成的人为的、非必要的和非合理的代价的付出，力求以尽可能少的代价获取最大限度的发展。那些以环境污染、资源浪费、生态失衡甚至严重损害后代人的利益为代价的发展，那些付出了高昂的或沉重的代价而得到的只是一时的、微不足道的、得不偿失式的发展，都与合理发展背道而驰。

第六，合理性发展是社会发展与人的发展相统一的发展，是以人为核心的发展，是人的自由而全面的发展。人既是社会发展的主体，又是社会发展的客体。人的发展既是社会发展的前提和动力，又是社会发展的归宿和最终目的。社会的发展，归根到底是人自身的自由全面的发展。因此，合理性发展应该是在创造社会价值的同时，其自身的价值也得到实现；在创造了丰富的社会关系的同时，其自身的社会关系也得到了丰富和提升。合理发展是社会发展与人的发展相一致、相统一的发展。

第四章 标准与模式

——发展合理性的显化

从认知角度讲，合理发展是一个评价和判断问题，因此就存在对评判的基本原则和具体标准的设定，存在合理发展模式的评价与选择。而这些内容和过程，则是发展合理性的具体显现和外化。发展不能只看做是一种理论问题，还应视为一种社会活动、一种社会建制和具体运作模式，其是由作为道德载体的人来实现的，也是为人而实现的，因此，发展及其合理性必存在具体的评价，而有评价就一定有标准。对合理发展的评价，也是选择和修正发展模式的前提。

一、合理发展的评价原则与标准问题分析

对合理发展的评价实际就是对行动依据的论证和评判，以求建立科学、合理和有效的社会行为规范体系。

任何评价都需要有原则和标准。确定合理发展的评价原则与标准，目的是为了提供对合理发展进行系统分析与评价的尺度。这也有助于找出及认清发展实践中存在的问题，使社会发展日趋合理，推动社会有序和健康地发展。根据合理性的本质要求，我们可以将合理发展的基本原则归结为工具合理性与价值合理性的统一、合规律性与合目的性的统一、合乎物性（事物的本质属性）与合乎人性（人的需要和人的

发展）的统一，也即真、善、美的统一。值得注意的是，合规律性与合目的性各自在发展合理性中的地位和意义有所不同，其中，发展的合规律性是发展的合目的性的前提，发展的合目的性是发展合理性的核心和归宿。或者说，在合理发展的原则中，发展中的“真”（符合发展的客观规律及要求，合乎当地实际情况，尊重经济发展规律等）是前提，发展中的“善”（追求最大多数人的最大利益，地区间平衡发展，实现社会成员的共同富裕等）是核心，发展中的“美”（人与自然、人与社会、人与人的和谐，促进人的全面发展）是最高境界。

（一）合理发展的评价原则

1. 理念进步原则

（1）更新发展理念。诸如统筹兼顾、资源节约、工业新型、循环高效、低碳发展、环境友好、生态平衡、结构合理、稳定持续、和谐共生等等。发展理念的更新是动态化的和社会历史性的。

（2）创新社会伦理。以生态人类中心主义为哲学基础，立足人民大众之本，革新经济伦理、工程伦理、生态伦理观念，谋求人与自然和谐共处、地区协调发展和社会成员共同富裕。在目的及手段上赋予经济及社会发展以新的伦理准则，让新的伦理思想深入社会和人心，成为发展过程中具体实践的基本规范。用进步的发展理念衡量发展合理与否。

2. 理论结合实践的原则

在评价过程中，特别是在对具体发展的合理性的评价上，要体现理论与实践结合，既对发展理论上的合理性进行评价，又对具体的发展实践中的合理性给予确证，谋求发展的理论合理性与实践合理性的有机统一。

发展的合理性不仅要求合乎理性，而且还要追问怎样合乎理性，并最终确认发展实践中的认识（即发展观念与理论）

及由此建立起来的发展观是合乎理性的。发展的合理性更要求发展行为合乎“行”德，要求确认实施和促进发展的手段、方法及工具是合乎理性和道德规范的，要求确认发展的最终结果也是合理的。这就要求我们正确把握发展实践的认识尺度和方法尺度。

3. 体现对主体行为目的的准确评价

对发展合理性的评价应当侧重和关注于发展的目的和价值取向，要立足于发展主体的客观、本质和合理的需要，须紧紧围绕发展的主体，确立能切实反映和体现发展主体根本利益的尺度。

人类利益是人类认识和实践活动的出发点和归宿点，它无疑也是发展实践理性活动的出发点和归宿点。因而，发展是为了人类更好地生存，是一种价值选择的实践活动，而不是一味地迎合自然规律。所以，评价发展合理性，必须从发展主体自身需要所决定的目的出发，真实反映出发展实践的主体际性，这是合理发展和评价合理发展的中心内容。当然，由于发展主体有个体主体、群体主体、阶级主体、社会人类主体之分，这些具有相对独立性的发展主体往往有着不同的需求目的和利益追求。因此，在强调主体原则时，必须搞清楚发展主体自身的需要是合理和还是不合理的，进而从社会发展的阶段和未来趋势上评价出何种具体主体和何种需要是合理的发展目标。

“主体原则”还要求我们不仅应根据价值和价值关系的主体性特点，把主体本身的需要及其进步作为评价发展合理性的中心内容，而且还要注意考察主体自身生存状态的进化，即审视人与自然、人与人关系的合理程度及和谐程度。

4. 体现对发展合理性的全面、辩证的综合评价

首先，对发展合理性的评价应当是集利、义及真、善、美的综合辩证评价。要强调多层次、多方位地进行评价，突出评价的全面性、整体性和辩证性。

其次，对发展合理性的评价应当全面地透过发展主客体的关系来综合评估发展的价值、目的和意义。除了把握上述的针对发展主体的“内在尺度”外，对发展合理性的评价还应同时把握针对发展客体的“外在尺度”，遵循“客体原则”。也就是说，也要注重对发展的组织形式、行为方式、运作模式及其外在联系等的合理性进行评价。由于发展客体有着不以人的意志为转移的客观属性和运动规律，所以发展主体只有掌握并遵循之，才能保证发展实践的合规律性和发展结果的合理性的统一。换言之，从发展主体与发展客体的相互关系出发，才能做到对发展合理性的综合、客观的评价。

（二）合理发展的评价标准

1. 一个预置的理论说明

发展合理性具有主观和客观的内容，因此对合理发展的评价标准也应基于发展的主体和客体，合理发展的评价标准也会存在共性的标准和个性的标准，而且评价标准是动态的、阶段的、相对的和多重的，并有质的和量的分别。

评价标准是一个价值取向问题。由于价值有中立性和差异性之分，因此评价及评价标准就有共性与个性之别。其中，差异性是评价的最显著特性之一，也是社会评价研究中的一个突出的难点。如，生产力标准可谓是中立性的评价标准。但由于社会事件普遍具有价值非中立性（如阶级性等），不同的价值主体和评价主体可能与同一社会事件处于不同甚至根本相反的价值关系中，因此，认知和价值评价会出现很大差异甚至相反。

合理发展的判别标准是历史的和相对的。发展是一个历史的渐进过程，因此在不同的发展时代、在不同的发展水平和不同的国度、区域，评价发展合理性的尺度及标准各有差异，即发展合理性的标准随社会的发展而发展。

合理发展的评价尺度和标准应有层次性。首先，发展是有层次的。马克思曾经把人类的历史发展概括为三大不同层次的表现形态：人的依赖关系、以物的依赖为基础的人的独立性、建立在个人全面发展和他们共同的社会生产能力成为他们的社会财富这一基础的自由个性。合理发展的评价尺度则相应具有层次性。其次，基于合理发展的范围、层次不同，且具有相对性的特征，因此，合理发展的识别和评判标准也应是多重、多样或多元的。但是，这种相对性是有条件的。对于特定范围或特定条件下的发展而言，用以规范和评价合理发展的标准就不仅是确定的，而且还应当是“一元”的（如社会主义制度下的“共同富裕”标准和要求等）。因为唯有运用“一元”的合理性评价标准去规范、制约和评价发展的目的、过程和结果，才能保证发展在具体社会环境中沿着既定的方向和目标进发。最后，合理发展的评价标准是复合的。具体标准之间相互联系，构成一个辩证统一的体系，体现共同的价值取向。如发展的工具价值评判与目的价值评判并不是彼此隔绝、相互割裂的。发展的工具价值强调发展应当服务于人类社会，这本身就是一种崇高的目的，而发展的目的价值更是直接地引导具体价值取向下的合理发展的实现。

伴随社会自身的不断发展和人类对发展合理性认知程度的不断提高，无论是从自然法则、道德观念或理性发展的角度，还是从经济发展的角度来衡量评价社会进步与发展的方式方法，都在或都将被时代所超越。

2. 合理发展的具体评价标准

发展合理性的评价标准也就是合理化发展的评价尺度。一般来说，不同制度、不同阶级、不同国情、不同阶段、不同视角，对发展合理性会有不同的认识和评价标准。考虑到合理发展的共性与个性，就我国社会主义制度和现阶段社会发展实际，从几个层面对合理发展的评价标准进行一番考量。

（1）共性评价标准。

尽管由于各国具体国情、各地具体地情不同，社会发展评价标准的具体指标体系在不同情形下不可能完全一致，在具体理解和执行上也往往有很大差异，但是，在构建社会合理发展评价指标体系时，则存在体现客观规律、共同价值和时代精神的共性评价标准。

第一，合理发展的“真”的标准，即发展具有可行性，具备客观条件，符合客观规律。需强调的是，发展合理化的“真”的标准还规定了应当正确认识和把握自然规律与社会规律的关系，这也是来自“真”的要求。传统发展观把社会历史规律看成是根本的规律，而把自然界对社会历史的作用仅仅看成是加速或延缓的作用。这其实是颠倒了自然同社会历史的关系。应当讲，自然规律是更为根本的规律。社会历史规律只不过是自然规律在人类活动参与下的特殊展现而已。故在发展的实践中，在认识和行为上，应当反映出社会规律适应自然规律。

第二，合理发展的“利”的标准。发展体现发展主体的根本利益，满足发展主体的功利需求。“利”的标准趋同于价值标准。价值标准是指人的、主体的客观需要和利益，它来自主体的本质、存在和内在结构规定性，来自人的生存和发展同整个世界的联系。作为主体的内在尺度，价值标准本身是与“主体存在”直接同一的。价值标准是一种主体性的存在，它的客观存在和表现，是通过对主体及其活动客观过程的考察来把握的①。

第三，合理发展的“善”的标准。“善”是评价人们社会行为的一个最基本的范畴，是对符合于一定社会或阶级的道德原则和规范的行为或事件的肯定评价，也就是说，人们的行为达到合规范性即是善。合理的发展必须符合具体社会“善”的规范和要求，包括发展主体的伦理需要得到了满足，社会的道德规范得到了体现。

---

① 李德顺．价值论［M］．北京：中国人民大学出版社，1987.

第四，合理发展的“美”的标准。这种美，主要是指发展实践中的创造性。创造性是人类社会实践的重要本质特征之一，发展合理性的“美”的评价标准建立在与时俱进的品质、勇于批判的精神和不断创新的成就，使人的本质力量得以充分彰显，进而在发展的创造活动和成就中肯定自己、体验及欣赏自己，从而获得美的物质享受和内心感受。

第五，合理发展中主体的认识与需要相统一的标准。应当充分体现出发展主体的科学认识和主体需要两者的有机统一。科学认识是发展目的的科学尺度，人的需要是发展目的的价值尺度。这里所说的科学认识，不仅是对当下现状的发展的正确认识，而且还包含对未来发展趋势的正确预见和认识。这里所说的人的需要是代际的合理需求，不仅包括当代人的需要，而且还应当包括未来人的需要。

第六，合理发展中目的与手段相统一的标准。发展既是手段又是目的，手段与目的是人类实践活动中两类最基本的价值功能。目的是活动主体在观念上事先建立的活动的未来结果。手段是实现目的的方法、工具和途径，是在有目的的对象性活动中主体和客体之间的中介。任何客体对于主体的价值，都可以按其在主体活动中的地位和作用，划分为工具价值和目的价值。工具价值是一种相对于目的而言的有利于、有助于实现目的的工具的价值。合理的发展应当显现出发展手段与发展目的的统一。

第七，合理发展的生产力标准。对于生产力标准，既可以从静态的、客体的角度加以理解，也可以从动态的、主体的角度加以理解。生产力是决定整个社会发展的最终决定力量，决定着社会生活其他领域的进步与发展，而社会关系又归结为生产关系，所以，生产力是判别社会合理发展与否的根本依据和最基本标准。从静态的、客体的角度理解，生产力标准即经济效益标准、劳动生产率标准。从宏观的社会角度考察，生产力标准也即是一个国家的社会物质财富积累程度标准。在这里，生产力标准即是“经济标准”。从动态的、主体的角度来理解，生产力标准也就是人的综合素质、能力及其对象化的标准。没有生产力的发展就只会普遍出现人类社会的贫困、不和谐问题。在这里，生产力标准也即是“人的标准”。使用发展合理性的生产力评判标准是应当注意，生产力标准并不简单地等同于经济增长标准，它还包括效率、效益、结构改善、科技进步等多方面的内容。

第八，合理发展的可持续标准。合理发展应当是一种体现在代际、国家间、地区间、区域间、城乡间、行业间、部门间以及企业间的公平、公正前提下的可持续发展。

第九，合理发展的协调标准。主要包括城乡的协调发展、产业的协调发展、地区的协调发展、人与自然的协调发展以及人与人的协调发展。以产业的协调发展为例加以分析，产业的协调发展主要表现在产业结构的合理调整，从产业结构合理性角度说，产业结构如果不合理，就会严重影响整个社会经济的协调发展，使经济发展低迷，失去扩张的基础。相反，合理的产业结构，能够提升产业间的相互扩散与转换能力，因此成为促进产业间协调发展和整体经济健康发展的基础。而影响产业结构合理化的主要因素是，主导产业选择不合理、投资结构不合理、产业间封闭性高、关联度低、产业结构转换能力低下。通常，经济发展水平较高、综合实力雄厚的地区，其内部推动产业结构优化升级的能力也比较强，反之则弱。欠发达地区则往往相反。

应强调的是，协调标准还集中体现在发展的质与量的协调。在宏观上应当表现出经济增长与社会发展的协调一致，不可再将经济快速增长视为社会发展的首要指标与衡量尺度。

第十，合理发展的复合效益标准。合理发展的效益应是经济效益、社会效益、生态效益的三位一体。好的效益，作为发展过程中资源配置方式优劣的“晴雨表”，对应着发展活动进行社会组织的崭新方式，体现着社会发展水平的提高。

因此，效益的内涵除了财富的持续创造外，还包含着财富的公平分配。

(2) 个性评价标准。

第一，社会制度标准。应当看到，生产力和社会形态是不同层次的范畴，生产力不可以用来衡量社会形态。一个社会的生产力发展状况通过该社会的经济发展水平显示出来，一个社会的社会形态则通过它的基本制度来体现。因此，发展合理性的一个要点是社会制度的合理性。只有以人们合理变革社会形态的目的作为评价尺度，才能揭示出社会形态变革的意义和发展合理性的历史走向。

第二，全面发展标准。社会主义社会的发展是全面的发展，不仅要提供给人们高品质的物质生活内容，还要提供给人们崭新、丰富的精神生活（包括政治生活、文化生活和道德生活等）内容。物质文明、精神文明和政治文明三进步是社会主义社会合理发展的重要标准和特征。

第三，“三个有利于”标准。这是社会主义制度下对发展合理性的内在规定。其中，有利于人民生活水平的提高和满足最广大人民群众的最根本利益，是“三个有利于”标准的落脚点。人民利益是最根本的价值标准，最广大人民的利益当为社会主义发展合理性的最大关注点。

第四，共同富裕标准。这是社会主义制度下发展合理性的具体标准，是社会主义制度下发展合理性最根本的要求，也是最本质的价值标准和评价尺度。

由共同富裕标准又可衍生出合理发展的“普遍受益”标准，即社会发展要使所有发展主体都能得到发展带来的利益和实惠，并且这种给予的利益应当随着社会的发展而不断增加，获得性的机会平等也是普遍受益的重要内容。普遍受益的主体是正在参与或将要参与社会发展活动的现实的或潜在的绝大多数社会成员，包括代内人也包括代际人。这一标准体现出合理、公平、公正地分配社会物质财富、缓解或消除地区之间、社会成员之间贫富不均的社会主张。

第五，以人民大众为本、强调人类解放和自由发展的标准。实现人的自由全面发展是人类社会发展的终极目标。人类的解放与个体的自由全面发展不仅是马克思主义理论的归宿点，也是社会主义及共产主义社会发展合理性的核心评价标准。这一标准以生产力的发展为基础，实际上是将社会的发展置于人类的解放和个人的自由全面发展状况的尺度上进行衡量。发展是人类社会的发展，进步是人的进步，历史是人的历史。社会发展及历史进步的综合、最终评价尺度只应从人本身中去寻找。唯物史观将“人的自由全面发展”视作社会及人的终极追求和人类对世界之改变的最高理想，因此，社会合理发展的最高评价尺度理应是“人的自由而全面的发展”。

二、合理发展的模式问题探讨

发展模式也是发展的形式，一方面是对发展目的、过程、特性的抽象和概括，另一方面是发展道路、运作方式、实施路径的具体化。发展模式总是在一定的资源、市场、区位、经济社会发展程度条件下以及法律、政策、文化背景下形成的。合理的发展模式会促进经济社会较快发展，反之则会起阻碍作用。

（一）可持续发展是合理发展的最基本模式

一般说来，一个合理发展的模式应当包括一个进步的发展目的、整体的发展思路以及一套评价发展是否朝向这一目的合理性考量标准，具有据此标准对发展理论及模式作出评价、选择和完善的功能，并提出促进该模式建构和运行的可操作举措。由此推证，可持续发展堪称合理发展的最基本模式。

1. 可持续发展是合理发展的根本目标和要求

（1）对可持续发展模式的概念解读。可持续发展之“既满足当代人的需要，又不对后代满足其自身需要的能力构成危害的发展”的权威阐释，内含两个关键性概念：一是要求满足人类生活的需要，特别是世界上相对贫困人口的需要，即贫富问题的根本性解决。二是要求满足环境保护的需要，确保“环境限度”不被突破，从而始终保持支持当代人和后代人生存的能力。

（2）可持续发展模式的学科解读。在哲学上，可持续发展的特征表现为整体、全面、关联和协调，其实质在于实现全面、和谐、持久的发展。因此，可持续发展模式是全面、稳定和持续的发展模式。在经济学上，可持续发展表现为经济的量和质的持续发展，尤其是通过量的增长形成质的优化，可持续发展模式是注重发展质量的发展模式。在社会学上，可持续发展是社会要素多种、多重和谐的发展，可持续发展的模式是化解社会矛盾的发展模式。

2. 可持续发展实现过程中的时空差异性

可持续发展不仅是一个时间序列问题，又是一个空间范围问题，而且还是一个伦理道德问题。从时间上说，它有不均等性。虽然可持续发展要涉及各代人之间的关系，但每一代人的需求各不相同，可持续发展的态度、战略、方式也不尽相同，因此，实现可持续发展的结果也就各异；从空间上看，它有不平衡性。由于各国（地）生产力水平、科技水平、对资源的依赖程度等的差异，导致政策、方式、效果等差别的出现，难以均衡，更不可“一刀切”，可持续发展的规模和程度也会由此出现不均衡和不同步。对相对落后和贫困的国家和地区而言，发展是第一位的，生存是首要考虑的问题，只能边开发资源和发展经济，边保护环境、边解决社会问题、边促进持续发展。而对于发达国家和地区，资源及生态环境的保护则已备受关注和得到重点投入；从道义上讲，它有不偏袒性。既然关乎整个人类贫富和生存的大事且刻不容缓，就来不得短视和利己。既然人类经济发展和可持续发展必须鱼和熊掌兼得，就只能摆脱具体国家、民族及阶级的利益局限，形成世界大局观和人类整体观，以富持贫，互助发展。各代人理应与当代人有同样的权利来提出对资源、环境和美好生活的要求和渴望。这就要求当代人在考虑自己需求与消费的同时，也要对未来各代人的需求与消费负起历史的与道义的责任。发达国家和地区，应该也必须投入足够的人力、物力、财力、科技力于欠发达国家和地区的经济发展之中，着重解决其资源开发及利用中的破坏性、浪费性问题。而相对落后的国家和地区要提升可持续发展的能力和程度，也必须更好地解决资源利用率低、浪费严重的问题。

3. 欠发达地区可持续发展的实现条件和原则

一般而言，经济和社会欠发达地区因其主客观条件的限制，可持续发展中问题相对多、难度相对大。因此，更需要把握好条件、原则。

可持续发展战略的实现需要满足两个条件，一是观念条件，即欠发达地区必须自觉地遵循可持续发展的客观要求。二是科学技术条件，即三大（经济的、社会的、生态的）可持续发展的实现都得依靠科学技术进步的力量。针对我国西部地区而言，把两个条件合并起来，实质上就是西部地区发展主体和客体要素素质的提高。可持续发展蕴涵着发展主体之间的平等要求和发展要素之间的协调要求。因此，可持续发展的有效实施，必须在一定的原则下进行：第一，可持续原则。欠发达地区的经济和社会发展必须维持在资源和环境的承受能力的范围之内，以保证发展的可持续性。要根据可持续性的条件调整生活方式，在生态平衡可能的范围内确定资源开发和消耗的标准。不仅要约束生产及消费者对资源的过度浪费和对环境过度污染的行为，而且必须有意识地、尽可能地、逐步加强地对资源和环境进行保护。不仅要开发，而且要在开发的同时增加保护的力度和效果，补偿从生态系统中索取的东西，使自然生态过程恢复及保持应有的秩序和良性循环。第二，共同性原则。发达地区和欠发达地区的人们生活在同一个国家、同一个地球上，利益的关联性揭示出了可持续发展目标的共同性。为实现这一共同的发展目标，发达国家和地区应当对欠发达国家和地区给予直接的、大量的帮助和扶持。第三，公正性原则。保护和利用环境及自然资源必须注重公正性。发达国家和地区的发展不能以破坏欠发达国家和地区的环境、损害欠发达地区的发展为代价。第四，协调性原则。应将自然、经济、社会视作统一的复合体，使要素间形成良好的互动互补的关系和协调稳定的发展合力。

（二）新型工业化是合理发展的崭新模式

新型工业化道路这个概念是党的十六大提出的，根据十六大报告的精神和要求，人们已将新型工业化这一新的发展模式的特点概括如下：一是科技含量高，即加快科技进步以及先进科技成果的推广应用，把工业发展和经济建设建立在主要依靠科技进步的基础上。二是经济效益好，即生产、流通及整个经济活动过程中的投入产出比合理。三是资源消耗低，即通过技术创新、管理创新等，有效提高能源和原材料的利用效率。四是环境污染少，即广泛推行清洁生产方式、文明生产方式，发展绿色产业和环保产业，减少经济增长对环境的破坏。五是人力资源优势得到充分发挥，即在提高劳动者素质、培养大量人才的同时，充分利用和发挥我国劳动力丰富、价格低廉的优势，并最终转化为经济优势。可见，新型工业化道路所追求的工业化要求，不是只讲工业增加值，而是要做到上述几个方面。要把信息产业摆在优先发展的地位，将高新技术渗透到各个产业中去。在更先进的技术基础上，实现以信息化带动工业化，以工业化促进信息化；正确处理发展高新技术产业和传统产业、资金技术密集型产业和劳动密集型产业的关系。

工业化是经济发展的必然阶段，是一个国家实现现代化的必由之路，也是西部地区发展和实现现代化的必由之路。但西部地区在新形势和新条件下走什么样的工业化道路显得至为关键，它直接决定经济发展的出路和结果。一个地区工业化道路的选择，要受到工业化一般规律的制约。如都必须推进生产方式的转换、分工的深化、结构的升级，最终都要想办法处理人口、资源和环境的约束等。但由于各地区推进工业化时面临的内部外部条件不同，因此又显现出个性和差异性。

当今，西部地区工业化发育程度普遍较低，资源型、资金型的工业比重甚大，在这种情形下走新型工业化道路，要求更高、难度更大、意义更深远，同时更迫使西部地区结合自身特点闯出一条有西部特色的新型工业化之路。西部地区如何结合自身实际推动有特色的新型工业化的发展，将在后面章节中具体探讨。

（三）循环经济是合理发展的普适模式

循环经济在我国已经从一种理念转化为国家战略、政策和实践行为。循环经济作为与传统的线型经济截然不同的合理的经济发展模式，其不仅是社会资源、经济、环境等协调发展的新理念，而且是在可持续发展思想指导下，针对人类社会当前发展状况和问题所形成的科学的、合理的经济发展的具体实践模式；不仅是统筹经济社会、环境协调发展的一种新的发展方式，而且是建设资源节约型、环境友好型社会的有效途径。因此，循环经济是推进可持续发展的普遍适用的先进发展模式。

循环经济要求按照生态规律组织整个生产、消费和废物处理过程，将传统的经济增长方式由“资源—产品—废弃物排放”的直线型不往复模式转变为“资源—产品—再生资源”

的闭环型可循环模式，其实质是高效利用和节约资源、有效保护生态环境，进而达到“可持续发展能力不断增强，促进人与自然的和谐，推动整个社会走上生产发展、生活富裕、生态良好的文明发展道路”的目的。对欠发达地区而言，大力发展“循环经济”是实现合理发展的捷径，对整个国家和社会的可持续发展有着极为重要的全局意义。

从生态哲学上说，循环经济理念本质上是生态思维，其倡导在资源充分循环利用的基础上，以最小的资源和环境成本，取得最大的社会经济效益。从经济学上说，循环经济是一种最大限度地利用资源和保护环境的经济发展模式。它主要是通过对传统行业的技术改造，最大限度地减少资源消耗和废物排放，增加产业及产品科技含量和经济附加值。有资料显示，目前德国的废物循环利用率已达50%以上，所创产值已近5 000亿欧元，并新增了大量就业岗位。因此，其发展的合理性充分体现出来。

发展循环经济，首先要搭建循环经济所倡导的生态工业产业链，这一般都要靠高新技术的支持。同时要建立循环经济的评价指标体系、对资源利用有效率和环境影响能作出准确评价的方法体系、循环经济的技术信息平台，并加强与发达地区和产业的交流和合作。值得一提的是，法律强制是推进循环经济发展的强有力保证。德国早在1996年就出台了一系列有关促进循环经济发展和管理的办法，日本则于2000年颁布了《循环经济社会基本法》。我国也先后制定并实施了促进清洁生产、加强环境影响评价、发展循环经济，以及国家淘汰落后生产能力、工艺、产品等若干法规及政策，其不仅成为我国推进循环经济的法律依据，而且在实践中发挥出了重要的促进作用。随着发展的深入和要求的提高，这方面的工作还需要大力加强。

资源高效利用和环境有效保护已逐渐成为反映发展合理程度的现实标杆，中国及西部地区正面临着经济增长势头增强、城市化加快、就业压力巨大，以及制造业和重化工产业渐为主导后的资源供给短缺、环境污染总量增大等一系列挑战，资源和环境两大“瓶颈问题”都显得十分突出。据估算，未来十年的发展中，只有实现以 GDP 衡量的单位经济产出污染排放总量降低到 2000 年水平的 1/4 以下，生态环境的产出效率提高到 2000 年水平的 4 倍以上，才能保证生态环境有所好转。因此，合理发展道路和循环经济模式显得异常必要和迫切。

（四）生态及绿色经济是合理发展的高级模式

生态及绿色经济是以市场为导向、以传统产业经济为基础、以经济与环境的和谐为目的而发展起来的一种新的经济形式，是产业经济为适应人类环保与健康需要而产生并表现出来的一种发展状态。从发展的模式角度说，其既是实现合理发展应有的价值观念，也是促进合理发展的现代模式。

生态及绿色经济以经济发展和生态环境建设为主体内容，以关注并协调二者的关系为己任，严格遵循经济规律和生态学原理，将经济发展、资源利用、生态建设有机地结合在一起，其既不是以牺牲生态环境为代价的经济增长模式，也不是以牺牲经济增长为代价的生态平衡模式，而是强调生态系统与经济系统相互适应、相互促进和相互协调，最大限度地实现经济和生态的“双赢”。它注重在生态系统承载能力范围内，运用生态经济学原理和系统工程方法改变生产和消费方式，挖掘一切可以利用的资源潜力，侧重发展一些经济发达、生态高效的产业，打造体制合理、社会和谐的文化以及生态健康、景观适宜的环境。因此，生态及绿色经济是自然生态与人类生态的高度统一和可持续发展的经济。

生态及绿色经济追求经济效益的同时注重生态效益。倘若单纯地追求 GDP 的增长，实际上就是没有体现经济增长过程中的环境损失和资源消耗成本，片面强调 GDP 增长会助长盲目消耗资源、破坏环境，造成社会失衡，反过来又使GDP的增长难以为继。生态及绿色经济将生态、生产和技术进步相互关联，把自然再生产与经济再生产相结合，有效地调解了经济效益和生态效益的矛盾，从而表现出明显的合理性，这种模式在欠发达地区的开发建设中也具有可行性。

生态及绿色经济模式主要包括三大方面内容：（1）以资源高效利用和技术创新以及技术传播为主要内容的生态农业林业高新技术。新技术的推广应用既可以提高农业生产效率，又能减少贫困地区土地上的人口压力。（2）以农业及林业工业化为主要内容的产业经济发展。以发展适应于加工增值的农林产品为主，通过重点发展农林产品的精深加工业，延长农林业的产业链条，将农林产品转化为工业制成品，加快农业由种植业向非种植业扩展、林业由自然林业向人工林业拓展，并向非农林业逐步转化，重在提高农林业的发展水平和农林产品的附加值。通过农林业工业化的发展，提高农林业的发展水平，加快农林业向现代农林业转化，进而提高欠发达地区农村脱贫的能力和城镇化建设水平。（3）以生态工业为基本特性的工业发展。生态工业主要包括资源的充分利用、能源的优化利用和污染的源头防治三个方面。从技术支撑角度说，生态工业主要由替代技术、减量技术、再利用技术、再资源化技术、系统优化技术和共生链接技术六类技术构成技术支撑体系。为此，必须以技术和制度创新为动力，具体组织开发和推广资源节约及替代技术、能量梯级利用技术、延长产业链和相关产业链接技术、“零排放”技术、有毒有害原材料替代技术、回收处理技术、绿色再制造技术等。通过上述三大内容为标志的生态及绿色经济模式的构建及应用，将一改传统的“损耗式”经济模式导致的破坏生态平衡、消耗大量能源与资源、损害人体健康的状况。

下篇　问题与对策

第五章　颇具潜力的西部

——大开发中的大发展

一、西部地区的基本自然情况

我国西部地区共有12个省、自治区、市，包括重庆、四川、贵州、云南、西藏、陕西、甘肃、青海、宁夏、新疆、内蒙古、广西，面积686.7万平方公里，占国土面积的71.5%，耕地面积3.9亿亩，占全国耕地面积的27.1%。2010年末人口为3.7亿，占全国的27.9%，其中少数民族人口4 000多万，超过全国少数民族总人口的80%，占西部地区总人口的20%，分布于5个自治区、27个自治州和83个自治县（旗）。在这样的一个地区实施大开发，谋求合理发展具有特殊和重要的意义。

东西部相比，东部占国土面积的9.5%，西部则占71.5%。东部占全国人口的36.7%，而西部仅占27.9%。地广人稀的西部地区蕴藏着丰富的自然资源。其中，水能资源占全国的80%以上，草原资源占全国的94%，森林资源占全国的56.39%，煤炭资源占全国的50.9%，石油、天然气储量占全国的36.02%，煤炭储量占全国的60%，铁矿石储量占全国的28.69%、锰矿石储量占全国的62.58%、铝矿石储量占全国的54.86%。据预测，仅新疆的煤炭资源储量就高达

1.8万亿吨，占全国总预测储量的40.6%。我国西部地区矿产资源极其丰富，经地质勘察探明有储量的矿产有161种，镍、铜、铅、锌、钴、钼等有色金属及铂、钯、铱等稀有金属和食盐、钾盐等化工矿藏在全国都占有重要地位，探明矿产储量潜在价值在全国总值中占50.45%，其中45种主要矿产的潜在价值占全国总值的50.8%，比东部地区和中部地区探明储量潜在价值之和还多。尤其是锡、铅、锌及铜等多种有色金属矿储量占全国的90%以上。同时，西部地区尚存有包括两个世界级构造成矿带在内的三大成矿带和四大含油气盆地，成矿地质条件优越，但以往地质勘察程度较低。因此，通过有效的地质工作，有望把西部地区矿产资源量提高到更高水平。西部地区居长江、黄河、珠江等大江的上游，是国家生态屏障之所在。

西部地区资源丰富，市场及发展潜力大，战略位置重要。但由于自然、历史、社会等原因，西部地区经济发展相对落后，人均国内生产总值仅相当于全国平均水平的2/3，不到东部地区平均水平的40%，丰富的自然资源长期闲置或者开发不当，没有为区域经济发展作出应有的、更大的贡献。显现出西部地区发展中存在的问题较多且较突出，发展的合理性亟待提高①。

二、促进合理发展的契机——西部地区大开发

我国东西部地区发展差距的历史存在和过分扩大，是一个长期困扰中国经济和社会健康发展的全局性问题。作为我国现代化建设中的一项重要的战略任务，为实现东西部地区协调发展和全面建设小康社会的发展目标，党中央、国务院面向新世纪，高瞻远瞩，总揽全局，于2000年1月作出了实

---

① 邹东涛. 中国西部大开发全书［M］. 北京：人民出版社，2000.

施“西部大开发”的重大战略决策，大力扶持西部地区开发建设。随后，党中央、国务院又多次明确提出，中央实施西部大开发战略的决心绝不会动摇，国家对西部大开发的政策不会改变，支持力度不会减弱，西部地区经济社会发展步伐不会减慢。始于世纪之交的西部大开发的总的战略目标是：经过几代人的努力，到21世纪中叶全国基本实现现代化时，从根本上改变西部地区相对落后的面貌，努力建成一个山川秀美、经济繁荣、社会进步、民族团结、人民富裕的新西部。在西部大开发战略实施10周年之际，中共中央、国务院在北京召开西部大开发工作会议，强调西部大开发事关我国改革开放和社会主义现代化建设全局，事关国家长治久安，事关中华民族的伟大复兴，吹响了深入实施西部大开发战略的奋进号角。深入实施西部大开发战略的政策措施，在新的规划中力度更大、含金量更高。从中央西部大开发新一轮布局来看，支持西部发展的税收优惠等政策继续延续，并在新的历史起点上提出三个“进一步”：进一步完善扶持政策，进一步加大资金投入，进一步体现项目倾斜，诸如资源税改革、加大对西部地区的金融扶持等也将逐步推进，着力解决西部经济结构不合理、自我发展能力不强、基础设施落后等现实问题，从而在开发的目标定位、开发方式与路径、开发政策措施等方面，与以往有很大不同。开发的目标定位将更多着眼于提高西部地区内生增长能力和发展的合理性。期待再经过10年左右的努力，使西部地区基础设施和生态环境建设取得突破性进展，特色经济和优势产业有较大发展，重点地带开发步伐明显加快，科技教育和卫生、文化等社会事业明显加强，改革开放出现新局面，人民生活进一步改善，为实施西部大开发战略和推动西部地区走上合理发展的正轨奠定坚实的基础①。

① 王仁贵．深入实施西部大开发战略探秘［J］．瞭望，2010(28)：34.

事实上，西部地区大开发是国民经济整体和区域协调、合理发展的内在要求。我国东、中、西部地区资源分布与要素禀赋各异，相互间具有很强的互补性，北煤南运、西油南输、西电东送、南水北调、南菜北运等等，表明区际经济存在很高的关联度，加快西部地区的资源开发与经济发展，才能保证国民经济整体发展对基础原材料和动力的需要，使整个经济继续保持较高的发展速度。因此，实施西部大开发战略，是促进地区协调发展、加强民族和谐、确保边疆稳定、实现共同富裕的重要举措，直接关系全国经济社会发展的大局。其有利于推动经济结构的合理调整，有助于提高发展的合理性，可改善西部生态状况，是当今中国最具政治意义和经济意义的大事。

本着如上发展总目标，在实施西部大开发战略后10年的建设和发展中，已取得了显著的阶段性成果。国务院西部开发办新闻发言人杜平在2007年11月的新闻发布会上指出，特别要强调的是，东西部差距的扩大实际上是在中国每个区域都在加快发展的过程中，也就是说在发展中扩大的差距。据国务院总理温家宝在第十届西部国际博览会上致辞中引用的数据，过去10年，原本是中国经济“洼地”的广大西部地区，在西部大开发战略的推动下，经济快速崛起：2000年至2008年，西部地区生产总值从1.66万亿元增加到5.82万亿元，年均增长11.7%，固定资产投资由6 111亿元增加到3.58万亿元，年均增长22.9%。几项主要指标增速均高于全国平均水平①。近些年来，西部地区的电力、煤炭、石油天然气、有色金属、棉花、畜牧、水果、旅游等特色产业，以及部分装备制造业和高新技术产业不仅发展快速，而且已经初步形成优势，在全国市场上已占有越来越重要的位置。总之，西部大开发以来，西部地区应该说是历史上发展速度最快、

---

① 王维博．西部开发再升温［J］．中国新闻周刊，2009，441（39）：22.

发展的质量最好、发展合理程度最高、老百姓得到的实惠最多的时期。

（一）国家政策措施西倾，基础设施建设猛进

数据显示，西部大开发战略实施以后，国家不断加大对西部地区开发的投入，从2001年到2009年，中央投入西部地区的财政扶贫资金累计达720.193 9亿元人民币，占中央分配到省区市财政扶贫资金总量的63.28%[①]。从投资来源看，西部地区的财政投资占全国比重明显提高，人均占有财政投资额迅速增加。从2000年起，西部地区人均占有国家预算内财政投资已开始超过中部地区，也超过了东部地区，这表明国家财政投资已明显地向西部地区倾斜。近年来，国家安排的国债资金也有很大一部分投放到西部地区的基础设施建设。中央财政性建设资金和中央财政转移支付及专项补助资金已经累计投入10 000亿元人民币以上。数据显示，2000年，西部地区人均占有国家预算内基本建设投资99.8元，比东部地区低5.8%，比中部地区高8.6%。2007年，西部地区人均占有国家预算内基本建设投资已达到237.5元，比2000年增长了138%，比同年东部地区高108.3%，比中部地区高72.2%。截至2009年底，国家累计在西部新开工建设80多项重点工程，投资总规模约为12 500亿元人民币，其中大部分为基础设施项目。仅2010年一年，国家在西部地区新开工的23项重点工程投资总规模就达6 822亿元人民币，主要涉及铁路、公路、机场、水利枢纽建设等。以云南为例，南昆铁路、内昆铁路、昆沾复线工程、丽香铁路、小湾电站、昆明新机场等标志性工程相继落户云南，极大地推动了云南地

① 国务院．西部地区到2020年消除绝对贫困［J］．党建文汇，2010（8）．

方经济社会的发展进程[①]。

国家投入带动了社会投入，在基础设施项目投资的拉动下，西部地区全社会固定资产投资年均增长22%左右，已经连续8年高于全国平均水平，有些年份甚至高于东部地区。其中，2003年、2004年、2005年、2006年、2007年西部地区全社会固定资产投资分别比上年增长13.4%、19.2%、21.6%、25.4%、26.5%。2008年完成全社会固定资产投资36 894.62亿元。在西部地区全社会固定资产投资中，基本建设投资资金所占比例在这8年来迅速上升，2000年仅为41.08%，而到2009年已经上升到69.50%[②]。国家发改委副主任杜鹰在国务院新闻办公室发布会上透露："过去十年西部地区全年固定资产投资是近20万亿元。今后还要制定一些鼓励社会资金向西部投入的政策，特别是信贷资金，并加大直接融资和间接融资的政策扶持力度，形成多元化投资格局。在'十二五'期间，中央除了在重大基础建设项目上继续向西部地区倾斜外，在转移支付和投资安排上也要继续向西部倾斜。"以目前年均20%多的增长速度计算，五年就翻一番[③]。据悉，对西部地区国家鼓励行业企业，国家还将继续按15%的所得税征收，这一政策等于给予企业40%的优惠税率，优惠力度着实可观。

1. 交通运输网络增强

西部地区已经形成以公路为主体，铁路、航空、内河航道和地下输油（气）管道组成的相对齐全的综合运输网络。

首先，在公路方面，以国道主干线和西部通道为主体的西部干线公路建设持续加速。1999年底，西部地区公路通车

① 国家信息中心预测部，国务院西部大开发办公室．西部大开发进展和前景展望［R］.2010.

② 国家统计局．中华人民共和国国民经济与社会运行公报［R］.2010.

③ 国家发改委．未来五年西部投资翻番［J］．党建文汇，2010(8)：4.

总里程 532 650 公里，其中高速公路 2 529 公里，一级公路 1 630 公里，二级公路 30 972 公里，二级以上公路总里程 35 131 公里，公路密度为 7.73 公里/百平方公里。2008 年底，西部地区公路通车总里程达到 1 421 087 公里，其中高速公路 16 455 公里，一级公路 9 628 公里，二级公路 73 394 公里，二级以上公路总里程 99 477 公里，公路密度达到 20.61 公里/百平方公里。与 1999 年相比，2008 年西部地区公路总里程是西部大开发之前的 2.67 倍，二级以上公路总里程是西部大开发之前的 2.83 倍。如新疆，1999 年底公路通车总里程 33 484 公里，其中高速公路通车里程为 170 公里，二级以上公路 5 313 公里；至 2008 年底，公路通车总里程 146 652 公里，其中高速公路通车里程为 640 公里，二级以上公路 11 071 公里。10 年间，公路通车总里程增长 3.4 倍，高速公路增长了 2.8 倍。再如西藏，1999 年底公路通车总里程 22 475 公里，2008 年底为 51 314 公里，是 1999 年的 2.3 倍，增长很快。同时，西部地区农村公路建设步伐明显加快。1999 年底，西部地区县乡公路里程 381 049 公里，2008 年底，西部地区县乡公路里程 601 624 公里（自 2006 年起村道纳入统计后，2008 年西部地区农村公路总里程为 1 207 900 公里），是 1999 年的 1.58 倍。2008 年底，西部地区乡镇总数 16 343 个，通公路的乡镇 16 063 个，乡镇通达率达到 98.29%；建制村共 192 320 个，通公路的建制村 156 245 个，建制村通达率达到 81.24%。目前，除西藏之外西部省区所有的县都通了沥青（水泥）路。其次，在铁路方面，累计新建铁路铺轨 4 066.5 公里，建成投产铁路新线 2 819.6 公里。到 2008 年底，铁路里程已达到 27 367.7 公里，比 2000 年增长了 28.2%，占全国运营里程的 36%，2010 年底达到 35 000 公里。再次，在航空方面，西部地区在完善现有的枢纽机场和干线机场（如成都、重庆、昆明、兰州、西安、乌鲁木齐和银川等机场）的同时，新建或扩建了甘肃的敦煌，青海的格尔木，内蒙古的鄂尔多斯，四川的攀枝花、九寨沟，贵州的铜仁，云南的临沧、普洱等地的干线机场和支线机场等近30余个，使现有的航空网络进一步得到了完善。最后，在内河航道方面，西部地区主要以长江三峡和黄河上游河道为中心，发展内河航运业。到2009年底，西部地区内河航道总里程达到32 962公里，比2000年西部地区内河航道总里程增加了45.5%，西部地区水运客运总量达到7 000余万人。此外，管道运输发展迅速。国家在西部规划建设了一批新的输油输气管道。最具有标志性的重大工程就是已于2004年8月3日全线贯通、于2004年12月30日实现商业供气的"西气东输"工程和目前正在紧锣密鼓实施的滇缅油气管道工程等，标志着西部在管道运输方面有了重大突破。

2. 通信基础设施得到了快速发展

实施西部大开发战略后，西部地区的通信基础设施建设是新中国成立以来发展最快的。随着光缆的投入，西部通信走廊、数字化城市、宽带服务和农村电话等工程的建设力度不断加强，使西部地区的网络通信、技术水平和服务能力都得到了全面提升。到2008年底，西部电话用户总数达2.156 21亿户，其中固定电话用户为71 286户，移动电话用户为1.443 35亿户。与1999年相比，固定电话普及率跃升到平均18.1部/百人。移动电话普及率为36.7部/百人。互联网宽带接入用户已有1 399.8万户，网民达5 822万人，普及率达14.8%。截至2008年底，西部光缆线路长度为1 924 720公里，局用交换机容量为11 221万门①。

3. 能源基地建设雏形初现

我国能源资源分布极不均匀。煤炭资源相对集中在山西、陕西和内蒙西部的"三西"区，水能资源主要集中在西部的西南和西北地区，而用电负荷却相对集中在广东、浙江、上

① 张超. 西部信息化建设十年报告[M]. 北京：社会科学文献出版社，2009.

海、江苏等东部沿海地区。为了满足国民经济发展对电力的需求，实现能源资源和环境的可持续发展，西部大开发战略实施后，国家加大了开发西部能源资源的力度，规划实施了“西电东送”工程、“西气东输”工程，加快开发西南和西北地区丰富的水能资源、煤炭资源及由此形成的电力资源，在满足当地经济社会发展需求的同时，输往经济相对发达的东部沿海地区，以促进东西部地区经济和社会的协调发展。仅2004年，“西电东送”就新开工项目总投资300多亿元，总装机规模800多万千瓦，500千伏输电线路3 500多公里。向广东的输电通道送电能力达到1 150万千瓦以上。“西气东输”工程已于2004年完成全线贯通，总投资约为1 400亿元，其中气田勘探开发投资的100%、管道投资的67%都集中在中西部地区，输气能力达到120亿立方米/年。这将使西部的石油和天然气资源在西部管道线路各城市、城镇得到充分的利用，并不断地输往中东部地区。当然，如此高强度、大规模地加大西部地区能源基地建设，势必会加重西部地区资源输出和依赖型色彩，加重东西部发展不够和谐的程度，这也是今后应当引起注意和合理解决的潜在问题。

4. 水利建设成效显著

近五年来，国家加强了对塔里木河和黑河流域的综合治理，塔里木河上游重点实施井渠双灌、节水改造，中游堤防加固，下游减少或废除平原水库，进行河道疏浚。黑河上游加强了封山绿化、植树种草、退耕还林，中游灌区加大调整产业结构和产品结构，进行节水改造，下游改造了平原水库，圈养禁牧，禁止毁林开荒。重点建设或在建多项骨干水资源工程，如嫩江尼尔基、广西百色、四川紫坪铺、黄河沙坡头等控制性水利枢纽工程；黑河正义峡，黄河大柳树、碛口、古贤，泾河东庄，嘉陵江亭子口，乌江彭水，贵州黔中水利枢纽；云南滇中引水，西藏旁多等骨干水利工程。加快“南水北调”特别是西线调水工程的工作进度，积极创造条件开工建设乌鲁木齐引水、引大入湟、引洮等调水工程。加紧建设宁夏扶贫扬黄、青海黑泉水库、甘肃引大入秦、南阳渠灌溉工程，云南、贵州、四川、重庆等西部省区中型水库等重点水源及调水工程。加大农村饮水工程的投资建设，努力解决西部贫困地区1 325万农村人口的饮水困难，并在西北、西南等半干旱地区，大力兴修水窖、旱井、蓄水池等小型、微型水利工程，发展集雨节灌。开展了黄河上中游干流河段及重要支流、长江上游及其支流、珠江上游、西南诸河等重要河流重点河段的防洪治理和重点城市防洪工程建设。在四川都江堰灌区、内蒙古河套灌区、宁夏卫宁青铜峡引黄灌区、陕西关中宝鸡峡等九大灌区，甘肃黑河流域灌区、新疆塔里木河灌区、北疆灌区、新疆建设兵团27万公顷灌区等西部重点大型灌区进行以节水增效为中心的续建配套和更新改造。在对长江上游和黄河中上游地区以及农牧交错区现有生态环境保护的基础上，加快水土保持重点工程建设，加强了京津地区风沙源区的治理，以及塔里木河、黑河、石羊河下游、内蒙古阿拉善等地区的绿洲生态建设，进行集中连片治理。加大了对西藏水利建设的扶持力度，支持满拉水利枢纽、满拉灌区、西藏无电县、一江两河防洪等工程。农田水利基本建设成效明显，如2007年，仅青海省就完成灌区续建配套与节水工程改善灌溉面积30.4万亩，新增有效灌溉面积2.1万亩，解决了30.6万人、185万头（只）牲畜的饮水困难。甘肃省则新增有效灌溉面积18.3万亩，新增节水灌溉面积46.6万亩，综合治理水土流失面积7.5万平方公里。

5. 农村基础设施建设显著加强，农民生活条件有了很大改善

“油路到县”、“送电到乡”、“广播电视到村”三大工程的实施，使农村地区的基础设施有了很大的改善。以“油路到县”工程为例，西部地区地（州）到县公路、贫困县出口路已于2003年全部建成。县际公路4.6万公里，2005年也已

全部完工。

近10年来，国家累计安排投资近百亿元，解决了西部近4 000万人的饮水困难和饮用水安全问题。近两年，国家安排20亿元国债资金用于西部一些退耕还林地区的农村沼气工程建设，使100余万户村民用上了沼气。安排46亿元用于西部生态位置重要、不具备基本生存条件地区的110万贫困人口实行了生态移民[①]。

6. 城市基础设施建设得到重视

国家为西部地区的城市环保、城市供水、城市交通道路建设与改造、城市污水废水处理等工程建设方面设立了专门投资，安排了西部缺水城市、城镇的建设项目，提高水资源的利用效率。西安、成都、重庆、兰州、南宁、昆明等城市的市政建设力度不断加大，市容市貌有很大的改观。“西气东输”沿线城市的供气、供水系统逐步建设完成[②]。国家尤其重视对西部地区出海通道和沿边国际通道建设的重视，2009年胡锦涛总书记视察云南和新疆时，分别提出了建设面向东南亚、西亚“桥头堡”的发展要求。仅2010年，计划西部大开发新开工的23项重点工程投资总规模就达6 822亿元人民币，主要涉及铁路、公路、机场和水利枢纽等硬件和基础设施建设。[③]

（二）退耕还林工程全面启动，生态环境保护和建设显著加强

西部大开发战略实施以来，党中央、国务院采取了强有力的、切实可行的措施，不断推进西部地区生态环境建设、

① 国家信息中心预测部，国务院西部大开发办公室．西部大开发进展和前景展望［R］．2010.

② 中国西部经济发展报告［M］．北京：社会科学文献出版社，2010.

③ 王仁贵．深入实施西部大开发战略探秘［J］．瞭望，2010（28）：34.

改善工程。

从2002年起，退耕还林工程在以中西部地区为重点的25个省、自治区、直辖市全面启动。到2007年末，退耕还林工程累计完成陡坡耕地退耕还林2.18亿亩、荒山荒地造林1.9亿亩，造林成活率基本可达到要求。退耕还林工程直接增加中西部地区农民粮食、种苗和现金补助收入，促进了生态改善和农民增收。退牧还草的试点工程进展顺利，安排治理严重退化草原亿亩以上。天然林资源保护工程全面展开，京津风沙源治理工程进入实施阶段。江河上游和西部中心城市污染治理的力度加大。据统计，近五年来，中央投入1 100多亿元的林业生态建设资金中，西部地区占大部分，其中天然林资源保护工程涉及西部11个省（区、市），累计投入287.8亿元；退耕还林涉及西部12个省（区、市），累计投入311亿元，占全国的65%；京津风沙源治理在西部省（区、市）安排退耕还林资金42.2亿元，占资金总额的49.6%。森林生态效益补助试点在新疆、广西分别累计安排资金2.25亿元和5.25亿元。内蒙古一些荒漠化草原植被覆盖度已提高20%以上，宁夏则实行全区禁牧，青海实施以草定畜取得初步成效，长江上游、黄河上中游地区全面停止天然林商品性采伐，京津周边地区土地沙化趋势得到初步遏制。据国家林业局最新森林资源清查结果显示，西部地区退耕还林工程区林草覆盖率平均提高两个百分点，西部地区主要江河流域土壤流失量大幅度减少，其中长江流域减少50%左右。我国目前的森林覆盖率为18.21%，与第五次森林资源清查结果的16.55%相比，提高了1.66个百分点。其中，占国土面积32.19%的西北5省（区）的森林覆盖率也由3.34%提高到了5.86%。京津风沙源治理工程启动以来，累计完成治理任务1.67亿亩，工程区植被覆盖度较2000年相比提高近30%，呈现治理面积大于沙化面积的重大转变。生态建设推动经济发展，许多地区通过发展经济林、竹林、兴办沙产业等生态产业，已形成一批灌草、中药材和果品生产基地[1]。

西部大开发战略的有效实施和取得的成就表明，西部地区的发展总体上是快速和比较合理的，也为西部地区进一步又好又快发展打开了良好局面。

① 王仁贵. 深入实施西部大开发战略探秘［J］. 瞭望，2010(28)：34.

第六章　问题的显现

——西部地区发展中欠合理性的诸多表现

研究是针对问题而展开的。对照西部地区“缩小我国地区间的经济、社会发展的差异，谋求经济及社会的整体的均衡与全面发展”的发展要求，西部地区现实发展中暴露出不少问题，并影响了西部地区的合理发展。当然，这些问题是前进和发展过程中的问题，也将在今后西部地区的深入开发与合理发展过程中逐步得到解决。

以下章节将结合西部地区发展实际，从宏观、中观和微观三个层次发现并剖析西部地区开发及发展过程中影响合理发展的突出问题，继而从发展合理性角度出发，对促进西部地区合理发展进行对策思考。

西部地区的发展取得了令人瞩目的成绩，但发展中仍存在若干欠合理之处，清醒地认识方能更好地解决之。正如国家《西部大开发“十一五”规划》中所指出的，目前中国西部地区发展仍面临严峻的挑战，这包括发展观念和体制机制还不适应市场经济的要求。西部地区与其他地区特别是与发达地区的发展及贫富差距还在扩大，主要表现在：“三农”问题和城乡就业矛盾亟待有效解决，扶贫开发工作十分艰巨；发展速度超前与基础设施（含公共服务水平）落后的矛盾突出，尤其是西南地区交通条件亟待改善，西北地区水资源供应短缺；经济建设与生态环境建设矛盾尖锐，限制开发区域和禁止开发区域占国土面积比重高，生态补偿机制还不健全；自我发展能力不足，产业结构不合理，产业链不长，资源优势转化为经济优势能力低，非公经济发展相对缓慢；人才不足和人才流失严重；资金投入、人才开发、法制保障等方面的长效机制还不完善；等等。

一、认识方面的欠合理性之剖析

在西部地区的长期发展实践中，首先存在认识上的一些误区。观点是行为的指导，在西部地区发展中的不合理的认识，势必阻碍西部地区的合理发展。概括起来，主要表现如下。

（一）单纯发挥资源优势的认识误区

1. 思想上倚重自然资源导向型发展战略的确立，忽视资源型产业市场竞争优势的培养

基于地区实际，西部地区各地普遍确立了以自然资源开发为主导的发展观念和思路，这是无可非议的。但相比之下，对如何尽快培养资源型产业竞争优势则重视不够、认识不够到位，以至于在结果上呈现出西部工业中采掘、能源、原材料工业比重过大，且多停留于开采和初加工阶段（比如西部铝的产量已占到全国的一半左右，但铝材加工量却不足全国的1/10，生产和建设所需要的铝材还要大量从外地输入），生产技术落后，效益不高。因此，倘若一味强调自然资源型发展战略而不花大力气去培养资源型支柱行业的市场竞争优势的话，实际上只是“吃老本”和“卖家当”的做法。

2. 观念上重视自然资源的开发，思想上弱视生态环境的保护

社会发育程度和生产技术水平的落后使得西部难以很快摆脱资源依赖型和粗放式发展的局面，这形成了经济效益和

环境保护取舍的难题。调研中发现，在一些地方和企业的职工尤其是决策者的头脑中，经济效益是高高在上、唯其独尊的，环境保护更多的是迫于政府和法律法规的压力，而并未在思想深处深刻认识到保护生态环境的紧迫性和责任感。因此，透过一系列的事件，不难看出当事者对生态环境的保护是在被动地为而非主动地做，这也是西部地区屡屡出现生态保护违规犯法事件的思想根源。从思想根源上分析，“先发展再治理”的认识在西部仍有滋生的土壤。调研中感受到，贫困地区一些企业经营者的逻辑次序是直线式的“生存—发展—治理”。诚然，西部地区仍处于工业化的较低阶段，生存、发展是许多地方和企业面临的当务之急，但这并不表明西部地区可因此忽视资源的保护和环境的治理。先发国家及地区走过的“先发展后治理”的老路和由此带来的更沉重的代价，值得深刻反思，从而牢固树立起“边发展边治理”的正确认识。

（二）发挥劳动力资源优势的认识误区

1. 只盯着劳动力的“廉价”优势，轻视劳动力素质低的劣势

西部地区劳动力充足，劳动力成本低而具有相对的价格优势，这是事实。这种优势在粗放型和劳动密集型生产方式中作用比较明显，但在技术密集和集约化生产方式中则大大弱化甚至成为劣势，数量优势将让位于质量优势。譬如，从国际投资的特点看，国外投资者不仅看重廉价劳动力，还十分注重劳动力素质的高低，泰国、新加坡、马来西亚等东南亚国家的劳动力成本比我国西部高得多，但仍吸引了大量外资，其中，较高素质的劳动力是一个重要的影响因素。由于西部地区科技水平和生产技术普遍不高，因此极易使人们满足于使用廉价劳动力的眼前和狭隘的得益，难以着眼未来和从高级生产方式出发去大力提高劳动力素质。这种思想认识

和观念也极大地阻碍了劳动者素质和部门生产方式的转变。

2. 仅注重人力资本的存量优势，不注重人力资本的优化配置

人力资本只有在政府调控及市场调节的复合作用下，通过对人力资源的优化配置，才能真正体现人力资本的存量优势并发挥人才的作用。西部虽然具有相对的人力资本的存量优势（主要是廉价劳动力的数量优势），但却因缺乏相应的人力资本优化配置机制而使其难以被充分利用，并出现人力资源分布不合理、人才结构不合理和人才流失严重等问题，这与主观认识上的偏颇不无关系。

（三）重“硬”轻“软”的认识误区

1. 重视“硬环境”的投资，轻视“软环境”的建设

从以往情况看，通过外商独资、合资、合作企业等形式来实现技术的转移，是西部地区引进先进技术的主要途径。改善投资环境、吸引更多的外商投资项目，对科技水平相对较低、资金相对薄弱的西部地区而言显得非常重要。但是，投资环境不仅仅是以物质环境为标志的“硬环境”，还有同样重要的以人文环境为标志的“软环境”，若要有效吸引外资，二者缺一不可。多年来，西部各地对“硬环境”建设普遍重视，相比之下，对“软环境”的重要性认识不充分，对“软环境”的建设则重视和投入不够，以至于不少地方（包括诸多高新技术开发区）虽然有了便捷的交通条件、宽敞明亮的标准厂房等等，但引资效果依然不佳，问题出在“软环境”建设的滞后。

2. 重视“输血”功能，轻视“造血”机制

在西部大开发过程中，极力招商、争抢外资之“热”一直难以退减。似乎有了资金和投资，地方经济就能迅速发展，诸多问题就能迎刃而解。弱视自身“造血”功能和机制的建立与培养，淡化引进外资质量问题，直接阻碍了西部“引进

—消化吸收—创新”的“造血型”机制的形成，最终影响西部地区整体自我积累和自主创新能力的真正提高。

3. 重“引进”轻“选择”

东西部之间资金及技术“势差”的客观存在，出现了资金及技术由东向西流动的整体趋势。与此同时，东西部之间产业结构、产业层次的“质差”的客观存在，出现资源耗费型、原材料加工型、环境污染型的行业及产业向西部流动的现象。西部地区承接产业转移中由于主观上对“承接”重视有余、对“挑选”重视不足，致使产业转移过程中发达地区一些“三高一低”的落后、淘汰的生产技术流入西部，抑制了西部地区技术水平和创新能力的提升，加重了资源及环境的破坏程度。

（四）频频树立高新技术产业为主导产业的认识误区

高新技术产业具有前沿性、效益性及引导性的特点，在现代经济发展中发挥突出作用，因而得到普遍重视。但是，发展高新技术产业并起主导作用是有条件的，高新技术产业发展的根本在于首先要拥有大量高素质的人才，并且这也是一个渐进的过程。反观西部，在西部地区开发和发展浪潮中，“一哄而上”、“遍地开花”的现象很明显。不少人认为，为尽快缩小差距和挤上时代发展的“快车”，高新技术产业也应成为西部地区主导产业选择的方向，这实际上是一种认识误区，也是难以实现的。当然，在西部几个教育及科研水平较高、产业基础较好的城市，如西安、成都、重庆等，完全可结合本地科技优势发展一批高新技术产业和新兴产业，甚至扶植其成为支撑地方经济、社会发展的支柱和主导型产业。但却不应简单和盲目地视高新技术产业为西部各个地区主导产业的选择方向。原因和问题将在下文阐述。

二、经济发展方面欠合理性之探究

（一）经济及产业结构不尽合理

西部地区由于过去在计划经济和战备投资背景下深受“重工业优先发展战略”的影响，致使西部地区经济及产业结构呈现以工业发展为主的特征，而工业中又以重工业发展为主。这种“重重轻轻”的发展思路，使得西部地区在经济及产业结构上积累了许多问题，出现了产业的严重失衡。尽管西部地区的国内生产总值已由2000年的16 655亿元增加到2008年的58 257亿元，年均增长11.7%。一些年份甚至超过全国同期增长水平。工业增加值由5 946亿元增加到24 000亿元左右。全社会固定资产投资由6 111亿元增加到35 839亿元，年均增长22.9%，高出全国平均水平1.9个百分点。社会消费品零售总额由5 954亿元增加到19 239亿元，年均增长14.9%。进出口贸易总额由172亿美元增加到1 068亿美元，年均增长25.6%[①]。但与经济增长狂飙突进相对应的是，西部经济采掘和原料工业所占比重过大，产业链短，发展层次低，产业配套不完善，资源消耗高，三废排放量大。如在基本建设投资中，2000年西部基本建设投资有60.53%投放在电力、采掘和原料工业等方面，而深加工制造业仅占基本建设投资的5.78%。直至2005年，西部地区基本建设投资都还有59.4%投放在上述行业，深加工制造业等只占基本建设投资的9.8%。2008年西部地区高技术产业增加值仅仅是工业增加值的5.6%，比东部低7.8个百分点。[②] 反映出西部地区产业结构总体上的不合理，并突出、具体地表现在以下

---

① 东西部经济发展差距扩大的趋势得到初步遏制［EB/OL］. 人民网，2010-01-05.

② 国务院办公厅. 国务院办公厅关于应对国际金融危机　保持西部地区经济平稳较快发展的意见. 国办发〔2009〕55号［R］. 2009.

方面。

1. 二元性经济结构特征明显

在西部地区，现代部门与传统部门并存的问题严重。出现这种情况的主要原因是西部在其农业发展还比较落后的情况下，就“空降”般地建立了以石油化工、采矿、冶金、机械、兵器等为主的重工业。现代工业与传统农业的二元并存，技术特性及含量对比的悬殊，使得技术辐射和产业互动受到了极大阻碍，从而影响了西部区域经济结构的优化和整体经济实力的提高。而在工业结构内部，西部地区也同样存在新兴产业与传统产业并存并脱节的问题，制约了产业和行业间的协调发展。

有文章从理论上分析，二元性经济结构使西部地区的经济发展缺少产业间的联动和整体效应。合理发展状况下，一个区域是由几个增长极的发展通过极化效应和扩散效应带动整个区域的共同发展。而在西部，由于产业内外的封闭性，以及西部地区的许多产业及工业不是自身经济发展的结果而是由外部“嵌入”的，使得西部产业及工业的发展既不是源于本地传统产业的发展，自身的成长也不会对本地其他产业产生扩散效应，而成为脱离本地经济发展的“封闭式”和“孤岛型”的经济板块，这种现象在贵州、云南等地比较突出。这一问题的存在，反过来又固化了西部地区经济结构的二元性。

2. 西部经济及产业结构呈现出明显的资源依赖型特征

长期以来，国家将西部地区作为东部地区能源、原料供应基地，侧重于资源开发，致使其产业及工业结构具有明显的资源依赖型特征。重工业所占的比重很高，而在重工业中，采掘业和原料工业所占的比重又过大，加工业所占的比重太小。国外发达国家的发展经验告诉我们，这种工业结构在发展到一定的程度后，难以通过技术创新来提高技术水平，并且很容易受到国际市场的冲击。

3. 产业结构“脱节”于西部地区发展实际

一方面，西部地区产业结构相对于西部发展程度过于“超前”。从产业结构的合理性角度分析，问题出在西部大部分地区的“工业化”是以国家过去的政策驱动和外部强力嵌入的方式进行的，并且工业的发展不是按照从轻工业到重工业这一顺序演进，而是跳过轻工业直接优先发展重工业，这既违背了产业结构演进的内在规律，也同发达国家和地区的发展经验相悖，出现工业发展脱离了农业的必要支撑而使得其工业体系过于“超前”的现象。由于西部地区重化工工业等与农业缺乏必要的联系，致使西部农业的产业升级和功能转换缺乏来自工业应有的有力支持。正因为工业对农业的反哺作用很微弱，致使农业发展中基础薄弱的状况依然未能得到普遍和根本的改善，“三农”问题始终突出。这不仅导致西部地区农业自身结构的不合理（依然以粮食生产为主的单一结构，特色农业发展明显不足），也成为西部地区农业基础薄弱、种粮成本高、农业发展缓慢、农民增收困难的重要原因。据统计，全国最贫困的“三西”地区，种粮的总体成本要比中部种粮大省多1/4左右，粮食的品质也缺乏市场竞争力。另一方面，西部地区产业普遍“老化”，产业结构层次总体较低。西部地区的优势在于资源和能源，但资源和能源产业直至目前仍多为初级产品的生产和加工，附加值太低，致使大量利益流向外地。国家统计局资料显示，西部各省区第一产业占 GDP 的比重都不同程度地高于全国平均水平，二、三次产业比重则明显不足。西部工业基地中的机械、纺织、仪器、仪表等支柱企业现在大都面临技术设备陈旧、产品老化、机制不活、包袱沉重等问题。产业及其结构的“老化”，障碍产业的流转，以至于存在学界提出的“产业存量刚性”，这也是优化西部产业结构、实现产业结构合理化的主要障碍。西部地区产业结构“超前”和“老化”并存的状况，严重制约了西部地区行业、企业及产品的市场竞争力。有学者对我国东部和西部的产业发展水平系数、工业竞争力系数作了比较研究，发现两类地区之间产业发展水平系数相差9.9倍，工业竞争力系数的差距则高达22.9倍之多①。

4. 产业间封闭性高、关联度低

西部产业结构的封闭性表现在几个方面：一是产品进出口结构和比例失调。过去在国家政策大格局的制约下，西部地区进出口数量和金额很小，改革开放后及西部大开发以来，虽有所提高，但由于基础薄弱，有实力的“出口创汇产业”不多，且产品中还多以初级产品和初级加工产品为主。另一方面，西部地区的进口产品却大都是深加工的工业制成品。由此反映出西部产品进出口结构和产业间进出口结构的不尽合理。初级产品的输出和高级加工品的输入，不断加剧西部地区产业结构的失调，失调的结果导致产业的独立、封闭式发展。以云南省为例，全省产业发展过程中资源型、原料型特征十分明显。在轻工业总产值中，以农产品为原料的轻工业比重高达80%以上；粮烟种植业产值占总播种面积的80%以上。与此同时，为现有产业提供配套产品的工业比较薄弱，工业中大部分原料或初级加工品被平价调往省外，而云南调出的产品主要是烟、糖、茶等传统出口产品和矿产的初级加工产品，深加工即附加值高的产品较少。新型、优质、高档的生产生活原料则高度依赖省外市场的供给。

二是产业间缺少关联。如上所述，西部的重工业总体上依然是以资源取向为主，原材料工业占有绝对比重，因此诸多原材料加工企业越来越大型化和单一化，引发惨烈的同行市场竞争。同时，因布局分散无序，企业之间缺少必要联系，与地方经济不接轨，从而难以对其他产业和企业发挥辐射和牵引作用。结合前面所分析的问题，若在宏观上从重工业、轻工业、农业的角度分析彼此间的关联性，可以看出，西部

① 董芳. 西部地区产业结构调整 [J]. 辽宁经济，2005（8）：14-15.

重工业、轻工业和农业相互脱离，相对形成了彼此自我循环的三个小系统。西部地区产业间较高的封闭性和较低的关联度，导致产业结构转换能力低下并直接制约了西部地区产业结构转化能力的提高，影响了产业间的协调发展和整体经济的健康发展。

三是产业链缺损。从产业链的角度分析，西部地区产业结构的二元性特征导致产业发展中产业链条的缺损，不仅内部循环不畅，而且产业延伸受阻。西部地区产品的销售地多数不在西部，而是在制造加工业较为发达的东部等地区，西部地区所需的高级加工品由此常要由东部输入。这一状况表明了西部地区产业链短小且缺损，其结果是加剧西部地区原材料和加工工业品的双重利润向东部转移及流失。

5. 西部地区产业趋同且呈现出有增无减之趋势

由于西部地区总体上以重化工业为主导产业，资源型城市也大多是依托重化工业的建立而创设。以内蒙古自治区乌海市为例，《乌海市国民经济和社会发展“十一五”规划纲要》在提到工业发展时有以下表述：提升能源、化工、建材、特色冶金四个主导产业整体技术水平，加快发展非资源型加工业，积极发展高新技术产业……力争到“十一五”期末，工业增加值达到300亿元，形成一批年销售收入超50亿元、10亿元、5亿元的大企业大集团。届时，一座重化工业新城将在自治区西部崛起。乌海市将重点发展化工、建材等四个主导产业，预期到“十一五”期末，工业增加值将达到300亿元[①]。由于工业内部大都是以资源开发型的原材料工业为先导，因此产业雷同。有关研究机构通过对产业相似性的研究，得出西部地区产业相似度高的省区具体的产业结构相似系数：云南92.82%、陕西98.04%、广西97.06%、四川为98.80%、甘肃为97.30%、贵州为95.86%、青海为94.38%、新疆为

① 内蒙古自治区乌海市政府信息网。

91.82%、宁夏为97.53%。根据这些数据可直观地作图表如下（图6-1）。西部地区呈现出的产业趋同及重复建设，不断加大了产业结构调整的难度。同时，由于轻工业和加工业发展相对滞后，轻重工业比例严重失调，相互之间没有形成促进和互补关系，协调性比较差，这又加重了产业趋同的状况。

（单位:%）

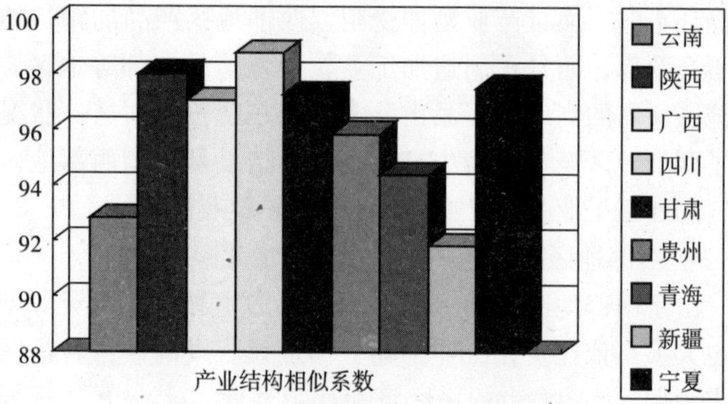

图6-1　西部地区部分省区产业结构相似情况

值得一提的是，西部诸多地区高强度投资于高新技术产业已逐渐形成新一轮的更高层次上的产业趋同。毋庸置疑，新技术革命为西部地区的快速发展带来了历史机遇，但是，一哄而上、盲目追新地投资于高新技术产业，最终势必造成新一轮的产业趋同。例如西部不少省（区、市）在“赶超”思路下，面对国家经济结构和增长方式的转变，片面理解高新技术对重化产业的拉动作用，盲目地发展软件产业，建立软件园、IT城等。其结果是既难以与东部和沿海地区抗衡，更难以赶超国外同类产业。不仅造成巨大的资金浪费，而且加剧了产业的趋同。

6. 产业选择与发展中仍然以政府为主导

在西部地区，政府在产业选择等方面仍然居主导地位，市场作用受到挤压和束缚。以甘肃省为例，尽管市场已成为生产要素配置和产业结构调整的主要力量，但政府的政策仍然起着决定性作用，通过税收、信贷、计划审批等手段控制着资源的整体流向，这在西部有相当代表性。政府唱主角，不仅抑制了市场所应发挥的作用，而且由于经济建设中投资主体是政府，因此风险也由政府承担，显然不符合市场经济运行规则。

政府应当在西部地区产业结构的合理化调整和升级方面发挥促进作用，但从根本上说，产业结构调整要以市场为主、政府为辅的方式进行。政府调整也要尽量引入市场机制，要将更多的精力放在功能性产业结构政策的调整上（即不过分强调特定的行业和部门，而是侧重于产业结构功能和水平的整体提高），放在建立和完善基本的市场机制、创造公平的竞争环境上，促使要素在价格信号引导下在产业内和产业间流动，推动产业结构的升级和优化。

（二）西部一些地区主导产业的选择缺乏合理性

1. 主导产业选择中的盲目性

西部地区一些地方在选择主导产业时未能从其实际出发，而是跟风决策，显现出相当大的盲目性，这一点在旅游业的发展上尤为明显。其结果是造成巨大的人力、物力和财力的巨大浪费，并贻误了真正潜力型产业的培育和发展时机。诚然，祖国西部地区可供发展旅游的自然及人文资源甚多，且分布面较广，但将旅游业作为主导产业，从产业特性和产业发展合理性角度看，在西部的部分地区可以，在许多地方不行。由于西部地区经济发展不平衡，一些地区基础设施和旅游接待能力严重不足，旅游人才培育能力分配不均，使得旅游业的发展缓慢而低效。事实证明，发展旅游并不是振兴当地经济的“普世良方”。遗憾的是，西部为数众多的省、市、县都把旅游业确立为主导产业并极力发展。旅游业是一个高固定成本、低变动成本的行业，其消费具有很强的异地性和可变性。旅游业的发展不仅直观地取决于旅游基础设施的好坏优劣，而且还深受当地民众和游客的生活习惯、消费观念、经济及时间支付能力等诸多因素的影响，还必须有足够大的游客基数。统计资料显示，2000 年“五一”节和国庆节外出进入西部地区的人数为 8 800 万人次，这一规模已相当于北京和重庆两市所有的人都外出 10 余天。2007 年到西部地区旅游的人数为 11 204. 39 万人次，但是从中国的实际人口来看，这两个数字分别仅占中国实际人口的 0. 65% 和 0. 73%。另有统计资料表明，西部地区的旅游外汇收入在“九五”期间占全国的 3% 和占国内旅游收入的 1. 5% 左右；“十五”期间的比例虽有所上升但并不十分明显；而在“十一五”期间，西部地区的旅游外汇收入也仅占全国的 4. 31% 和占国内旅游收入的 1. 89% 左右。而且这些贡献几乎是由云南、陕西、广西及西藏等主要省区实现的。从接待入境游人数和国际旅游外汇收入来看，西部 12 个省份排名相对靠后，西部旅游外汇收入最高的是云南，但也只排在全国第九位。可见，旅游业在西部地区产生的经济效益很不均衡，因此在西部，尤其是西部的县域发展中不应该普遍将旅游作为经济和社会发展的主导产业。

2. 主导产业序列确立上的形而上学

西部一些地区在确定主导产业序列时主要立足于对资源和产业发展的静态分析，表现为过于倚重本地区的静态资源优势。而主导产业的科学选择，除了考虑本地的、静态的和既有的资源优势外，还需要对资源和主导产业序列进行复杂的动态分析与论证，动态、准确、充分地意识和判断出当地资源的潜在优势和发展趋势，顺应产业发展的动态演化过程和规律，不可机械、简单和单纯地依据某一时（点）上的静态数值确立主导产业的序列。而应做到从实际出发、立足实际，从动态入手、着眼未来，从而使主导产业的选择和发展具有前瞻性和可持续性。[1]

（三）区域自然资源禀赋与经济发展水平关系不对应

现实情况是，西部地区丰富的自然资源与较低的经济发展水平间出现了较大的反差和背离，就西部地区丰富的资源来说，其在经济发展的“支撑力”作用未能充分体现出来，在一些地方反而还有不断削弱之势。当然，从理论上说，区域自然资源禀赋与当地经济发展水平之间的关系并非持恒不变的。一般来说，在工业社会初始阶段，资源对区域经济的发展是直接的和明显的，但随着社会经济一体化的变化和知识资源作用的日趋增强，以及物质资源产品与知识资源产品价格剪刀差的日益增大，物质资源对区域经济发展的影响力迅速弱化。这一现象及问题在当今的西部地区表现得较为突出。有学者通过对西部地区人均资源拥有量指数[2]进行相关分析，得出西部地区自然资源禀赋与经济发展水平之间的相关系数为 -0.372[3]，说明西部地区自然资源禀赋与经济发展水平之间整体而言是“负相关”，区域自然资源的拥有量与经济发展程度之间缺少应有的“正相关”关系。同样，在对西部的知识资源研究中发现，川、陕、甘三省知识资源与经济发展水平的关联度不高。此外，西部地区有不少“标签式”的行业及企业，其中尤以军工为突出。国家虽然将航天、军工等工业基地和科技队伍嵌入西部地区，但却形成了与周边经济缺乏关联和融合的“知识飞地”，未能实现与当地经济发展的广泛而深入的融合，没有充分发挥出科技优势和形成向物质生产力的转化。

---

① 张宝兵．论西部地区主导产业的合理选择［J］．重庆邮电大学学报：社会科学版，2005（2）：154－156.

② 人均资源拥有量指数包括对各省（区、市）水资源、能源、矿产、可利用土地及耕地与气候资源人均拥有量的综合考量。

③ 朱奇．关于中国西部资源开发的实证研究［J］．铁道师院学报，2002（3）：45－49.

（四）资源的主体支配形式不合理

在资源支配模式上，西部地区仍然是政府唱“主角”，尚未实现由政府配置资源为主向市场配置资源为主的根本转变。通过分析国务院体改办以及相关省市统计局提供的资料可知，截至 2009 年，我国民营经济在 GDP 总量中已占 78%，民间投资已占全社会固定资产投资额的 54%。然而民营经济在东西部地区的发展水平却相差甚远。根据国家统计局提供的数据，同年西部地区国有资产占该地区资产总量的 74%，国有及国有控股工业产值占该地区工业产值的 68%，分别比东部地区高出 31 个和 35 个百分点。以上数据表明，东部地区已经基本形成以市场配置资源为主的经济增长模式，而西部地区经济结构仍以国有经济为主体，配置资源的行为主体仍然是政府。政府在配置资源上唱“主角”的一大弊端就是直接导致“三盲”问题的生成。西部地区开发和发展中，一些地方相继出现“盲目开发、盲目投资、盲目建设”的“三盲”现象。首先，固定资产投资增速过快，投资与消费的增长出现失调。根据国家统计局及有关省（区、市）统计局提供的数据，2003 年全社会固定资产投资 55 118 亿元，比上年增长 26.7%，其中，西部地区增长 20.6%。而同期全国社会消费零售总额比去年同期只增长了 9.2%，西部地区的增长也只有 10%。2008 年全社会固定资产投资已多达 224 846 亿元，比上年增长 30.1%，增速比上年加快 4.6 个百分点，其中东部地区投资增长 23.9%，西部地区增长 35.0%。西部固定资产投资的过快增长，使投资与消费增长之间出现失调，对生产资料的过旺需求，引发了生产资料价格的不合理上涨。其次，重复开发、重复投资、重复建设，加剧产业结构失衡。以钢铁行业为例，全国粗钢产量已经达到创纪录的 6.5 亿吨，而市场需求则不足 5 亿吨，在此情形下，西部地区仍然上马不少钢铁项目，如昆明钢铁集团的草海项目等。另外，由于国有企业在众多命脉产业和支柱产业处于垄断地位，造成大量国有投资过多流入一般加工制造业、房地产业和奢侈娱乐业。目前的冶金及水泥制品行业、房地产业、普通机电业以及奢侈娱乐业的重复开发如同20世纪80年代冰箱、彩电生产线的重复上马和90年代开发区的重复建设。再次，质量问题工程频出。首长的“条子工程”，官员政绩的“形象工程”，欺上瞒下的“钓鱼工程”，暗箱操作的“寻租工程”，掺杂使假的“豆腐渣工程”等屡屡出现。有报道，某自治区修建一条等级公路，建成后每小时通过不足一辆车，而这条公路寿命期为10年。在西部地区这种高标准设计、低使用效率，高投入、低效益的公路为数不少。西南某省一条高速公路建成后，几十万个护栏铁箍被遗弃于荒郊野外，无人问津。经调查又发现每个铁箍的工程预算价格高于市场价格数倍。西部一些省区交通部门领导还曾控制和滥用本省公路建设发包权，在自己亲属圈子里大搞连环承包，甚至从材料的生产、采购到工程施工全过程实行家族垄断，徇私枉法，最后纷纷“腐败落马在路上”。我国支线机场多年来一直全面亏损，但是，西部地区一些地方政府为追求政绩，不顾本地实际情况，盲目立项、盲目贷款、盲目扩建提高机场等级，使支线机场经营雪上加霜、投资效益低下，甚至造成国有资产大量流失。上述现象的一个根本原因就在于没有改变政府配置资源为主的经济增长模式。由于政府配置资源在效率最大化动机、微观经济信息占有、市场调整及应变能力、产权清晰度等方面具有的明显劣势，逐渐使其成为一种低效率的资源支配模式，尽显出其不合理性来①。

结构刚性和体制障碍是西部地区存在的实际问题，诚然，要想打破结构刚性，克服体制障碍，解决西部大开发中的新问题，必须借助政府干预的力量。然而，过多的政府干预又

① 刘德华．西部大开发新问题及形成因素分析［J］．内蒙古民族大学学报：社会科学版，2005（3）：59－64.

会导致资源配置的低效率。正确的途径是在市场失灵的领域发挥政府调节的作用，把政府的适度干预与充分发挥市场机制的作用有机结合，使经济社会发展更趋于合理，这是今后实施西部大开发战略必须认真研究和探索的新问题。

（五）价格政策不尽合理

正是扭曲和不合理的价格政策，导致西部地区成为东部地区廉价资源的供应地。在价格方面，资源性产品低出高进，形成了不等价交换。东部地区以低价从西部地区购得原料，加工为成品后又以高价卖到西部地区，造成了西部地区利润的双重流失。西部地区开发资源、东部地区加工制造，是中国长期形成的区域分工格局。计划经济时期，国家实行资源价格管制，以统一调拨低价原材料给东部加工。改革开放后，虽然市场强劲介入，但由于长期形成的地区间的经济的、加工技术的和产品市场综合竞争能力的很大差距，使得东部地区至今仍然有条件得到相对低价的西部地区资源。东部地区加工制造西部地区资源的格局并未发生根本改变，资源价格仍然在一定程度上被扭曲，由此制约着东、西部地区间的和谐发展。

（六）现行税制对西部地区的发展缺乏合理性

就缩小地区差距、推动西部地区发展而言，现行税制及税收政策还不够公平，主要表现在：执行中未能充分体现公平，偏离了“平等竞争、公平税负”的原则；分税收入减少，西部地区财力被无形削弱；税种设计欠妥，西部地区的针对性和特点没有合理体现；税式支出偏东部，西部地区受益不多。这些显然违背了发展合理性的基本原则，因而非但不足以促进西部地区的快速发展，而且在相当程度上还抑制了西部经济的快速、合理发展。

20 世纪 90 年代中期进行的工商税制和分税制改革对今天

的税制仍然有很大影响。在税制改革以前，相对落后的中西部地区的赋税反而高于较发达的东部地区，东部沿海地区的迅速发展在很大程度上得益于政府优惠的税收政策。税收优惠政策强化了东部地区特别是沿海地区的“积聚效应”，使得沿海地区具有更强的比较优势，加大了东、西部地区的差距。而在分税制改革中，在地方税收增量返还政策上却采取了“一刀切”的做法，即以 1993 年为基数，每年维持1∶0.3的增量返还，税收增量返还的比例没有地区差距。由于东部沿海地区扩张基数的能力远高于中西部地区，中西部各省区财政收入基数低、增长慢，因此实际获得的税收返还量就小，“马太效应”被强化了。此外，经济特区和沿海地区的一些税收优惠政策还保留至今，从而阻碍了现代工业从东部发达地区向西部的渗透与扩散，并延缓了经济扩散过程和弱化了经济扩散效应，这对加快西部开发、支持西部地区发展、缩小地区间差距极为不利。

三、社会发展方面欠合理性之分析

（一）东、西部地区经济社会发展不平衡中的不平等

国家始于 20 世纪 70 年代末的对外开放，为中国的经济增长和社会的整体发展注入了强大活力，由于对外开放从策略上是由东向西、由沿海向内陆层次推进的。尽管这符合国情和区域发展的实际，东部及沿海地区率先发展起来也在情理之中，但由于东部及沿海地区过多地享有这些机遇和条件，加之东、西部地区基础差异很大，随着时间的推移，东、西部地区社会经济发展呈现出极大的不平衡，差距不断扩大，客观上引发了经济社会发展中的不平等、不合理问题①。

① 李天德，熊厚．中国东西部经济发展不平等现象分析［J］．西南民族大学学报：人文社会科学版，2005（3）：183－186.

1. 资金和投入的差异及不平等，实施西部开发战略后投资仍然集中于东部

投资规模是决定经济增长速度的重要因素。东部借助其本已相对优越的投资环境，依靠国家给予东部的投资优惠政策，使东部地区的投资力度和效益远高于西部地区，导致东部地区投资集中，甚至使西部地区的资本外流，全社会固定资产投资东西失衡。以致形成即使在国家实施西部大开发战略后，全社会固定资产投资仍然是向东部沿海地区倾斜的局面。根据统计资料做出东西部地区全社会固定资产比较图表如下①。

表 6－1　东西部地区全社会固定资产比较表

年份	东部地区固定资产投资占全国固定资产投资的比重（%）	西部地区固定资产投资占全国固定资产投资的比重（%）	东部地区固定资产投资与西部地区固定资产投资之比
1999	59.9	15.0	3.98
2002	57.3	16.2	3.53
2003	59.5	15.74	3.78
2005	52.4	20.3	2.58
2006	50.6	20.4	2.48
2007	48.1	21	2.29
2008	46	21.3	2.16

另有数据表明，国有经济单位投资中，东部占 48%，西部仅占 22%，东部所占比重同样是西部的两倍多。港澳台及外商投资，东部更是占绝对优势，占了 84%，而西部仅为 6%。除国有单位、港澳台及外商投资以外的民间投资（包括

① 数据来源：中华人民共和国国家统计官方网站；李万明，等．西部大开发的现状分析及前景展望［J］．新疆农垦经济，2009（6）：22－24.

集体、个人、股份制等投资)，东部占到 60%，而西部仅为 18%。尽管近几年西部占有的全社会固定资产比重逐年有所增加，但相对于东部来说，不仅所占比重偏低而且有些年份甚至有下降。显示出东、西部地区固定资产投资差距总的来说虽然有所缩小，但差距仍然巨大。

这种全社会固定资产投资的失衡，不仅是造成东、西部差距拉大的主要原因之一，而且是竞争条件、发展实力、投资机会和融资能力中欠公平、欠合理问题的诱因，并成为经济社会发展中欠公平、欠合理的主要表现之一。

2. 非国有经济发展差异大

非国有经济比国有经济更能适应市场的变化，具有较强的生命力。在发展非国有经济方面，中国东西部也存在着不均衡下的不平等。

改革开放后，国家在东部设立了多个经济特区和对外开放城市，支持东部地区大力发展乡镇企业及其他非国有经济，将吸收的港澳台资本和外国资本主要集中在东部地区，举办了“三资企业”和“三来一补”企业，使非国有经济比重大幅度上升。以上海、四川这两个在东、西部地区具有代表性的省份进行比较，上海国有、非国有经济工业总产值中的比重分别为 8% 和 92%，四川则分别为 24% 和 76%，四川的非国有经济比上海低 16 个百分点，而且集体所有制经济在东部所占比重也比西部低。

3. 教育差距过大，不平衡中显现不平等

教育是社会经济发展的根本所在，现代经济的发展已不再取决于人口数量而是取决于人口质量。政府对东西部地区教育投资政策的长期不平等，对教育与人力资本投入力度的明显不均衡，不仅是导致西部人力资本匮乏、与东部经济发展差距拉大的主因，亦是教育不平等的诱因。国务院学位办负责人 2008 年 4 月在上海大学举行的首届全国地方大学发展论坛上指出，西部地区教育及人才培养存在“三不合理”：人才使用不合理——未能人尽其才，人才流动不合理——人才外流严重，人才作用不合理——人才利用效率低。

首先，高等学校学生数的地区差异。2008 年东部地区高等学校毕业生人数占全国的 48.03%，西部地区仅占 21.26%。招生数东部地区占全国的 46.20%，而西部地区仅占 21.81%。

表 6－2　2008 年各地区高等学校学生情况表

单位：人

地区	毕业生数	招生数	在校学生数
全国	6 110 000	2 206 072	5 560 900
东部	456 033	1 018 954	2 619 302
西部	201 983	481 418	1 188 016

（根据《中国统计年鉴 2008》计算）

其次，教育经费的地区差异。2008 年东部地区人均教育经费为 452.82 元，西部地区则为 265.18 元，仅为东部地区的 58.63%。从总的教育经费来看，东部将近是西部的两倍，并占到了全国的一半。

（单位：元）

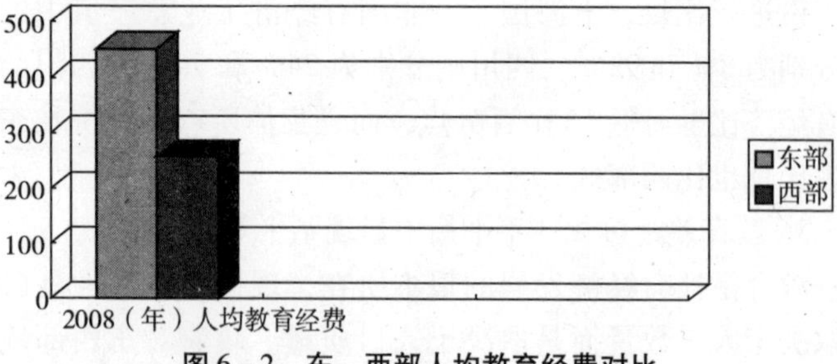

图 6－2　东、西部人均教育经费对比

（根据《中国统计年鉴 2008》计算）

再次，科技人才人事管理的地区差异。东南沿海地区在户籍管理、人员流动、工资政策等方面享有更大的自主权，使西部垫付成本所培养的大量技术、管理人才流向东部，进一步扩大了东西部地区技术含量与人力资本优势上的差距。

最后，学位教育的地区差异。学位教育在区域结构上存在严重不合理。由于经济环境限制，人才呈现出由西部不断向东部输送的态势，来自欠发达地区的学生在完成学业之后也往往不会返回家乡。显现出政策导向、保障机制、结构特性等的不合理。

4. 社会经济发展水平和发育程度差距的扩大态势及不平等

合理的发展要求逐步缩小东、西部差距，富裕西部人民，促进区域经济的协调发展。但是，目前东、西部地区社会经济发展存在较大差距且依然呈现不断扩大的趋势。著名经济学家胡鞍钢在本世纪初召开的“新疆西部大开发战略论坛”上就曾预言，未来10年内东、西部的差距还将近一步扩大。事实正是这样，最近几年东、西部的经济差距仍在进一步扩大。

（1）东、西部地区经济总量的差距大且还在扩大。

1999年东部国内生产总值是西部的4.25倍，2002年是4.45倍，2003年达到4.54倍，2009年则扩大到近5倍。从东、西部地区国内生产总值增长情况和东、西部地区生产总值占国内生产总值的比重来看，也显现出明显差距，详见表6－3、表6－4。

表6－3　东、西部地区国内生产总值增长比较表

年份	东部国内生产总值增长	西部国内生产总值增长
2000	10.5%	7.8%
2001	8.6%	8.3%
2002	11.2%	10.1%
2003	15.9%	13.2%
年均速度	9.17%	8.16%

表6-4　东、西部地区生产总值占国内生产总值的比重

年份	东部地区生产总值占国内生产总值的比重（%）	西部地区生产总值占国内生产总值的比重（%）	东部地区生产总值与西部地区生产总值之比
2005	55.6	16.9	3.29
2006	55.7	17.1	3.26
2007	55.3	17.4	3.18
2008	54.3	17.8	3.05

（2）东、西部地区收入及消费水平差距大且在不断扩大。

表6-5　东、西部地区人均生产总值及城镇居民可支配收入比较表

年份	东部地区人均生产总值与西部地区人均生产总值之比	东部地区城镇居民可支配收入与西部地区城镇居民可支配收入之比
2005	2.55	1.523
2006	2.52	1.539
2007	2.44	1.501
2008	2.33	1.48

从东、西部地区人均生产总值及城镇居民收入水平的比较来看，东、西部地区之间差距依旧很大。章国荣同志主持的国家统计局课题组从经济发展水平、收入水平和产业结构高级化程度三个方面对东、中、西部三大经济区域发展差距现状和变动趋势进行了统计调查。统计和计算结果是，1980年东部地区人均GDP分别相当于中、西部地区的1.53倍和1.8倍，1990年则扩大到1.62倍和1.90倍，分别扩大了5.9%和5.6%。2002年，东、西部地区经济发展水平的差距

进一步扩大，东部地区人均 GDP 已经相当于西部地区的 2.63 倍。与 1990 年相比，分别扩大了 8.4% 和 38.4%。90 年代以后人均 GDP 差距扩大的幅度远远超过了 80 年代。从收入水平差异来看，东部地区人均收入明显高于西部地区。1980 年东部地区城镇居民人均可支配收入相当于西部地区的 1.21 倍，1990 年，上升到 1.38 倍和 1.27 倍；2002 年，进一步上升到 1.43 倍和 1.40 倍，与 1980 年相比分别扩大了 20.2% 和 15.7%。农村居民人均纯收入指标基本呈现同一变动趋势。进入 21 世纪后的统计和测算结果同样表明东、西部存在很大的差距，见表 6 – 5。

从消费水平看差距，全国居民消费水平 2003 年为 4 049 元，西部地区最高值是新疆 3 237 元，西部地区最高值还低于全国平均水平。西部大开发以来，西部地区人民的生活水平有了很大提高，但东部提高的幅度更大。甘肃省的人均 GDP 比全国平均水平低 1/3 左右，仅相当于北京、上海的 1/4 到 1/3。而西部农民的收入与东部相比差距更大①。

（3）国家投资工程地区获益差异大。

近年来，西部大开发的各项工程在一定程度上促进了西部经济发展，但总体来看，以“西气东输”、“西电东送”等为标志的全国性的大工程，旨在解决全国经济社会的可持续发展问题，而非单纯的“西部开发”行为。“西气东输”、“西电东送”工程是将西部的资源和能源输送到中、东部地区，解决中、东部地区的能源不足问题。“退耕还林工程”通过保护长江、黄河中上游的生态环境，减少水土流失，使北京的沙尘暴天气得到缓解，使长江、黄河中下游的自然灾害大大减少。这些工程投资所带动的钢铁、水泥等原材料工业的发展，大多数利益却又流向了东部及中部，实际上西部地区仍只是简单的能源“输、送”，自身尚未建立起相应的能适

① 李万明，等．西部大开发的现状分析及前景展望 [J]．新疆农垦经济，2009 (6)：22 – 24.

应现代化大工程生产需要的加工制造业。从这个角度讲，国家此前对西部大开发的投资在一定程度上更有利于东、中部地区的发展而并非西部。

从经济类指标的对比分析可知，东、西部地区的差距是全面的、明显的、不断扩大的，由此折射出的发展的欠合理性亦更加明显。《西部大开发“十一五”规划》中明确提出，要遏制住东、西部差距扩大的趋势。中国政府决定实施西部大开发的战略本身就是为了缩小区域差距。因此，有效缩小东、西部差距是合理发展的要求，且迫在眉睫。

（二）西部地区民族文化受到的负面影响及破坏

许多传统民族文化对西部的和谐、快速发展是有积极意义的。但是，以经济和商品经济发展为主导的西部发展，客观上对民族文化的保护和发展产生了诸多的负面影响。

西部大开发使西部逐步走向现代化和市场经济一体化。在这一过程中，市场经济的意识和行为对西部传统文化的冲击在日益加大，包括少数民族的教育、语言、文学、艺术、建筑、饮食、卫生、服饰、节庆、婚嫁等等。西部大开发中经济利益固然重要，但如果一味追求经济效益而丢弃了民族传统优秀文化，这种“舍本求末”的思想及做法将会损毁和葬送民族文化资源。

一些民族地区只看到民族文化带来的经济效益而没有重视对民族文化的保护与合理利用。市场的功利性导致人们在促进地区经济发展中严重破坏民族文化资源。具体表现在：第一，歪曲、丑化某些民族文化。特别是在所谓的“婚俗”民族风俗方面表现尤为突出，一些旅游景区打着所谓的“振兴民族经济，弘扬民族文化”，展示“民族婚俗”的名义搞色情服务，使民族风俗和传统文化受到破坏和玷污，民族文化的形象遭到破坏。第二，西部民族文化资源被滥用。由于西部地区大多是经济相对落后地区，而这些地区蕴涵的民族文化资源也相对丰富。但是在经济利益的驱动下，一些县、乡（镇）往往对一些景点和遗址进行低水平的开发，求一时的经济之快，结果造成许多民族文化资源遭到严重破坏。第三，西部民族文化资源流失、消亡。信息时代、网络时代严重冲击着西部民族传统文化。近年来，西部民族传统文化资源流失速度明显加快。其一是由于民族文化商品价值较高，大量民族雕刻品、民族乐器、民族服饰、盛物器具等价值高、保存少的物品被倒卖、收购和流失。其二是少数民间习俗由于缺乏有效保护和被现代文明充斥而不断消失。如广西壮族"三月三"，虽然能传承下来，但节日文化却是相去甚远了，与汉族的清明节已没有什么更多的区别了。

四、生态环境发展方面欠合理性之论证

西部是我国资源最丰富和生态环境最脆弱的地区，生态特征很强。全国55.2%的宜农荒地、75%的草地和56%的林木蓄积量在西部地区。我国有七大生态环境脆弱区，其中有五个分布在西部，占生态环境脆弱区总面积的82%。这些地方往往是干湿交替带、森林边缘带、梯度连接带、沙漠边缘带等两类生态环境过渡带，其保持平衡和抗干扰能力差。

（单位:%）

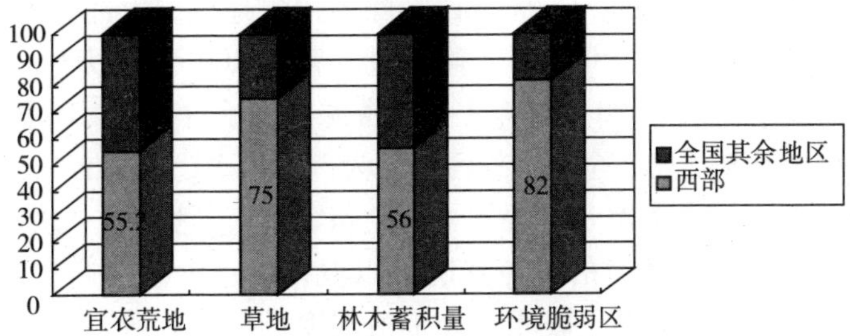

图6-3　西部地区生态特征示意图

生态环境破坏的主要地区一般也是落后和贫困的地区。传统的经济增长模式以牺牲环境资源为代价，单纯追求经济发展目标是形成短期行为与人为加重生态恶化的重要原因。由于一些地方肆意开采矿产资源、盲目开垦耕地以及乡镇企业生产的粗放经营，加之治理“三废”污染措施滞后，环境保护工作松懈，致使日益恶化的环境污染与破坏雪上加霜。西部地区过去不少“土沃泽饶，可渔可耕”的地方而今已变得“苦瘠甲天下”。尽管西部地区这些年一直重视在发展中进行环境保护，不断加大生态环境治理的力度，但整体而言，西部地区生态环境仅是局部有所改善、总体恶化的趋势尚未得到有效控制。中国科学院兰州分院完成的调查表明，目前西部地区生态环境呈现出普遍脆弱、局部改善、短期改善、长期恶化的特征，全国有一半的生态脆弱县和60%左右的贫困县在西部。西部地区土壤侵蚀面积达410万平方公里，占全国土壤总侵蚀面积的83.3%和西部地区国土面积的60.56%。全国水土流失面积为360多万平方公里，其中西部地区占了80%，全国每年新增荒漠化面积为262万平方公里，大都也在西部地区。其中黄土高原水土流失面积45万平方公里，约占其面积的70%，是世界上水土流失最严重的地区之一，也是黄河泥沙的主要来源地。西北五省区和内蒙古是我国土地沙化最为严重的地区，沙化总面积达188万平方公里，占全国沙化面积的71.7%。西部除四川盆地外，大部分地区严重缺水，其中西北地区年降雨量大都在400毫米以下，而年蒸发量高达1 200毫米以上，水资源短缺矛盾突出。环境污染程度不断加剧，全国大气污染最为严重的10大城市中，西部占了4个（依次是乌鲁木齐、兰州、重庆、贵阳）。总之，现在西部生态环境的总体状况可以概括为：生态普遍脆弱，生态保护能力低下；破坏度大于治理度；局部有所改善，整体仍在恶化；浅层次问题得到缓和，深层次问题加剧；治理水平较差，整体可持续发展能力低下。

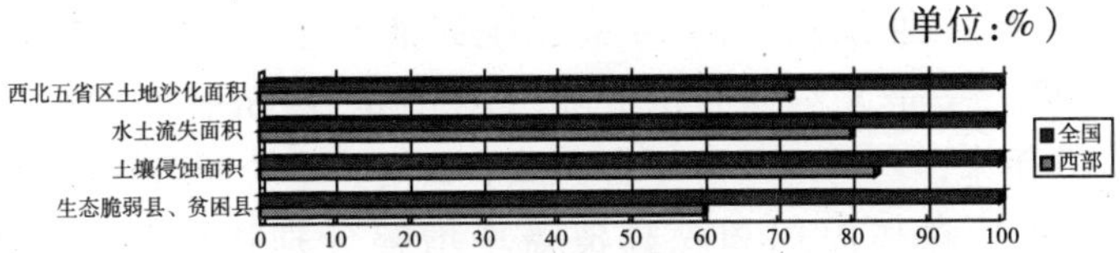

图 6－4　西部一些地区生态情况示意图

这种生态环境现状已阻碍了西部地区潜在优势的发挥和发展合理性程度的提高。伴随着西部地区的开发和发展，西部地区的资源和生态环境也同时受到了前所未有的破坏，因此，西部地区若继续在这样的生态环境条件下采取传统的线型经济模式搞发展，势必进一步加剧对生态的破坏，经济发展也将受到生态环境恶化的极大约束。

（一）森林生态系统失衡状况加重，生物多样性受到严重破坏

首先，西部地区森林植被破坏严重，森林覆盖率大大低于全国平均水平，西北部大部分地区森林覆盖率低下，其中青海森林覆盖率仅为 0.35%、新疆为 0.79%、宁夏为 1.54%、甘肃为 4.33%。除新疆外，西北地区草原退化率也大大高于全国平均水平，其中甘肃草原退化率为 45.17%、陕西为 58.55%、宁夏高达 97.37%。

表 6－6　西部一些省区森林覆盖和草原退化状况

省份	森林覆盖率	草原退化率
青海	0.35%	
新疆	0.79%	
宁夏	1.54%	
甘肃	4.33%	45.17%
陕西		58.55%

（根据调研所获数据测算）

其次，西部地区森林生态系统数量虽有所增长但质量却在下降。一是天然林面积下降，人工林、经济林面积增加。近10年来，西部地区（不含西藏、云南、重庆和新疆生产建设兵团）森林面积和森林覆盖率增幅分别达到8.27%和12.75%，但森林活立木总蓄积量和单位面积活立木蓄积量降幅分别达18.96%和25.14%。经济林面积大幅度增长，增长幅度达62.96%，而天然林、防护林的面积却分别下降了14.49%和51.07%，见表6－7。在西南地区，由于长期毁林开荒，享有“植物王国”之称的云南西双版纳原始森林面积急剧下降，森林生态系统正面临着进一步恶化的趋势，整个地区原始森林已大幅减少。二是林龄结构不合理。西部地区以幼龄林和中龄林分布面积最多，分别占西部林地总面积的33.5%和32.2%。过熟林面积仅占林地总面积的7.9%。近熟林和成熟林占林地总面积的12.9%和13.5%。

表6－7　西部地区森林生态系统概况

森林生态系统	森林面积（增幅）	森林覆盖率（增幅）	森林活立木总蓄积量（降幅）	单位面积活立木蓄积量（降幅）	经济林面积（增幅）	天然林面积（降幅）	防护林面积（降幅）
西部地区	8.27%	12.75%	18.96%	25.14%	62.96%	14.49%	51.07%

（西部地区林业面积分布图）

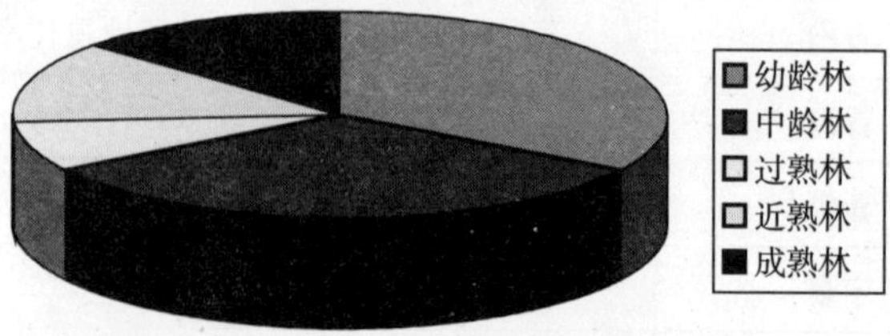

图6－5　西部地区林木生长结构示意图

由于森林生态系统的破坏、森林质量下降，导致生态环境恶化，生物多样性受到破坏，许多生物种群不断减少，甚至濒临灭绝。野生植物的濒危和消亡，多数是伴随森林的破坏，草场的开垦而发生的。大量珍贵药材遭到严重破坏，数量急剧减少。森林生态系统质量的下降造成森林生态系统调节能力减弱，病虫害加剧，森林病虫害面积逐年增加。

（二）草地退化严重

西部草地是我国面积最大的绿色生态屏障。令人忧虑的是我国西部草地面临着牧草资源匮乏、生物多样性减少、杂草入侵、草地生产能力下降、草地退化等严重问题。草原生态环境日益恶化，不仅造成水土流失、江河泥沙淤积、沙尘暴肆虐等严重的生态问题，而且直接影响到牧民的生产、生活和牧区经济社会的全面发展。兰州大学农业生态国家重点实验室，对青海省玛曲县高寒草甸植被做过三年调查，研究表明：（1）草地生产能力下降。平均亩产干草由 20 世纪 60 年代的 300 公斤下降到目前的 100 公斤以下。（2）鼠害严重。每公顷草地上地下鼠的数量由过去的 8 ~ 10 只增加到现在的 30 只以上。（3）毒杂草比例增加。毒杂草在群落中的比例由 1979 年 20% 上升到现在的 40% ~60%。（4）土地裸露增加。土地裸露由过去不到 10% 到现在的 30%。目前，我国 90% 的可利用天然草原不同程度地退化，且每年以 200 万公顷的速度增加。北方和西部牧区草地退化率已达 7 000 多万公顷，约占牧区草地总面积的 30%。西北地区的草地退化率大大高于全国平均水平，宁夏草地退化率高达 97.37%，陕西为 58.55%，甘肃为 45.17%，西藏为 30.36%。

表 6-8 青海省玛曲县高寒草甸植被退化情况

时间 \ 相关问题	草地生产能力（平均亩产）	鼠害（每公顷草地上地下鼠的数量）	毒杂草在群落中比例	土地裸露
过去（20 世纪 60 年代）	300 公斤	8~10 只	20%	10%
现在	100 公斤以下	30 只以上	40%~60%	30%

表 6-9 西北地区的草地退化情况

省份	宁夏	陕西	甘肃	西藏
西北地区的草地退化率	97.37%	58.55%	45.17%	30.36%

（三）水土流失形势依然严峻

水土流失问题在西部地区并没有得到根本性解决。由于草地退化，森林毁坏，水蚀、风蚀频繁，导致水土大量流失。西部地区目前仍是我国水土流失最严重的地区，保守估计的水土流失面积就达 200 万平方公里以上，水土流失率 15% 以上。

水土流失在西部地区主要表现为西北地区的风蚀和西南地区的水蚀以及青藏高原的冻融侵蚀。黄土高原和长江中上游地区的水力侵蚀相当严重，有研究表明，黄土高原水土流失占黄河中上游水土流失面积的 2/3，面积约 45 万平方公里。平均每平方公里每年流失土壤 0.5 万~1 万吨，高的达到 2 万~3万吨。平均每年流失土层 0.5~1.0 厘米，高的甚至达到 2~5 厘米，年流失土壤 16 亿多吨。

表6-10　陕西、青海、四川三省水土流失状况

	流失面积	年流失土壤量
陕西省	占全省国土面积的2/3	9.2亿吨
青海省	占土地面积的46%	近1.2亿吨
四川省	38.3万平方公里	

表6-10反映出有代表性的西部三省水土流失情况，其中陕西省水土流失尤为严重，水土流失面积占全省国土面积的2/3，年均流失土壤达9.2亿吨。四川省水土流失面积由20世纪50年代的9.4万平方公里增加到现在的38.3万平方公里。长江中上游地区水土流失总面积累计超过55万平方公里。

水土流失不仅使本地区失去大量地表有机土壤，导致土地贫瘠，而且因为西部地区地处长江、黄河的中上游，每年输入黄河、长江的泥沙量多达30亿吨，其中1/3的泥沙进入干流，2/3的粗沙、石砾淤积在支流河道和水库中，使黄河、长江河床抬高，极不利于黄河、长江的防洪防汛。

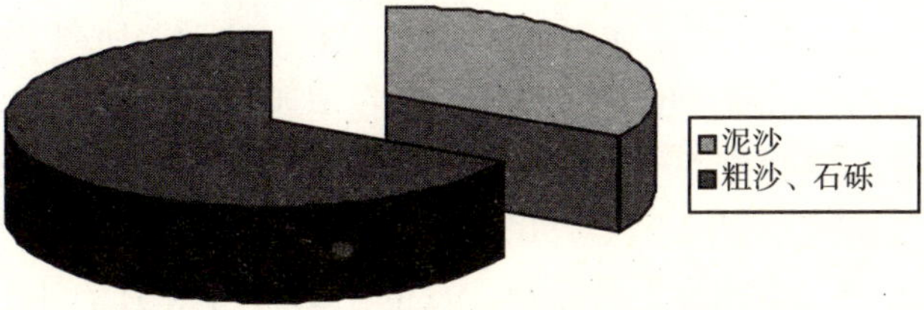

图6-6　西部地区流入干流的泥沙、石砾比重

（四）土地荒漠化严重，沙尘暴加剧

土地荒漠化是土壤侵蚀的另一种形式，是土地退化的结果，也是人类不合理经济活动造成的生态性灾害。全国每年新增荒漠化面积的90%以上在西部。西部地区沙化耕地和沙化草地的面积呈持续增长的趋势，并且面积大、分布广，治理难度大。西北及内蒙古6省区是我国荒漠化最严重的地区，荒漠化总面积达 188 万平方公里，占全国荒漠化面积的 71.7%。新疆、宁夏、内蒙古、甘肃的荒漠化率已达相当高的程度，见表 6－11。西部地区荒漠化扩展速度由 20 世纪 50 年代的 1 560 平方公里/年增至现在的 2 460 平方公里/年，相当于每年损失一个中等县的土地面积。

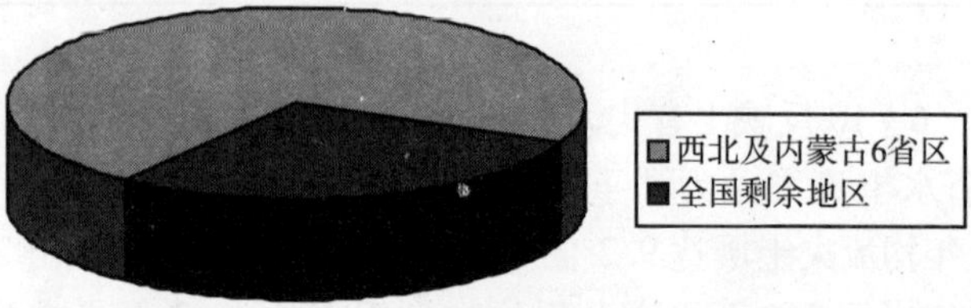

图 6－7　西北及内蒙古 6 省区荒漠化面积占全国荒漠化面积比例

表 6－11　西部地区沙漠化程度较高的省区荒漠化率统计

	新　疆	宁　夏	内蒙古	甘　肃
荒漠化率	86.07%	75.98%	59.27%	50.62%

土地荒漠化加剧使得沙尘暴源区不断扩大，加剧了沙尘暴发生的频率和强度。据统计，在我国西北地区发生沙尘暴的次数，20 世纪 50 年代为 5 次、60 年代为 8 次、70 年代为 13 次、80 年代为 14 次、90 年代为 23 次，21 世纪以来则为 55 次之多，呈明显上升趋势。发生在 2009 年 4 月的沙尘暴，无论是范围和程度都堪称历史之最。

（单位：次）

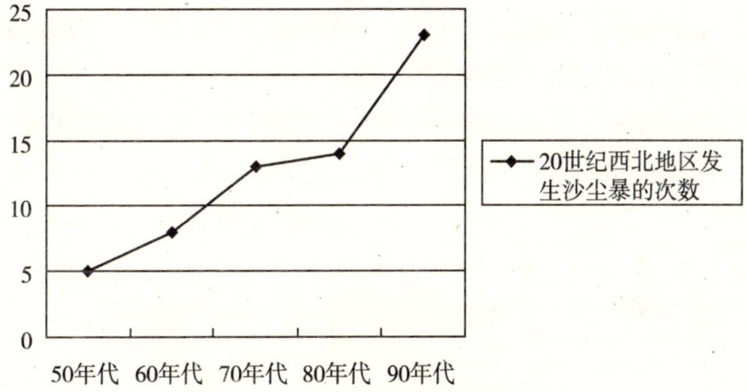

图 6－8　西北地区沙尘暴发生频次

（五）水资源短缺，干旱灾害严重

西部水资源总量为 15 000 亿立方米，占全国总量的 55.66%。但分布不均，南多北少，其中西南占西部总水量的 82%。从总体上看，西部大部分地区水资源短缺。气候干燥少雨、年平均降雨量低的西北地区，水资源供需矛盾尤为突出。加之对水资源的不合理开发利用，出现江河断流、许多湖泊和水库萎缩干涸、冰川和雪线后退等问题。西北最大的淡水湖泊新疆艾比湖，水域面积从 20 世纪 50 年代的 1 200 平方公里缩小到现在的 500 平方公里。位于青藏高原腹地的三江源地区，地域广阔，总面积达 36.29 万平方公里，是长江、黄河、澜沧江的发源地。长江总水量的 25%、黄河总水量的 49%、澜沧江总水量的 15% 都来自该地区。21 世纪以来与 20 世纪 90 年代相比，长江、黄河、澜沧江的年平均流量有了明显减少，见表 6－12。曾有“千湖之县”美称的果洛藏族自治州玛多县，过去有湖泊 4 077 个，而今 90% 以上的湖泊已经干涸，锐减到 300 多个。曲麻莱县全县常年性积雪已经减少了 95%，域内一半的河流断流，没有断流的河流流量减少了 50% 以上。缺水和干旱已成为影响西北地区可持续发展的最突出问题。再以陕西省为例，全省资源总量是 455 亿立方米，人均水资源仅为全国人均水资源的一半，水资源严重短缺。关中地区人均水资源仅为全国平均水平的1/6，为极端缺水地区。陕北地区人均水资源量为全国平均水平的1/3，需要引起注意的是，陕西全省万元生产总值用水量远高于世界平均水平，农业用水重复利用率低，这进一步加剧了全省水资源的短缺。预计到2020年，全省将缺水80亿立方米以上①。

表6－12 西部地区主要河流年平均流量减少情况

流域／地区	减少量
长　江	24%
黄　河	27%
澜沧江	13%
果洛藏族自治州玛多县湖泊	90%
曲麻莱县	50%以上

五、城市发展方面欠合理性之认知

（一）城市数目少、密度低、品质不高

目前，西部地区的城市化水平仅为27.7%，而全国平均城市化水平则为36.2%。西部地区现有各类城市121个，只占全国城市总数的18%，远低于其面积占全国的比重和人口所占比重。目前西部地区人口在50万～100万人口的城市数目为11个，而东部地区相应规模城市数有45个；西部地区100万～200万人口的大城市仅有4个，而东部相应人口规模的城市数为29个。城市化水平严重滞后于经济发展水平和全国平均水平。

① 以上数据来自（1）实地调研。（2）荼洪旺，熊冬良等．中国西部经济发展报告［M］．北京：社会科学文献出版社，2006.

（单位：个）

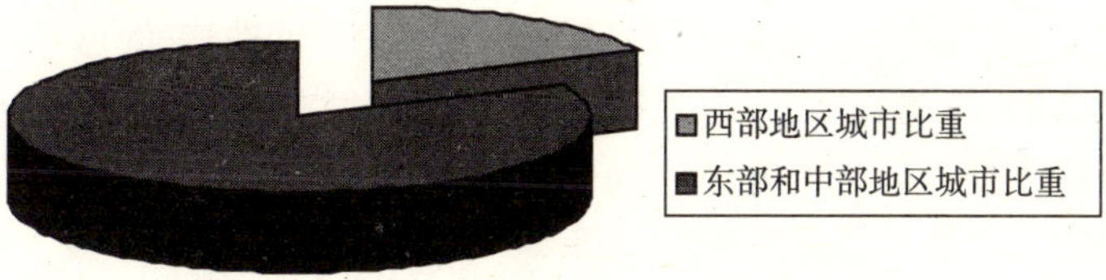

图 6-9　东、西部地区城市比重及规模比较

从城市密度看，西部地区城市密度为 0.22 个/万平方千米，东部地区是 2.31 个/万平方千米，全国平均城市密度 0.70 个/万平方千米，可见西部地区城市密度远低于东部地区和全国平均水平。

（单位：个/万平方千米）

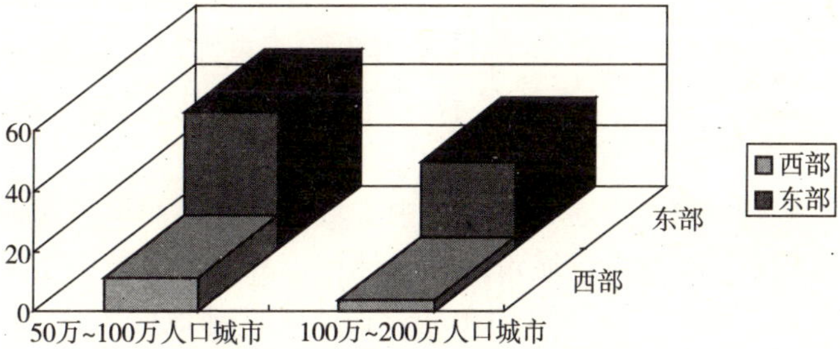

图 6-10　东、西部城市密度比较

从城市质量和作用来看，城市功能尚未发挥到位，以城市计的国内生产总值及财政收入均远低于东部地区。更突出的是，很多城市（特别是西部中心城市）只是停留在点上，与外比实力不够强，与内比却一枝独大，这种不合理的现象制约了城市与外围地区以及各城市之间经济关联度的提高，以至于未能辐射成面，发挥不出应有的辐射效应。如作为关中城市群龙头的中心城市西安市，综合实力远不如东部及沿海地区的北京、上海及广州等城市，甚至还不及发达地区的一些新兴城市，即便比起成都、武汉及郑州，在人口数量、经济总量及经济平均规模等方面也尽显弱势。但与关中城市群内其他城市相比，西安则鹤立鸡群。“城市首位度”[①] 为5.8，明显高于长三角城市群（2.75）和珠三角城市群（3.73）的城市首位度。这实际上是关中城市群城镇体系不健全的表现，它使得城市间的辐射受阻，在一定程度上削弱了城市群聚集作用的发挥。

上述情况说明西部地区城市发展中在数量、密度、层次及档次分布上不够合理，由此决定了西部地区城市化水平及品位较低。[②]

（二）城市规模普遍较小，职能单一

大城市数量较少，人口规模相对较小，城市对区域经济的驱动能力不足。从城市的平均人口规模看，西部地区平均每个城市非农业人口数为17.7万人，而东部地区是26.7万人；从最大城市人口数量看，西部地区重庆市人口最多，345.7万人，而东部地区上海市人口已达1 424万。

从城市职能上看，综合性中心城市较少，而单一功能型城市较多。除省会级城市属综合性城市外，大多数中小城市属专业性城市，发展方向单一，加剧了西部地区的“二元”结构问题，并综合表现为功能机构体系的不合理。

（三）西部地区城市体系很不完整、结构不合理

如上分析，与东部甚至中部地区的城市体系相比较，西部地区的城市体系呈现出“两头大，中间小”的结构，难以发挥其作为地区经济发展的增长极的复合作用。在人口超过50万的大城市中，中心城市辐射作用不强。有课题组对西安、成都、重庆三个超大城市辐射性的定量计算分析，结果是成都的辐射强度为14，西安为8，重庆为5。这说明，在西部地

---

① 城市首位度：标志城市的中心程度。

② 官卫华，姚士谋．西部大开发中城市化发展的几个关键问题［J］．经济地理，2002（5）：579－584.

区成都具备较强的辐射能力，而西安、重庆作为大区级或省级中心城市，其辐射能力和对周围地域的影响较小，总体上说，西部地区中心城市的辐射作用不强①。以上情况反映出西部地区城市的规模等级结构不够合理。

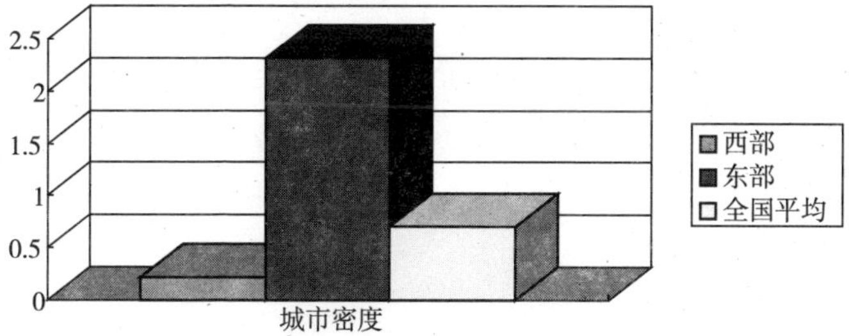

图 6－11　西部地区重点城市的城市辐射能力比较

（四）城市产业结构的合理性和协调性不足

西部地区城市产业结构存在的普遍问题是：第三产业内部结构失衡，大酒店等服务业数量相对过多，金融业、信息业相对不足。城市的发展多以房地产业为主，含有较多泡沫经济成分。第二产业相对陈旧和滞后，缺乏坚实的产业链的支撑，导致城市持续发展后劲不足。此外，城乡间的产业结构不够协调。以西安为例，其与周边城市及乡镇的产业结构不匹配：城区产业结构中重工业较高，与周边乡村地区的产业无法实现有效对接。譬如，陕西重汽在方圆 300 公里内的配套程度还不到 30%，大部分配套项目都在省外，如此等等。影响了关中地区城市工业发展与周边乡村地区工业化之间的相互融合。

① 杨新宇．对我国西部地区城市化问题的思考［J］．咸阳师范学院学报，2003（2）：38－41.

第七章 合理发展的瓶颈

——阻碍西部地区合理发展的主要因素

一、政策和体制存在欠缺

（一）政策体系尚不完善，缺乏刺激西部地区合理发展的政策环境

尽管国家先后出台了一系列支持西部开发和发展的政策，但仍未形成比较完善的政策支持体系。总的来看，目前的西部开发政策，有利于全国经济的可持续发展，有利于东、中、西部经济社会的互动协调，但尚未形成有效刺激西部经济加速发展的政策环境。比如，资源丰富的西部地区经济发展相对缓慢的一个原因是一直受资源税偏低的影响。主要依靠资源性产业支撑当地发展的西部，在资源税长期偏低的情况下，地方政府在资源开发中获得的收益少，对地方财力的支持小，对当地经济的拉动弱。此外，资源税的分配政策也不够合理，目前我国政府虽然加强对资源税的改革力度（包括由过去的“从量征收”改为“从价征收”等），以体现对西部地区发展的扶持，但总体上说我国资源税仍然显得税额较低，从价征收资源税的资源品种较少，其结果是与市场的“距离”仍然较远，大部分收益被资源开采商赚走，留给地方政府的不多。以至一些地方尽管资源枯竭但发展不大，素有“锡都”之称的云南个旧就是一个典型的例子，这座有很长开采历史的资

源型城市尽管锡矿已近枯竭，却未见城市应有的繁华和富足。对此，中国社科院西部发展研究中心副主任陈耀指出：“这是一个大问题。”总体看，国家对西部的开发远不及当初开发东南沿海及经济特区时的政策力度大，甚至还不如国家“振兴东北等老工业基地”和“中部崛起”政策的针对性强、倾斜大、含“金”量高。

（二）西部投资环境支持体系存在缺陷，影响了投资环境的改善

西部地区投资环境支持体系亟待完善。投资环境依旧是西部招商引资的最大障碍。西部不少地区存在重视对资金的引入，相对忽视资金的选择、使用和投入产出效率；重视对投资者的吸引，相对忽视对投资者进入后的环境改善和对所投资地区周边人民经济发展和稳定；重视政策、法规的制定，相对忽视政策的执行。

（三）农村政策上不合理的“一刀切”

国家在西部地区农村政策上亦存在不尽合理之处，即不顾或少顾我国农民收入水平明显的阶段性和地区性差异，在解决农民收入的问题上常搞“一刀切”，不利于保护当地农民的生产积极性，也有碍社会公平程度的提升。

（四）合理发展的保护政策的缺失

由于缺乏合理承接发达地区产业转移的相关指导政策和保护措施，致使西部地区工业化过程中出现了一些盲从和盲目发展的问题，在西部地区急于引进资金和技术谋求发展的迫切心理驱使下，一些即将淘汰的老旧技术甚至“三高”污染型生产技术和工艺也杂混着进入西部地区，无形中加重了西部地区节约资源和保护环境的负担。

二、西部地区贫困问题仍未得到根本解决

尽管2010年基本解决了西部地区贫困人口温饱和低收入人口稳定增收问题，中央和西部地方政府这些年也一直在采取不同的政策措施，以便缩小地区之间的差距，但现实与规划之间差距很大。国务院西部开发办新闻发言人在2007年11月的新闻发布会上称，中国还没有彻底解决欠发达地区的温饱问题和低收入问题，而上述两大问题主要集中在西部地区。据有关数据测算，目前西部地区温饱及低收入人口数量占到全国同类人口的58.3%。

（一）相对贫困化在西部地区普遍存在

西部地区的贫困化主要是相对贫困化。西部地区的相对贫困化的一个基本特征是多重相对贫困并存，表现为东、西部之间的经济落差和贫富差距，西部省区中心城市与边远的贫困地区之间的经济落差及贫富差距，以及城市（乡村）高收益行业及群体与贫困人口之间的贫富差距等的同时存在。

（二）绝对贫困化在西部地区依然存在

西部诸省区仍然存在着为数不少的城市及乡村绝对贫困人口，除城市的贫困者外，大多数贫困者生活在生态环境恶化的贫困山区、沙漠、石漠地区，以及边疆少数民族地区，农村绝对贫困化很突出。即便在被人们视为“粮仓”的地处平原地区的传统农业产区，由于农业内部产业结构落后，市场信息不灵，仍然存在农民有粮无钱，就医不易、孩子上学困难等现实问题。加之受教育产业化的影响，使得西部农村地区的人们难以承受成倍增长的对子女教育供养的费用，许多城市低收入者也不堪重负，引发颇长的贫困周期。

西部地区突出的“三农”问题和城市数量颇大的低收入

群体的存在，仍是西部地区摆脱贫困的主要障碍和制约西部地区快速合理发展的瓶颈。

三、西部地区开发及发展进程中的环境瓶颈

发达国家上百年工业化过程中分阶段出现的环境问题，在我国最近20多年内集中出现，且在西部地区表现得尤为明显。西部地区工业结构不够合理，能源、原材料工业及粗加工工业比重过大，其中大多数传统企业技术落后、设备陈旧，粗放式资源开采与产品加工方式造成大量的资源耗费和环境污染。资料表明，西部地区万元产值排放的污染物要比东部地区高出1～5倍。表7－1反映了2005—2008年西部地区GDP和工业增加值分别占全国GDP和工业增加值的比重，及其排放的工业废气、二氧化硫所占比重。可见西部地区GDP和工业增加值分别占全国GDP和工业增加值的比重并不高，但排放的工业废气、二氧化硫所占的比重却不低。

表7－1　西部地区GDP、工业增加值、工业废气及二氧化硫排放在全国所占比重

年份	西部地区GDP占全国GDP的比重	西部地区工业增加值占全国工业增加值的比重	西部地区工业废气排放量占全国工业废气排放量的比重	西部地区二氧化硫排放量占全国二氧化硫排放量的比重
2005	16.9%	13.9%	22.1%	33.5%
2006	17.1%	14.6%	25.2%	35.2%
2007	17.4%	15.2%	26.9%	35.1%
2008	17.8%	16.1%	33.8%	35.5%

有关部门统计，全国有一半以上的生态脆弱县在西部地区，西部由此成为我国生态环境最脆弱的地区，西部地区每

年因生态环境破坏造成的直接经济损失多达1 500亿元左右，占了西部地区同期国内生产总值的13%。西部地区普遍表现出的生产中的高投入、高消耗、高污染和低附加值的特征，同建设资源节约型社会和环境友好型社会的要求格格不入，成为西部地区合理发展的瓶颈。只有改变目前的生产与经济发展模式，才能由“三高”的传统经济发展模式转向“三低一高”的资源节约型和环境友好型发展模式，逐渐让生态、绿色及低碳工业成为当地经济发展、建设资源节约型和环境友好型社会的最佳载体。

四、西部地区科教事业发展及人力资源开发的短板

（一）科技及教育总体水平与东部差距在不合理地扩大

据科技部《地方科技进步监测评价报告》，分析2000—2007年西部12省区人力资源状况、科研物质条件和人们的科技意识情况及其加权平均数在全国的排位变化后发现，西部地区“科技进步基础”综合排序下降的有5个：甘肃由26位下降至28位、内蒙由20位下降至22位、新疆由9位下降至18位、宁夏由22位下降至27位、青海由28位下降至29位。西部地区与发达地区之间“科技进步基础”整体水平的差距在不断拉大。

1. 科技成果和科技进步速度的东、西差距仍在扩大

西部专利申请受理总量在全国的比重由2003年的9.68%下降到2007年的7.24%，专利授权量总量在全国的比重由7.85%下降到5.45%。

2. 西部地区高新技术产业各项经济指标增长缓慢，多项指标下降，东、西部差距加大

2008年西部高新区的总产值占全国高新区总量的

6.82%，比2003年减少了1.32个百分点，而东部地区则增长了3.55个百分点，增长速度东部比西部高出了40.14个百分点；同期营业收入、工业总产值、工业增加值、净利润、上缴税费、出口创汇等分别占全国的12.29%、12.43%、14.75%、12.47%、12.55%、4.51%，其中净利润和出口创汇指标在全国的比重有所下降。表7－2中更为详细地反映了这些情况。

表7－2　西部地区高新技术产业各项经济指标增长情况

指　标	2007年（亿元）	2008年（亿元）	年增长率（%）
营业总收入	54 925.2	65 985.7	20.0
其中：西部	7 226.3	9 413.2	30.3
其中：东北	6 093.6	7 625.8	25.1
工业总产值	44 376.9	52 684.7	19.0
其中：西部	5 924.1	7 734.5	30.6
其中：东北	5 521.5	6 849.0	24.0
工业增加值	10 715.4	12 507.0	17.0
其中：西部	1 730.5	2 202.2	27.3
其中：东北	1 427.5	1 609.6	12.8
净利润	3 159.3	3304.2	4.6
其中：西部	417.7	466.9	11.8
其中：东北	323.5	389	20.2
上缴税费	2 614.1	3 198.7	22.0
其中：西部	404.0	507.7	25.7
其中：东北	306.9	428.1	39.5
出口创汇	1 728.1	2 015.2	17.0
其中：西部	86.9	123.4	42.0
其中：东北	64.7	72.2	11.6

3. 东、西部地区教育毛入学率存在巨大差距

上海、北京已经开始进入高等教育普及化阶段，江苏为37%、浙江为38%、广东则接近40%，而西部还在15%左右徘徊，如2009年的云南也仅为17%；2007年西部地区小学毕业生升学率96.5%，低于全国98.3%的水平；西部地区农村初中平均辍学率大于30%，大大高出全国的平均水平。显示出西部教育资源依然薄弱，教育发展速度仍然很低①。

（二）投入不足，缺少政府强有力的资金扶持

虽然西部地区近几年科技教育投资增长幅度明显，但相对于东部地区，相对于本身科技教育发展的要求，总量差距仍然很大。

2000年中央财政科技拨款575.62亿元，占国家财政总支出的3.6%，2003年975.54亿元，占国家财政总支出的4.0%，增幅为69.48%；2000年西部地区地方财政科技拨款38.11亿元，2003年55.7亿元，增幅46.16%，低于全国增幅。2000年西部地区地方财政科技拨款在全国的比重为6.62%，2003年为5.71%，比重有所降低。2003年全国2 861个县（市）的财政科技拨款为100亿元，其中东部地区县（市）财政科技拨款达71亿元，中部地区为16亿元，西部地区仅12亿元，东西差距为6倍。同期县级GDP东西差距为3.7倍。这表明科技投入差距大于经济发展水平差距。2007年在教育经费分配方面，东部、中部、西部分别占总经费的55%、28.5%、16.5%，彼此偏差很大。而东、西部地区主要省区省级财政教育拨款的财政百分比也呈现出较大的差别。

---

① 傅岳瑛，高全成．中国西部经济发展报告［M］．北京：社会科学文献出版社，2007.

表 7－3　2007 年省级财政教育拨款的财政百分比

单位：百分比

东部	省份	河北	天津	北京	山东	江苏	上海	浙江	福建	广东	辽宁	海南
	比例	12.94	9.790	13.13	17.63	24.15	15.43	17.00	11.02	11.46	10.06	10.61
西部	省份	陕西	甘肃	青海	宁夏	新疆	四川	重庆	云南	贵州	西藏	
	比例	8.27	6.00	7.18	8.68	6.20	7.69	8.35	8.65	7.42	4.87	

资料来源：《中国教育经费统计年鉴》

西部地区在中、高等教育上同样存在投入力度不大的问题。由于没有强大的财力支撑和大量投入，西部地区中、高等教育机构数量少、规模小、效益低。中学“人满为患”，西部地区许多地方的学校（特别是城市重点中学）大班现象日趋严重，六七十人挤在一个班已很平常，多的甚至超过百人。目前西部有相当一部分困难家庭的子女上不起小学，更上不起初中。高校办学资源匮乏，如新疆全省人口有 1 925 万，普通高校却不足 20 所，学校缺少高水平师资力量，优质生源不足，直接影响了教学质量。一些学校本科生英语四、六级通过率不足 20%。博士点在全疆不足 10 个，硕士点只有 158 个，远远不能满足新疆经济社会发展对高层次人才的需求。这些现象加重了人们在教育资源享有上的不公平问题。

（三）西部地区科研成果转化率低

“重科研轻转化，重文献轻市场”的倾向在西部地区依然明显。科研资金投入少，自主创新能力弱，科研成果成熟度低，这些都严重影响了科研成果转化率和转化效果的提高。目前，西部地区科研成果转化为生产及产品并取得规模效益的比例只有 10% 左右，远远低于发达地区 40% ~ 60% 的水平。此外，西部地区不仅科研成果少、转化率低，而且其中相当一部分成果反而转移到了发达地区①。

（四）人才培育、配置的机制不合理

西部地区在教育和人才资源开发利用上，尚未形成有效的育人、用人和留人的环境与机制。首先，各部门、行业高等教育和职业技能教育自成体系，封闭循环，缺乏开放的、充满竞争活力的和面向市场的人才培养机制，导致经济发展急需的人才缺乏，而大批从各级各类学校毕业的人才却不能适应市场需要。其次，人才市场机制不完善，人才管理、使用的竞争激励机制不成熟。这直接影响了人才的积极性和创造性的发挥，导致人力资源开发效率较低。再次，西部地区人才市场发育迟缓，市场化配置人才的功能未充分发挥，造成人才流动不畅，“单位、部门所有”的现象较为严重，“学非所用，用非所学”问题较为突出。

（五）人力资源开发的观念陈旧，人才流失严重

西部地区一方面人才缺乏，另一方面人才流失却又严重。从人力资源方面看，西部大开发以来，国家出台了一系列有利于吸引和保护人才的政策，但“孔雀东南飞”的现象仍普遍发生。这与人才资源开发与管理观念和做法滞后有直接关系，如一些部门和单位忽视人力资源是第一资源，将人力资源开发等同于传统和普通的人事管理工作，忽视了对人才的内在激励，把学历等同于能力，把文凭等同于水平，以至于没有把人力资源开发摆在应有的高度，人力资源开发尚未形成整体合力。

西部地区“人才留不住，外地人才引不来，送出深造的也半路‘改嫁’”的现象依然突出。在过去十年，兰州大学流失的高水平人才，完全可以再办一所同样水平的大学。兰州

① 傅岳瑛，高全成．中国西部经济发展报告［M］．北京：社会科学文献出版社，2007.

大学的情况可谓是西部地区人才流失的一个缩影。我国西部地区人才总量不足，每万人中人才数量才 323 人，低于全国 487 人的平均数。人才队伍整体素质亟待提高，西部地区国企、事业单位专业技术人才中，具有大专以上学历的仅占 40%，而且主要集中在省会城市和少数专业，而基层、生产第一线、少数民族地区人才严重缺乏，工程技术、科研、经济管理、高新技术人才十分短缺。自 20 世纪 80 年代以来，西部人才流出量是流入量的两倍以上，特别是中青年骨干人才大量外流。近几年仅西北地区调往沿海及内地的科技人员就超过 3.5 万人，并多为中高级专业人才。新疆近年来调往内地的专业技术人员高达 2 万多人，青海省 20 年来调走或者自动离开青海的科技人员估计在 5 万人以上。陕西省前几年毕业的 8 000 多名硕士学位以上的研究生，有 70% 择业到了东部。甘肃省每年在外地高校就读的非师范类毕业生的回归率只有 40%。教育部高校学生司的一项调查显示，66.67% 的毕业生选择在经济发达的沿海开放城市就业，仅有 6.37% 和 2.59% 的人选择内地省会城市和中小城市。

（六）中等职业和中等专业教育发展不平衡

中等专业和职业技术教育在相当长时期内还应该是我国（尤其是比较落后的西部地区）主要的发展方向，并且已显得重要和紧迫。但现实情况是，西部地区由于基础教育水平低、家庭贫困、高中教育资源供给有限等诸多原因，通过“中考”能够进入高中的学生不到应考考生的一半。与此同时，职业中学、中等专业学校专任教师流失严重，师生比例不合理，学校教学和质量压力陡增。有数据表明，西部地区 2008 年中等专业学校专任教师数比 2000 年减少 3.87 万人，减幅为 33.26%。高于全国平均水平 12.87 个百分点。根据西部地区经济社会发展的实际，西部的中等职业和中等专业教育，无论学生人数还是教师数量，都不应当减少，反之应当增加。

五、西部地区的开放程度和实效依然不尽如人意

开放程度和开放效果标志着一个地区的经济活力和发展程度，决定着一个地区的科技开发、市场开拓、人才物质及信息流动、区域创新能力等的规模和品质，影响着吸引外来资金的数量和质量。有关测算表明，西部地区目前的开放程度及开放效益不足东部地区的10%，差距非常明显。

西部地区大多处于内陆，在地理环境上远不及东南沿海有利于对外开放。西部地区的产业同东中部及境外的资本对接较为困难，流向西部地区的资金非常有限，用于支持西部产业（尤其是高附加值产业）发展的资金更少。《西部大开发“十一五”规划》显示，西部地区实际利用外商直接投资比重仅占全国的3%左右。可见，中国西部引资相对乏力已成制约其发展的短板之一。相反，一些在西部地区发家的大中型企业（如西安大唐电信等），甚至纷纷将企业主体迁往北京等地。这表明，西部地区吸引外来资金的能力还很低下，留住外来资金的能力就更低，长此以往，将减缓西部开发和发展的步伐及势头，持续拉大地区间的发展差距。

六、西部地区承接产业转移的能力弱、选择性差

区域发展的梯度差异，奠定了产业转移的客观基础，但产业转移的发生却是转出区“推力”与转入区“拉力”双重作用的结果。西部地区吸收东部产业扩散的程度较弱是不争的事实。西部大开发战略实施以来，虽然有了不少的西部投资优惠政策，但成效并不明显。据调查及推算，浙江省企业今后五年内对省外投资（包括对海外投资）的规模将在300亿~500亿元之间，年均100亿元左右，这个数目仅相当于该省2008年GDP的0.4%。而“浙商”还是迄今为止“西进东

资”的主要行动力量。这表明，西部地区对外部资本的吸引力很低，区域内部和外部还存在诸多制约资本西进和产业合理西移的障碍。

（一）西部地区吸收东部地区及海外产业扩散的“场力”不强

根据弗农的梯度推移理论进行分析，在不同发展水平的区域之间，产业推移源于产业扩散地区的扩散动力和被扩散地区的引力场，引力场包括技术场、资金场、区位场、市场场、劳动力场和资源场。其中，技术场、资金场、区位场、市场场是强引力场，而劳动力场、资源场则相对是弱引力场。有理论表明，被扩散地区吸收扩散地区产业扩散的程度取决于两方面因素：一方面是扩散地区边际规模收益变动的趋势，另一方面是被扩散地区的引力场结构和强度。由于东部地区经济发展仍处于边际规模收益递增期，产业表现出强劲的回流效应，在一些时期和领域甚至强于扩散效应，加之西部地区引力场呈现出弱势和劣势，决定了西部地区吸收东部地区及海外产业扩散的能力和程度较弱。

（二）西部地区工业配套能力不强

由于西部地区工业基础总体薄弱，产业集群发展有限，产业链环缺损、断裂严重，因此工业配套能力要远弱于东部甚至中部地区。据商务部和中国社会科学院联合课题组的问卷调查，西部地区的本地配套率小于25%的占到了45.8%，致使许多西进企业在当地找不到合适的配套企业，难以获得符合要求的产品、原料和服务。改革开放以来，东部地区经过30多年高速发展，在珠江三角洲、长江三角洲和环渤海周边区已经形成中国最大的几个产业集群和城市集群。几大经济区占有中国加工制造业的半壁江山，拥有中国最大市场占有率的工业制造产业、高端工业技术产业和新兴服务业；其经济聚集度高，产业关联性强，新的经济增长点层出不穷。

相对而言，西部地区尽管有成都、重庆、西安等经济中心城市，但从整体上看，无论经济聚集度、产业关联度、工业配套程度，西部地区都远不如东部地区。

（三）区位和层级优势不明显

西部地区普遍远离发达地区产业转出的“辐射”区域。发达地区“辐射”的强度会随空间距离的递远而逐渐减弱，因此产业转移通常更容易在地理位置相邻或相近的区域之间发生。西部地区经济由于多属于资源开发型、基础产业型、生态效益型，从经济发展的聚集效应看，这使西部经济处于边缘化或半边缘化状态。由于西部地区远离“珠三角”、“长三角”等产业转出区域，在承接产业转移的区域竞争中很难与东部发达地区及中部地区抗衡。加之西部地区远离出海港口和东部市场，基础设施条件差，投资西部的运输成本、基础设施建设成本、信息搜寻成本等远高于投资东部地区，无形中又加剧了西部地区经济边缘化的程度。另外，东部劳动密集型企业不少是出口导向型，产品的海外市场主要集中于欧、美、日等大西洋和太平洋沿岸地区，并不适合转移到远离中心市场的西部地区。

（四）西部地区市场化程度普遍低，因而交易成本普遍高

西部地区的市场化程度是中国各区域中最低的，市场制度是生产要素合理流动的基本保障，低市场化程度必然导致高交易成本，增加了产业转移的阻力。从宏观看，由于改革相对滞后、体制惯性大，西部地区经济运行和管理带有更多旧体制的弊端，如行政干预过多、机构设置重叠、部门职能分工不明确、相互推诿扯皮等。这将迫使外来企业不得不承受因为缺乏应有的经济自由，以及因政府部门办事环节多、节奏慢、效率低而带来的种种不便和损失。从微观看，西部地区国有经济比重大大高于其他地区，且国有企业的各种制度性缺陷（如机制僵化、经营低效、包袱沉重等）明显，通

常都难以成为资本西进和产业转移的合作对象。毕竟外部资本无论是以兼并收购、特许经营、承包租赁的方式，还是以贴牌生产、合同制造、业务转包的方式与西部企业开展合作，都要求西部企业（其主体是国有企业）具有足够高的素质和效率①。

（五）西部地区主动承接和选择产业转移的能力差

在上述诸多瓶颈问题制约下，西部地区普遍面临产业发展中“承接”和“选择”的两难困境，在此情形中和市场作用下，许多地方对“设法引入资金”压倒了“对转入产业合理选择”，承接产业的量的扩张重于承接产业的质的提升，对承接产业带来的经济效益的强调大于对承接产业所造成的资源及环境破坏的重视。

七、西部地区持续发展的内生增长因素远未形成

经济落后地区实现经济初始发展常常离不开某种外部力量的推动。著名经济学家罗森斯坦·罗丹认为，为了克服不发达地区经济的长期停滞状态，在初期就要有足够大的投资量，以推动这类地区走上发展的道路。实施西部大开发战略，政府作为第一推动力作用十分重要。然而，市场经济的实践表明，实现经济持续增长的动力只能更多地来自经济运行系统内部生成的动力。根据保罗·罗默开创的内生经济增长理论，影响经济发展的因素分为内生增长因素和外生增长因素。内生增长因素是指经济运行系统本身所决定的对系统经济增长起促进作用的因素。相对而言，外生增长因素是指由经济运行系统本身无法决定而由系统外条件所决定的对系统经济增长起促进作用的因素。对西部发展来说，政府财政转移支

---

① 谢丽霜．产业梯度转移滞缓原因及西部对策研究［J］．中央民族大学学报，2005（5）：36－39.

付以及倾斜西部的投资政策是外生增长因素，而西部地区吸收东部地区产业扩散的引力场，民间和外商投资西部的行为动机等则是内生增长因素。目前，影响西部发展的主要因素仍然是外生增长因素，其内生增长因素远未形成①。

西部经济发展的“外部性问题”很大程度上是由西部地区发展缺少内生增长因素导致的。国家投资西部的项目迄今还是多半属于社会公益型项目。为支持西部大开发，国家已直接或间接投资数百万亿元建设资金，除了投资回报率较高的油气、电力等大型经营项目外，许多投资用于交通、通信、城市等基础设施建设，天然林保护、三江源水土治理、退耕还林还草等生态治理工程以及科学、教育、卫生事业。这些建设项目显著改善了西部地区的生态环境和投资环境，但由于这些产业、工程、项目主要具有公共产品的特性，社会效益虽好，但却难以在短期内获得直接而显著的经济效益，也难以形成新的经济增长点。由于西部大开发10多年来国家始终和依然是西部建设投资的主体力量，目前国有经济投资仍占西部新增固定资产投资的3/4，一些省份甚至更高，这在相当程度上抑制了民间和外商投资主导的内生增长机制的快速形成。根据佩鲁的“大推力”理论，落后地区经济发展的初始阶段需要借助国家的力量，以求迅速达到经济自动增长的临界状态，随后的可持续增长和发展则更多地要依靠“内生机制和力量”。改革开放初期，我国实施沿海优先发展战略，带动了大规模民间和外商投资。全国第一个经济开发区——深圳蛇湾工业区——的第一笔开发建设资金是国家投资，而今天，深圳已吸引了数千亿美元外商投资、数万亿元民间投资，其内生增长因素已成为支撑和推动发展的主导因素，深圳已成为外商投资为主、出口导向型的现代化工业城市。相比之下，国家实施西部大开发战略已长期投入了巨额建设资

① 刘德华．西部大开发新问题及形成因素分析［J］．内蒙古民族大学学报：社会科学版，2005（3）：59－64.

金，但民间和外商投资主导的内生增长机制却迟迟未见形成。

此外，西部投资预期收益偏低并大大低于投资东部，致使民间和外商对投资西部持谨慎观望的态度，甚至西部一些资金也会向东部流失。根据经济学中的投资乘数原理，如果东、西部增加相同单位的投资，东部地区国民收入的增加量将会远远大于西部，即东部地区的投资净回报率明显高于西部。据学者张曙光估算，东、西部投资的净回报率平均相差4~5倍。这样，在市场机制的作用下，相当多的外资和东部资金不可能向西部倾斜，再加上西部自身融资能力差，资本市场偏小，导致本地区大量的民间资本投资于东部。此外，要素禀赋性原因、结构性原因、体制性原因等都是资金流入的障碍。其中，体制障碍的表现之一又是国有经济垄断着西部地区的自生性垄断行业和大部分支柱产业，而这些行业多为高收益行业。国有经济垄断高收益行业对民间和外商投资势必产生“排挤和挤出效应”，这就出现国家虽新增大量投资但却未能带动民间和外商的更大量投资的现象，也就未能实现西部发展从外生增长因素为主向内生增长因素为主的转变，从而使西部大开发缺乏持久发展的动力和自我发展的能力。

八、城市发展相对滞缓成为合理发展的“梗阻”

（一）老工业化城市对合理发展的限制和束缚

影响和制约西部地区城市合理、快速发展的一个现实问题是，西部地区有不少城市是在老工业基地基础上发展起来的，如关中城市群中的西安、咸阳、宝鸡、银川，贵州的遵义，云南的个旧、东川，等等。老工业基地问题极大地限制了城市自身的健康发展，影响了城市功能的发挥和竞争力的提高。

（二）城市规划缺乏合理性，城市发展缺少协调性

西部地区城市地域分布极不平衡。纵观西部地区城市分布，可以看出城市主要集中分布于自然条件和经济基础好的关中平原、四川盆地、银川平原、河西走廊和绿洲，这些地区已初步形成城市密集区，而其他地区自然条件较差，城市数目较少，分布明显不均衡、不合理。目前西部地区的城市总量是170个，城市密度是1∶4.05万平方公里，大约是全国平均城市密度的1/3。在西部地区的城市总量中，大中城市比例更小。从省区分布看，四川省城市数目最多，其次是新疆，而西藏城市数目最少，仅有2个，而且人口不足50万；从大区分布看，西南地区面积相对较小，但城市数目较多，有65个，而面积相对较大的西北地区城市数目较少，仅有54个，而且超大城市仅有西安1个，其余多为中小城市。大中城市严重缺乏；从政府层面来看，一些地方在城市规划上还存在先建设、后规划，或边建设边规划的思想，缺少长远和通盘考虑，导致城市规划及建设不尽合理，影响到城市的科学发展；从新旧城区协调发展程度上看，西部地区的城市普遍存在着老城区改造和新城区建设的双重任务。老城区因受多种因素的影响，其规划根本不能适应城市发展的需要，必须加快改造。但改造老城往往受到集团小利益、规划思路、民族因素等的影响，与新城区建设很难配套。在新区建设上，有些项目的生命周期设计得太短，未能与城市远景发展规划相配套，往往三五年就需要重新改造。此外，在城市内部的基础建设方面，也常会受到建设单位小利益的影响。一些项目只考虑眼前能否引来外资，在项目本身的可行性、施工条件等方面考虑不足。还有些项目因缺乏统筹规划，各利益集团发生冲突，导致一年期的工程一拖就是好多年，影响了城市的建设和快速发展。

西部地区城市内部和城市之间的发展不协调，缺乏足够

的分工、协作及相互促进。譬如西部一些地区的城市建设，从自身出发考虑的多，从总体出发考虑的少。省内大中城市尤其是省际大城市的发展很不好协调。在交通建设和规划、通信设施、水利设施等方面常缺乏应有的配合，从而制约了城市之间经济、文化、信息的交流与合作，进而影响到城市及城市间的协调、和谐发展。

（三）城市基础设施建设普遍薄弱

城镇建设是城市化的核心内容，城市基础设施建设的水平决定了城市功能的发挥程度和城市发展的后劲。在城市基础设施建设方面，西部地区城市建设（尤其是中小城市基础设施建设）普遍存在投入不足的问题，城镇建设的规模和水平、数量和质量常滞后于经济发展。一方面，大城市的市政建设资金缺口大，一般情况下只能满足于修修补补、小打小闹，难出大手笔。另一方面，由于政府对中小城镇发展缺乏有效调控，而中小城镇又普遍缺乏经济支撑点，导致中小城镇基础建设资金匮乏，基础设施难以到位，发展显得无序且缓慢，不少地方正像人们所说的那样，“过了一村又一村，村村像城镇。过了一镇又一镇，镇镇像农村”。

（四）西部地区城镇化发展速度落后于工业化的发展速度，导致西部地区城乡差距扩大

由于实施西部大开发战略和推进新型工业化战略，西部地区的工业化进程有明显加快的趋势。但并没有由此带来城镇化的提速。根据国家统计局网站统计公告的数据可以了解到，西部 12 个省（区、市）平均城镇化率低于全国平均水平，且西部地区城镇化的速度远低于工业增长的速度。这一结果加重了西部地区二元结构的特征，加大了西部地区的城乡差距。表现为城乡居民收入差距扩大、农民增收难，城乡产业发展差距扩大、农民增效难，城乡规划建设差距扩大、农村建设难，城乡劳动就业差距扩大、农民就业难，城乡公

共产品的提供差距扩大、"三农"接受服务难①。

九、西部地区发展资金短缺

发展经济学的一条基本理论是：经济落后地区要推进经济发展，就要创造自己的发展环境，要通过投资并建成项目，提高地方的实际经济增长能力。西部地区因为国家计划经济时期的"三线"建设，留下了一批大型国有企业，对这些企业改制，本应带活当地经济的主要动力之一，但因为改革不够深入，致使这部分国有经济未能充分焕发出预期的生机与活力，而西部地区民营经济的发展又大为不足、资本市场相对匮乏，在这种情况下，最直接的影响便是西部地区缺乏持久有力的资金支持，因此也就难以摆脱其对国家资金投入的过度依赖。与此相关，制约西部地区合理发展的薄弱环节是水利、能源、通信等基础设施落后，正如专家陈耀所说，"西部地区基础设施建设欠缺这一瓶颈并没有根本解决"，而基础设施落后的根本原因是基础设施建设资金短缺。西部地区资金短缺成为影响西部地区合理快速发展的突出问题。

西部地区建设及发展资金的来源及渠道主要有国家预算内资金、国内贷款、外资进入、自筹资金和其他资金。国家投资、国内贷款和自筹资金一直是主要的资金来源。2002 年，国家预算内资金、国内贷款和自筹资金占总资金的 49.14%，利用外资只占 18.9%。2003 年，国家预算内资金、国内贷款和自筹资金所占比重为 50.84%，而利用外资则降低为 6.99%。到 2009 年，国家预算内资金、国内贷款和自筹资金所占比重上升为 85.84%，而利用外资仅占 1.21%②。如前所

① 朱红．西部地区必须在新型工业化进程中统筹城乡发展［J］．经济问题探索，2006（1）：34.

② 李万明，等．西部大开发的现状分析及前景展望［J］．新疆农垦经济，2009（6）：22－24.

述，国家实施西部大开发后，虽然国家财政在西部地区投资不断增加，但国内民间资金和外商投资并没有大规模地跟进。商业银行受投资回报率的影响，导致西部地区许多中小企业贷款十分困难。国家在西部地区投资的一些大型项目，有的跟当地经济联系不够紧密，有的通过发达地区采购和承包，其对当地经济的带动和乘数作用低于预期。另外，一段时期里各地普遍把开发投资（尤其是国家投资）的重点放在“投资大、见效慢”的基础设施和生态环境建设等领域，而对特色产业（特别是加工制造业）的发展没有引起应有的重视，从而使西部地区的经济发展缺乏必要资金支持。

十、经济发展与生态及环境保护矛盾的约束

目前，西部地区的生态环境状况与经济发展的关系总体上看是不够合理、不尽和谐的。

（一）工业的粗放式生产和经营尚未得到根本扭转，环境污染和生态破坏加重

尽管西部地区在转变经济增长方式方面取得了显著成绩，但生产和经营（尤其是工业生产与经营）的粗放式仍然没有得到彻底扭转，西部工业及经济发展在明显提速的同时，环境污染越来越严重，西部地区本已脆弱的生态环境则更加不堪重负，西部生态环境问题雪上加霜。

从绝对总量上看，西部地区污染程度也许还不及东部地区，但西部地区单位附加值的污染排放则大大高于东部地区。仅以2008年为例，西部地区GDP和工业增加值分别占全国的19.03%和15%，但其排放的工业废气、二氧化硫、工业烟尘、工业粉尘和固体废弃物分别占全国的16.2%、23.9%、23.5%、21.3%和28.2%。西部地区上述五项指标的排放强度，分别是东部的1.8、2.4、3.7、1.7、3.0倍。前面列举的一些统计数据也证实了这一点。就绝对值而言，西部地区

工业废气排放量由2001年的30 602亿标立方米增长到了2008年的104 519亿标立方米。西部重镇兰州市成为我国空气污染最严重的城市之一，2008年兰州市四城区降尘就高达3.92万吨，平均每人分摊23.3公斤。2008年西部地区工业废水排放量达到322 747万吨，占国内工业废水排放总量的13.08%。其中四川省工业废水排放量由2001年的94 536万吨增加到2008年的114 687万吨。西部地区万元产值排放的污染物，要比东部地区平均高出3倍左右。

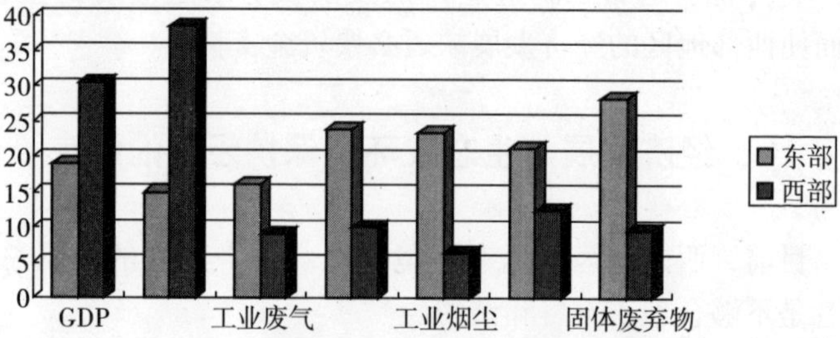

图7－1　西部地区各项指标占全国的百分比

（单位：亿标立方米）

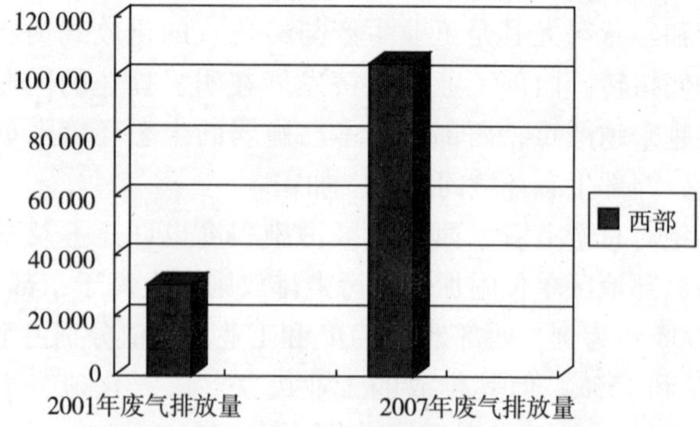

图7－2　西部地区废气排放量增加情况

（二）污染工业的过度集中，显著地增加了环境污染和破坏程度

城市和工业集中的地方一般都是生态环境受到破坏最快、最严重的地区。长期形成的不合理的产业结构和产业布局，使得西部不少地区的节能减排及生态环境保护的压力很大。比如，西北关中城市群的工业结构中重工业比重超过73%，有色金属加工、建材、煤炭等行业在宝鸡、银川、渭南、咸阳等城市占有较大比重，致使关中城市群地区的生态环境状况相当严峻。目前，关中地区的主要河流渭河水质严重污染，渭河关中段水质属劣五类，完全失去了生态功效。再如昆明的滇池，长期的工业排放致使滇池水质成为劣五类，生态价值几近为零，虽已投入50多亿用于治理，但收效甚微，积重难返。一波未平、一波又起，云南高原湖泊阳宗海的砷污染事件也成为一个新的反面典型而引起了社会和舆论的广泛关注。

（三）农业、畜牧业生产及发展中依旧存在的乱砍滥伐、过量垦荒、超载放牧的现象，加剧了西部生态脆弱地区生态环境的损坏

西部地区（尤其是边疆少数民族地区）贫困地域居多，这些地方耕作的自然条件不好、劳作方式普遍落后、交通不便、信息闭塞、基础设施条件差、商品及市场经济不发达。在山区坡地，传统的农业生产模式及结果往往是：陡坡耕作→陡坡面积扩大→水土流失加剧→地力下降→食物产量下降→陡坡耕作→……→环境恶化。当地的农业、畜牧业生产一方面常常只能就地取材、靠山吃山、靠水吃水、开荒砍树、消耗“存量”环境资源。另一方面由于恶劣条件下农民对土地投入的边际收益下降，因而只能靠不断增加“投入”来增加实际产出。例如为了保持收入有所增长，农牧民们常通过垦荒等手段凭借扩大外延来扩大再生产，使得本已脆弱的自

然及生态条件更加恶化、生态环境更加恶劣。即便带来一时的“发展”，但代价则是农业持续发展的根基遭受破坏，最终只会拉大与发达地区农业、畜牧业生产的差距，扩大农民收入之间的差距。正所谓“越穷越垦、越垦越穷”、“由生态贫困到经济贫困”。

（四）政策上过于偏重“经济扶贫”，导致“生态扶贫”不足

“转移支付”是国家过去治理“生态贫困”所采取的主要形式，即直接把资金发放到贫困县或相关管理机构，进行“输血式”扶贫。这种通过政府救济、自然灾害救济、优抚等方式，只能缓解暂时的贫困，难以帮助当地人们从根本上摆脱贫困。20 世纪末，国家又将反贫困战略逐步调整为开发式扶贫。这种扶贫方式集中体现在对资源的开发上，如对矿产、能源资源的开发等，却又缺少相应的对生态环境保护的有力有效措施，尤其是缺少对生态环境建设的市场经济激励与保护机制。

换个角度分析，生态环境资源是公共资源，一方面生态环境建设往往由政府控制，没有与个人经济利益直接挂钩，使农牧民参与的热情不高，缺乏普遍的群众基础，政府独立支撑显得孤掌难鸣。另一方面，由于土地、山林等生态资源产权模糊，容易导致农民粗放经营、乱砍滥伐等短期行为的发生。其结果便是：局部得到治理而整体恶化，治理赶不上破坏。治理生态的私人成本高于社会成本，无形中加大了投资西部的预期成本。从深层次分析，西部地区资源的无序开发、过度开采、粗放利用、繁重的治理任务、政策及市场的不配套、补偿机制不健全，导致了诸多“外部不经济”、发展不合理问题的产生。

第八章　提升西部地区发展合理性

——宏观层面的思考与对策

一、思想观念的合理转变

思想是行为的指南。西部大力开发、合理发展，观念须先行。

（一）发展理念的转变与更新——坚定地以科学发展观为指导

在经历了“均衡—非均衡—协调”的演进历程后，在总结了多年来我国改革开放和现代化建设的成功经验、吸取了世界上其他国家在发展进程中的经验教训的基础上，确立了符合社会发展规律和时代特征的新的发展理念——科学发展观。这是发展合理性的根本要求，是合理发展的集中体现。其不仅是推进我国经济社会整体合理发展的统领性思想，而且是努力实现西部地区全面发展、协调发展、可持续发展，坚持走生产发展、生活富裕、生态良好的文明发展道路的行为指南。因此，在西部深入开发、注重统筹协调发展的新阶段，必须牢固树立和坚决落实以人为本、统筹协调可持续的科学发展观，努力实现人与自然相安共处、社会生活各个方面协调发展，百姓安居乐业、富裕及和谐。

（二）道德及公平观念的转变与更新——树立辩证的经济正义观

每个人、每个地区都应当享有和追求经济平等、经济正义及社会公平的基本权利。西部的开发与合理发展，在本质上有对经济平等、经济正义及社会公平的诉求。逐步消除西部贫困、缩小地区间的发展差距和谋求和谐发展，是西部开发与合理发展过程中经济正义的首要原则，而通过发展经济实现“共生”则是经济正义的基本原则。在此原则下，可以衍生既符合正义要求又利于促进西部地区快速发展的“平等获利和等比例发展”的具体原则①。

从发展的合理性上说，经济正义体现为满足基本需求上的绝对平等和超过基本需求上的比例平等。“等比例”的实质是按同一标准对待同一类事物，是注重效率和贡献的发展和平等，因而，这种根据不同的贡献进行不同的分配应当说同样是正义的。其亦是西部地区实现合理发展的经济正义的内在要求，并应成为走非均衡发展道路、实现跨越发展的观念基础。在面对西部地区的开发和合理发展时，应当认识到：（1）东西平等互利。东部地区不可损害西部地区的利益来谋求先发展，同样西部地区也不能以“劫东部之富，济西部之贫”的方式求得快速发展，也不应为了西部大开发而削弱和减缓东部及沿海地区的发展，而应在相对公平的基础上给西部地区政策的倾斜和优惠。（2）差距中见张力。西部地区自身的发展不能搞平均，而应鼓励条件相对较好、发展潜力相对较大的地区率先发展和富裕起来，按“两个大局”的构想走非均衡发展道路，层次推进、梯级发展，逐步实现整个西部地区的快速、合理发展。（3）“谁投资谁受益”。要充分意识到对投资政策及原则进行合理调整的必要性。完善政策体

---

① 彭介忠，彭秀丽．西部大开发中的经济正义问题研究［J］．吉首大学学报：社会科学版，2005（1）：60－64.

系，营造良好的投资、建设和发展环境。进而认识到，改善西部地区投资环境必须从投资者的利益出发，应在不损害当地利益和国家整体利益的前提下，尽可能地为投资者提供便利。（4）变“输血”为“造血”。西部地区的合理发展是一个市场合理配置资源的过程，西部的繁荣富裕是一个积极主动的自我能动过程。通过官“逼”民勤和民智而达到官促民富，依靠自身优势和立足自我求得快速发展才是真正的经济和发展公平。（5）共生存共繁荣。要树立和践行“互助互惠，共生共荣”的新理念。其中，“共生”包含人与自然、东部与西部、西部内部等的共生关系，即需处理好人与自然的共生关系，体现环境正义。需处理好东部与西部的共生关系，东部不能有“包袱”思想，西部不能有“依赖”心理。需处理好西部地区内部的共生关系，尤其是应处理好西部地区中相对发达和欠发达地区间的关系，处理好民族地区间的发展关系。（6）“政府合理补偿”。针对过去“西部开发资源，东部加工制造”造成的西部地区“利益渗漏”的状况，本着经济正义和社会公平的原则，在“一次分配”中强调“等比例”，而在“二次分配”中构想“政府补偿”。国家应当给予西部发展政策上的“反倾斜”，东部也应反哺西部，通过适度补偿，扶持西部实现追赶和跨越式发展。这也是西部地区合理发展中经济正义的重要体现。

经济正义与社会公平实现过程中手段、过程和目的在本质上是一致的。具体于西部地区的发展，经济正义是共同维护的准则，西部大开发是发展的手段，西部的合理发展是过程，实现地区间的社会公平、和谐发展和共同富裕是目的。几者通过合理性有机统一起来。

（三）价值观念的转变与更新

整合、更新和统一西部开发与发展的多方主体的价值观念，是防止开发行为不合理的重要前提。反过来说，西部大开发不仅是一种经济行为，而且是一种变革观念的行为。

1. 经济价值观念的更新——树立“双赢”观念

在西部大开发中，经济动机和行为是首要的，因此应当充分意识到经济主体的公平获益问题，树立起“双赢”的经济价值观念。

这里所提的“双赢”的经济价值观念，主要有两层含义，其一是指通过西部大开发和合理发展，发达地区和欠发达地区在经济获利上是“双赢”的。其二是指投资开发者（包括海外投资者）有利可图，同时更有利于西部人的积累和富裕。

如果开发和发展的结果只是更多地给发达地区、投资开发者带来利益，而西部地区百姓则没有或很少受益，甚至利益受损，那么开发和发展就是极为不合理的。同样，只顾及当地的发展和富裕而忽视或弱视投资开发者的应得利益，也是不合理的和难以持续的。

各级政府在树立“双赢”经济价值观念、实现“双赢目标”中起着至关重要的作用，在规划全局、出台政策、制定法规等主导方面，政府对“双赢”的影响非常明显。譬如，有一些地方政府以各种优惠政策吸引外来资金和技术，甚至不惜和不顾对当地环境和人民利益造成的侵害，如强占农民宅基地和口粮地，引进有严重污染的企业等，其结果只可能是一种“单赢”。开发只是手段和途径，尽快富裕和合理发展才是最终目的。只为手段而损害目的的做法是极其不合理的。因此，西部各级政府应主动以“双赢”的观念指导和约束自己的行为，改变等、靠、要的思想，转变封闭、保守的工作作风，增强公平、公正和创新意识，依法办事。

2. 文化价值观念的更新——力求不断开化

一个地区的经济发达程度直接影响着当地人的文化价值观念，反过来，文化价值观念又制衡着当地的经济社会发展。西部大开发与实现合理发展，不只是一个经济范畴，而且在更高层次上体现为一个文化范畴。创新和打造出一个好的文化价值观念的环境和氛围，才能促进经济行为的健康合理发展。西部地区由于长期受经济发展水平低的制约、地域的限制和传统的影响，其文化具有保守、封闭的特征，缺乏开放精神和竞争意识，表现出“内敛式”的价值观念，这将束缚西部地区的合理开发和健康发展。因此，西部地区文化价值观念亟待更新，让西部人通过西部大开发和合理发展，自觉培养和增强开放意识，在不断开化中创新和进取。为此应从以下几方面入手：

（1）树立兼容的开放式的文化价值观念，自觉增强平等、效率、竞争和创新的意识。西部地区的合理发展的一项重要工作，就是建立健全社会主义市场经济体系，凸现其在西部地区发展中的功能和作用。而树立兼容的开放式的文化价值观念，则是市场经济和新的生产要素的配置方式所要求的，也只有在兼容开放的文化氛围中，平等、竞争、效率和创新才能实现。

（2）强化开放意识，密切与外部的融合。西部地区文化价值观念的更新和转变还应表现为从“封闭”、“独赢”思想向“开放”思想的转变。这里所说的“开放”既包括对国际和国内其他地区的开放，也包括西部各地区之间的相互开放。只有树立开放的观念，努力吸引资本、劳动、管理等各种要素并进行合理配置，西部地区才能真正实现产业结构的调整与升级。应当看到，受经济发达程度和文化的影响，西部地区（尤其是边疆民族地区）长期沉积的封闭意识至今依然比较浓重，地方利益观念较严重，仍有不少企业只凭借资源优势而习惯于在政府提供的“市场”中被动经营，造成资源流通不畅、配置不合理和低效，并成为产业结构的调整与升级的障碍。要转变尚需要付出艰苦努力和经历长期过程。

（3）灌输工具理性和价值理性相统一的文化价值观念。由于传统历史观念的积淀，加之西部地区地域的相对封闭，片面的“天人合一”、通俗的“任其自然”思维模式的印记浓重，不重视科技甚至漠视科技的现象时有发生，阻碍了同科技相对发达的东南沿海地区的科技交流与合作，影响了科技应用程度和科技含量的提升。为此，西部地区应当深入认识技术工具理性和价值理性的辩证关系，充分领悟“科技是第一生产力”和“科技是柄双刃剑”的深刻内涵。从思想观念上重视和崇尚科技，在行为上积极推广和合理应用科技。敞开大门吸收和引进东南沿海及其他地区的先进科技及管理方法，同时积极发掘西部地区自身的科技潜力。

3. 生态自然观念的推崇——谋求人与自然和谐的可持续发展

从更高境界看，西部大开发是一项利国利民利子孙的持续性和保护性开发及发展行为。最终不仅要让广大西部地区摆脱经济上落后、生活上的贫困，而且还要让西部地区的生态环境发生明显改观。

应当明确，西部地区的开发应是生态保护为前提的开发，西部地区的发展应是促进生态环境改善中的发展。毕竟，西部地区的生态普遍脆弱，其生态环境直接制约着全国的生态环境。如果过分强调开发，削弱西部地区的退耕还林、退牧还草、恢复林草植被、治理水土流失等工作，那么西部地区的开发将是“杀鸡取卵”的愚蠢行为，势必由此造成更大的生态破坏，也就根本没有合理性可言。因此，在西部地区开发中，应当牢固树立以生态人类中心主义为理论基础、着眼于可持续发展的生态自然观。正确认识和处理人与自然的关系，合理地开发资源和保护环境，防止着眼于局部利益和眼前利益的短期行为的发生。以开发促发展，以发展促环保，以发展和环保并举促和谐。基于此，对类似于开发云南怒江水电资源等事关生态状况的大事，应当充分论证和审慎决策。

4. 人才价值观的合理转变

从理论上来说，越是贫穷落后的地方，越是需要人才。但在实践中却往往是越贫穷落后的地方越排斥人才。除去经济和体制上的排斥因素外，思想观念的排斥也相当明显。

现实中的西部地区不乏真才实学之士，但不少人才却“水土不服”。西部地区现实中存在的守旧、守成、等级、官本位、平均主义观念，以及“集体无意识”、“不识庐山真面目”、“不谋事而专谋人”、害怕风险、恶性攀比、懒惰等恶性习气不仅埋没人才，而且扭曲了人才价值观念。久而久之还会使人才变得随波逐流和平庸。因此，转变人才价值观是实现人才价值的必要条件。

5. 扶贫观念的根本转变

应发生由“授人以鱼”向“授人以渔”的质的转变。西部地区大开发所取得的一系列成就，在相当程度上是靠国家大量的投入为支撑的，长此以往，只会使西部地区经济发展的速度和质量受到制约和影响，甚至产生包括对就业的负面影响，有文章分析，西部投资的增长在吸纳就业方面收效甚微，西部地区劳动力就业仍然以转移就业为主。因此，从长远看，西部地区必须尽快实现由国家投入为主向自我积累为主的根本性转变，否则不利于西部地区经济社会发展的自生能力的增强。

（四）发展战略观的转变与更新

西部地区今后的发展不能单一和过分依靠资源，而要靠资源+技术创新。必须着眼于提高行业及企业的市场竞争力，而这种竞争力应来自结构的优化、技术的创新、产品的创优，需逐步转变传统的“自然资源导向型”、“简单资源加工型”的大量消耗资源的粗放型扩张的发展战略观，探索适合西部地区实际并具有西部地区特色的循环经济、绿色经济、低碳经济等特色经济新路径。这就要求西部地区传统工业资源丰富的省区，要重视和加强资源型产业竞争优势的培育，加快产业及产品结构调整和技术改造，提升产品科技含量，开发高附加值的产品，延长产业链，培植新的经济增长点，打造一批有市场和核心竞争力的优势企业，实现资源优势到产业优势及经济优势的转变，走发挥资源优势、合理开发资源和有效保护资源的可持续发展之路。

二、制度的合理创新

西部的有效开发和合理发展，须以制度创新为根本保障，需要不断提升制度创新能力和水平。

（一）靠制度创新，走市场式开发的道路，借助市场促进合理发展

在西部，政府管理运行方式还留有较浓的计划经济色彩，市场经济体制的运作较发展形势来说仍然滞后，市场在资源配置中的基础性作用有待明显增强，这些问题制约了区外要素的流入和区内要素的投入及使用效率的提高。譬如，投资者及经营者与政府各部门打交道的规章制度烦琐，关卡手续太多，等待时间长，成本高，投资经营者失败的风险比东部地区要大等都是突出的问题。

西部地区的开发和持续发展，不应也不可能一直依赖国家的财政扶持。因此，必须在开发和发展中尽快和充分地重视市场价值规律的驱动作用，健全以市场调节为主要手段的区域开发机制，以效益吸引各种资源的流向和增强自身活力。

从发展经济学的理论上说，资金存量的增加、劳动数量的增加及质量的提高、技术的进步以及资源配置效率的提高等，是促进经济增长的主要因素。其中，资源配置效率的提升应当主要依靠市场实现。市场流动的“趋利性”特征决定了资源及要素一般会流向最合理的地方，进而实现好的经济效益，并发挥合理、自动、持续、高效调节的作用。在西部开发和发展中，除了需要政府制定的优惠政策外，应更多依靠制度创新，从制度上保证经济增长所需的各种要素的供给。

（二）打造有利于非公经济迅速发展的政策和制度环境

应当看到，西部地区非公经济总体上不是多了，而是少了。非公经济发展的环境不是已经好了，而是依然较差。因此，为刺激、激发经济发展的活力，促进经济效率及效益的提高，西部地区必须通过制度建设，营造有利于非公经济快速发展的客观环境。

（三）创新人事制度，发挥人力资源作用

人力资本较物质资源具有更关键的促进发展的作用，而人事制度创新是西部地区充分发挥人力资源作用的制度保证。在西部开发和发展中，要依靠制度，确保教育优先发展，尤其应特别加快少数民族地区和贫困地区教育的发展。要使西部地区教育有显著发展，仅靠政府投资办学是远远不够的，必须积极鼓励集体和私人投资办学。吸引资金和人才，应当向东部地区那样，建立健全重视教育、有利于吸引人才和稳定人才的一整套人事制度。

（四）转变政府职能，体现制度创新

单纯依靠政策倾斜、减税让利和财政金融扶持，已不能满足西部大开发和合理发展的需要。随着我国市场经济体制的基本建立，投资主体开始发生变化，政府直接投资的职能、财政支持和转移支付的力度及功能均有所减弱，而过度减税让利又有违经济公平的原则。西部发展的根本出路还在于西部彻底转变政府职能，按市场经济的要求创造良好的投资环境，并且通过对制度创新的探索，创造出更为持久的吸引力和发展活力。以农业为例，国家对西部农业发展方面所提供的财政和金融支持，以及所建设的一批农业基础项目，更多是局部的和示范意义上的。西部农业大开发的希望在农业的产业化，而农业产业化的关键在于依靠制度创新实现对“龙

头企业”、“支柱产业”的培育，依靠制度创新充分发挥其辐射、带动作用。由此，政府的职能应该转到引导投资方向，改善投资环境和提供各种服务等方面。再以生态和水利设施建设为例，在统一规划的前提下，国家可以鼓励个体、民营和外商企业参与，以促进现代企业制度和新的运行机制的形成。

（五）走制度创新的工业化道路

第一，企业制度创新。企业是地区竞争优势的主要载体，从西部地区所处的发展阶段和资金严重短缺的现实条件出发，西部地区是很适宜发展非国有中小企业的。政府一方面要清理和废除不利于这些企业发展的地方性歧视政策。因地因企制宜地改造其产权制度和管理结构，克服产权不清和家族化管理的弊端。

第二，科技成果转化的制度创新。从政府为主的创新体系向以企业为主的创新体系转换，从企业内部自我研发向企业自我研发与外部研发相结合转变。由政府提供优惠政策和平台，加快科技成果孵化，鼓励科技成果产业化。

第三，金融制度创新。建立风险投资制度，形成一套风险资本的融资制度、管理制度、决策制度、退出制度等，使西部地区工业化道路步入科学化、制度化轨道。

三、国家调控功能的合理发挥

西部大开发和合理发展是一项庞大的系统工程，需要系统设计、整体组织、全面实施。在西部开发和合理发展中，在国家微观作用逐渐地消减的同时，国家的主导作用则应当强化，这也是基本的、特殊的和不可替代的。

（一）一些先发国家发挥国家功能加快欠发达地区发展的合理做法

从世界范围看，经济发展不均衡是一个普遍问题。因此，各国都从整体利益出发，通过各种方式向经济落后部门、地区和群体倾注大量财力和物力，使生产力和财富在地区之间、产业之间和国民之间的分布更为合理，实现经济社会的均衡发展。

1. 有机地发挥政府的主导作用和整体功能，能够有效地促进欠发达地区快速发展

在推动经济和社会欠发达地区快速发展过程中，“后发”国家充分发挥政府宏观的主导作用通过以下几个方面明显地体现出来。

（1）加强立法，制定和实施倾斜政策。

国土面积几乎等同于欧洲的美洲国家加拿大，地广人稀且人口和资源分布同样不均。其西部及中部一些省区由于自然条件、历史传统、产业结构等原因，经济状况相对落后，致使地区性差异比较明显，地区间发展长期不够平衡。譬如东部的安大略和魁北克两省集中了全国60%以上的人口，科技、工业及商业发达，国民生产总值约占全国的2/3，而纽芬兰、新斯科舍以及中部的萨斯喀彻温和马尼托巴等省，则以农业、渔业、林业及矿业为主，有的省份农业人口比例高达46.1%，经济发展长期处于落后状态。如何解决区域经济的协调发展一直是加拿大政府的一个工作重点。加拿大政府在促进欠发达地区发展工作中，突出国家的立法作用并强调依法行政。以立法的形式，赋予区域工作机构应有的权威和责任。《加拿大宪法法案》中明确规定，联邦政府和省级政府都有为加拿大公民提供平等机遇、促进经济发展和减少地区差异、为全体加拿大公民提供合理的基本公共服务的义务。这一指导思想贯穿于《加拿大大西洋省份经济开发署法案》、《农业和农村发展法案》，《加拿大补助计划》、《加拿大社会

救济法案》等具体法律法规及政策之中。根据时代和区域特点而陆续出台的法律法规及政策，构成了一个比较完整合理的法律及政策体系，为促进落后地区快速发展和地区间发展的平衡提供了法律保障和核心作用。概括地说，加拿大政府用于扶持落后地区的发展、缩小地区间差距的政策主要有：①经济政策。鼓励新兴工业发展，鼓励私人企业投资，鼓励发达地区企业到落后地区办厂，扶植落后地区的基础产业和支柱产业的发展，解决就业和发展不平衡问题。②社会政策。促进落后省份及地区的福利、教育和医疗事业的发展，着眼于全国范围的协调与平衡。③税收政策。这些法律法规及政策有效地平衡及和谐了地区间的发展。利用法律手段促进欠发达地区发展，制定和实施倾斜政策加快落后地区的发展，在加拿大已被证明是一条行之有效的途径。

亚洲的日本自 20 世纪 50 年代后期开始到 60 年代末连续 10 余年经济取得两位数的增长，但也出现了地区间发展严重不平衡的问题。为此，日本同样高度重视地区发展立法和政策倾斜在和谐地区发展中的作用。日本陆续制定了《国土综合开发法》、《过疏地区振兴特别措施法》、《新产业城带建设促进法》、《水资源地区对策特别措施法》、《北海道开发法》等一系列有助于相对落后地区发展的法律法规，形成了一个完整的地区发展法律体系，并成为日本地区政策体系的核心。

欧洲的德国则在《联邦基本法》（宪法）第七十二条中明确规定，国家必须保持各地区人民生活条件的一致性。并通过“救济法案”、“所得税转移”、“均衡发展计划转移”等各项财政补贴政策，使每个公民都能得到公平的医疗和教育机会，大大缩小了各地区之间的贫富差距。从这一点可以看出，促进落后地区的发展，缩小地区差距，在国家的政策目标中占有相当重要的位置。

比较典型的还有，20 世纪 60 年代，美国以立法形式将其 2/3 的贫困县划入 137 个经济开发区，要求每一个经济开发区建设几个新兴城市，使之成为带动全区经济增长的中心，通过“城市化辐射”，带动和开发落后地区。

此外，通过立法，治理恶化的生态环境和保护脆弱的生态环境、促进落后地区的和谐发展，也是先发国家的普遍做法。环境保护问题曾是美国西部开发中遇到的一个大问题，因此美国也逐渐重视依靠立法和执法实现对自然资源的节省和环境的保护。《鼓励西部草原植树法》、《沙荒土地法》、《新土地开垦法》、《泰勒放牧法》、《农业调整法》、《土壤和水资源保护法》和《河流与港湾法》等多部法律，都是美国早期的资源和环境立法。

（2）政府统筹，有机协调，充分调动和发挥地方的积极性

加拿大对欠发达地区开发的初期显得“各自为政”，加拿大政府各部门一哄而上，缺乏统筹和协同，造成人力和资源的浪费，开发效果打折扣。这也正是随后加拿大重视政府作用、整体统筹、有机协调的原因。通过成立“地区经济发展部”（DREE），由联邦政府牵头实施落后地区的开发工作，统一协调政府部门之间、中央与地方之间等的关系，在维护联邦政府权利权威的同时，又有明确的地方省区权限划分，包括欠发达地区省份可在“协调发展”的总思路下根据需要制定相应的促进发展的法律法规。联邦政府则对地方经济支持和鼓励得多，干预及限制得少，使得地方政府可以在法律允许的范围内放开手脚发展本地经济。形成了联邦政府与省级政府“分享权利、上下协调、彼此互动、共同促进地区经济发展”的良好格局。例如，税收政策及许多有关的扶贫政策都是由联邦政府协调省级政府共同制定和实施的。社会福利、医疗卫生等支出由联邦和省级政府共同负担，当中，一些措施则由省级政府具体实施，联邦政府只是依法支付各省应得的补助金并进行监督管理。其次，由“输血”到“造血”。起初的相当长一段时期，加拿大以“联邦出钱、国家开

发、资助以城市为主的经济增长点”的形式对欠发达地区进行开发。在落后地区选择了23个城市直接和重点投资扶持，包括大力改善基础设施、发展工业和提高福利等，以求“龙头”和“辐射”作用的产生。

（3）发挥政府宏观调控职能，着力解决地区性贫富差距。

过去，加拿大太平洋沿岸省份的家庭贫困率一度是较富裕省份安大略的3倍多，地区性差距相当明显。为缩小地区性贫富及发展差异，加拿大联邦政府一向将解决地区性贫富差距、平衡地区间的发展作为政府的一项主要的宏观调控工作，并采取了带有强制性和特指性的措施。如通过颁布和执行《加拿大补助计划》，分别对穷人比例最高的萨斯喀彻温、马尼拉巴等省实行对劳动型贫困者提供社会保障金外的“补充收入”，并规定安大略、不列颠哥伦比亚和阿尔伯塔等几个先发省份在对后发省份的项目支持上与国家按比例（“三七开”和“五五开”不等）分担经费。此外，加拿大政府还通过“所得税转移”、“均衡发展计划转移”、“财政补贴”等宏观调控手段，努力使每个地区及公民都能得到同等的利益和保障。经过多年实践，加拿大地区间的差距明显缩小。统计数据表明，目前加拿大太平洋沿岸省份的家庭贫困率为17%，已接近安大略省的11%①。

美国早在19世纪早期西部开发战略中，政府就提出了“使经济活动遍布全国，人们能够较平等地享受幸福”的指导纲领。为此美国政府建立了专门面向落后地区发展的金融制度。美国依据地区差异和规模，设置不同标准的法定准备金率；依据地区不同情况，对设置商业银行的资本金作了不同要求；依据不同地区和不同银行，对商业银行的库存现金和备付金也作了不同的规定。美国还有著名的《社区投资法》，专门保护地方经济金融的利益。尽管美国是搞市场经济的典

① 数据来源：2007 Census Dictionary，Statistics Canada。

型国家，但是在扶持弱势产业和地区发展问题上，美国政府也是不遗余力的，政府上述宏观调控作用，在解决地区性贫富差距问题上收效显著。

2. 借助“财税杠杆”，有效宏观调控，促进均衡发展

加拿大联邦的税收政策、财政转移支付和财政均衡化支出是调节地区收益及贫富差距的有效手段与途径，在促进地区间平衡发展上发挥了重要作用。首先，加拿大是税率（尤其是所得税累进征税率）比较高的国家之一。其次，加拿大联邦政府财政支出中有20%以上是拨付给地方（省）政府使用的，但贫富有别。譬如，依照《加拿大资源分配法》，联邦政府拨给各省的财政补贴数额与他们的经济发展程度成反比，对经济相对落后的大西洋四省，联邦政府对他们的补助额一度占到各省总收入的45%左右，而对较发达的安大略、不列颠哥伦比亚和艾伯塔等省，所得补助则只占其总收入的14%左右。由此估算下来，相对落后的省份每年能得到100亿~120亿加元左右的补贴。在联邦“财税杠杆”的调控下，辅之以多重因素的共同影响，加拿大各省经济和社会发展差距逐渐减少，趋向均衡发展。譬如，统计数据显示，较富裕的安大略省和较贫穷的纽芬兰省个人平均所得的差距，已从1964年的59%下降到2007年的26%①。

同样的情形也出现在美国，美国在初次分配中，仅累进所得税一项，就使最低和最高收入群体的差距大幅度缩小。德国也是以财政平衡政策为中心，大力应用财政手段成为德国区域政策的主要特征，通过实施财政收入平衡法及财政补贴促使国民经济活动的空间均衡。德国财政平衡包括两个方面：一是横向财政平衡，目标是使各州人均税收平衡化，主要做法是法人税的分配、税款转移和联邦特别拨款。其中，通过法人税分配，使财政弱州达到各州平均财力的92%。通

① 数据来源：2007 Census Handbook，Profile of Census Tracts，Statistics Canada。

过税款转移，使穷州人均财政收入达到全国人均的95%。而最后不足部分则以“特别拨款”形式由联邦财政提供。二是纵向财政平衡，即州与乡镇之间的财政平衡，其做法与横向财政平衡类似。

（二）先发国家发挥国家功能加快欠发达地区发展的启示

依托国家统筹协调作用、发挥国家整体功能加快欠发达地区的发展，是成功国家的普遍做法。因此，我国应有效发挥国家在统领西部开发与和谐发展中的主导和核心作用：

1. 完善政策及法规

我国的西部大开发作为国家意志和全局性发展战略，在整体规划、土地征用、环境保护、搬迁安置、招商引资、开发科技、引进人才等每一步开发活动中都需要依法进行。同样，西部的合理开发与和谐发展也需要在法制环境和倾斜政策中有序推进。为此，需要进一步发挥国家及政府在制定和实施法律、法规及政策中的独特和决定性作用，加快西部大开发与和谐发展的立法步伐，形成完善的法律、法规及政策体系，使西部合理开发与和谐发展有充分的法律保障。目前，针对我国西部地区的实际，鉴于我国西部在能源、资源输出和生态环境保护中的重要作用，应当以更为鲜明和强硬的法律手段，建立和完善资源开发和生态效益的补偿机制，实现对西部地区的必要扶持。

2. 发挥国家宏观调控和集中力量办大事的特殊作用

第一，进一步强化投资、税收和财政扶持的作用。世界许多国家促进欠发达地区快速发展的经验表明，国家投资、税收和财政转移支付是地区政策的十分有效和最基础最重要的政策手段。从国际经验看，对弱势产业、弱势群体和弱势地区的金融扶持方式，主要有政府直接参与型和政策引导型两种。其中，政府直接参与型主要是政府设立政策性金融机构，直接向弱势产业、落后地区注入金融信贷资金。政策引导型则是政府通过制定优惠政策，引导市场力量加大对这些领域的投入。因此，国家对西部地区的长期投资、税收优惠、财政转移支付等有效做法，都应该以更加明确的形式固定下来、长期坚持和不断加大力度。在宏观上和较长一个时期内应保持整个中央政府投资力度有增无减，同时加强国家宏观指导，加大对基础和优势产业的倾斜，引导内外资金向西部流入。另一方面，推进资源税改革，提高资源税率，同时由从量计征收改为从价计征收，这也可为资源开采完后，对开采地区进行恢复治理预留必要资金。第二，发挥国家在规划、组织、统筹和协调各方人力、财力、物力的主导作用，集中力量办大事。一个国家，尤其是社会主义公有制国家，在统筹社会资源和力量、集中精力办大事方面具有独到的优势和作用。西部大开发不是一种平铺直叙和按部就班式的发展，而是一种缩小差距、谋求和谐的既快又稳的可持续性跨越式发展，因此，必须有量的快速积累、点的重点突破和发展质量的明显提升。这就需要在国家的规划和统筹下，集中各方力量，在交通、通信、水利、环保及公共服务等基础设施建设方面取得重点和标志性突破，使西部地区尽快完善交通和通信网络、出现一批能发挥基础、示范和带动作用且分布合理的特色资源加工基地或优势产业发展基地。坚持每年新开工一批重点工程，组织实施一批人才开发重点工程，在西部地区建设石油储备基地和扩大石油天然气资源当地转化和加工增值等。

3. 协调好国家与地方在权力和利益上的“一元”与“多元”的关系，充分调动地方的积极性、提升西部地区“造血”的能力和水平，“两个轮子”一起转

中国的西部地区地大、面广、人多，完全依赖国家的“一元”作用是不可行的，也是不可持久的。因此必须在有效发挥国家“一元”作用的同时，充分调动地方和外部的积极性，培育和增强自我和自主合理发展的功能，实现“一元”

与“多元”有机结合。这种新格局包括：第一，中央“一元”与地方“多元”的有机结合。第二，西部地区“一元”与区外联系因素“多元”的充分融通。第三，宏观靠政府，微观靠市场。这就要求强化政府的宏观调控能力，合理定位政府作用的着力点。评判政府作用的优劣，不应依据政府作用的多少，而应依据政府作用的定位和作用范围的合理性大小。要通过规划、计划、财税、金融、产业及环保政策等手段，引导西部健康与合理发展。在大政方针和原则下，中央政府应改变在许多问题上对西部各省区采取“一刀切”的僵硬管理模式，健全国家支持政策体系，改变过去“普惠制”的做法，按照“区别对待、分类指导”的原则，对西部地区中心城市、资源富集地区、老工业基地、贫困地区、边境及边境民族地区等不同类型区域实行有针对性的差别式的国家支持政策，因地、因时制宜地赋予西部各省区拥有更大、更多的政策制定权和行为自主权（如制定本省区税收政策、企业上市、设立边境自由贸易区等的自主权利），减少对地区和企业经营发展的束缚和一直干预，以便使其发展更贴近地区实际和更有实效。此外，政府“统筹区域发展”应该更多地采取与市场经济体制相适应的手段进行规划、引导、监管和调节，而不是去取代市场。值得一提的还有，作为中央政府，还是应把更多的精力和力量投入欠发达地区的基础设施建设和社会保障体系等的建设上。

4. 依托国家及政府的强大力量和多重途径，狠抓西部地区的教育（尤其是义务教育）

教育和人才培养是百年大计，而义务教育应是中央政府首先要尽到的责任。

5. 加强组织，完善机构

有学者建议尽快成立“国家地区开发与发展署”，统筹和指导全国的区域开发和地区现代化。课题组对此也颇为赞同，而且时机和条件也已成熟。西部大开发战略实施至今和区域和谐发展目标的提出，使西部地区的开发与发展上升到影响国家全局和谐发展的新高度，客观要求在国家层面成立一个更为专能的政府职能部门进行更加宏大而繁杂的统筹、组织及协调。借鉴部分发达国家和发展中国家地区发展的经验，通过成立“国家地区开发与发展署”，立足于国家全局的高度，将目前分散在国务院和国务院部委机构中与地区开发有关的机构集中和重组，以求组织、机构的统一和精简，功能的集中和高效。与之相应，可考虑设立“西部开发与和谐发展基金”。为加强和持续对西部的投入力度，充分调动西部地区发展的积极性，体现“先富助后富”的共同富裕原则，可以参照国外设立“聚合基金”的经验，在我国设立针对西部地区的“西部开发与和谐发展基金”，促进西部地区的开发与合理发展。基金主要由东部和沿海地区等经济较发达的省市按一定比例提供，并由“国家地区开发与发展署”统筹分配和监督使用。

第九章　提升西部地区发展合理性

——中观层面的思考与对策

一、开拓解决西部地区生态贫困和温饱问题新的合理途径

缩小东、西部发展和贫富差距的一个重要方面是解决好西部地区贫困和温饱问题，这也是西部地区发展合理性的重要体现和检测。

国务院西部开发办介绍，全国贫困人口和低收入人口的60%以上集中在西部地区，西部大开发中，政府非常重视解决他们的温饱和稳定增收问题，并明确表示，国家规划到2010年基本解决西部地区贫困人口温饱和低收入人口稳定增收问题。“十一五”规划中指出，要加大扶贫开发力度。对西部基本失去生存条件地区的农牧民，进行易地扶贫搬迁；加强对边远高寒山区、人口较少少数民族地区、三峡库区等特殊困难人口的社会救助；加快开发式扶贫步伐。到2010年，西部人均GDP比2000年翻一番以上；城乡居民人均收入水平与全国差距扩大的趋势得到遏制；力争基础设施和生态环境建设实现新突破，重点地区和重点产业的发展达到新水平，基本公共服务均等化取得新成效。现在看来，这些任务已基本完成。而“十二五”规划则在此基础上对解决西部地区贫

困问题和缩小地区间差距提出了更高要求与目标，指出要坚持把保障和改善民生作为加快转变经济发展方式的根本出发点和落脚点，完善保障和改善民生的制度安排，加快发展各项社会事业，进一步推进基本公共服务均等化，加大收入分配调节力度，坚定不移地走共同富裕道路，使发展成果惠及全体人民。作为今后五年经济社会发展目标，“十二五”规划要求城乡居民收入普遍较快增加，努力实现居民收入增长和经济发展同步、劳动报酬增长和劳动生产率提高同步，低收入者收入明显增加，中等收入群体持续扩大，贫困人口显著减少，人民生活质量和水平不断提高。

（一）加大生态移民的规模和范围

生态移民一方面可使长期贫困的人们以较快的速度脱贫，另一方面又可减少他们为生存而对生态环境造成的破坏。贫困与生态环境破坏同时并存是西部贫困地区的一个普遍现象和显著特征，通常情况下，贫困与生态环境往往形成负面的相互影响，以致造成生态环境的恶性循环并成为贫穷落后的主因之一。在西部地区（尤其是贫困的少数民族山区），人们为了解决温饱问题常乱开滥采，扩大种植面积，导致生态环境破坏严重、水土流失、干旱缺水，其反过来又引起大面积的贫困，形成了典型的贫困与生态环境破坏的恶性循环。再以黄土高原贫困类型为例，区域内大部分地区被厚厚的黄土所覆盖，成为全国水土流失、风沙最为严重以及“十年九旱”的地区，严重影响和威胁着当地农业生产和人民的生活。生活在这些贫困地区的人们，为了维持生存，只能不断扩大种植面积，反过来又加快了贫困与生态环境恶性循环的过程，导致新的贫困。这种现象在贫困地区比较普遍。甚至由于生态被极度破坏，一些地区环境已无法生存，人口被迫迁移，出现了“生态难民”。生态环境的深度恶化和生态性贫困人口的扩张，使得实施生态移民成为西部地区治理生态性贫困的必然选择①。事实证明，在自然条件特别恶劣的地区实行生态移民（为使人口与环境容量相适应，完全或适当外迁人口）的做法是有效的。需要注重的是，进一步扩大规模和范围，并注意提高生态移民的质量和效果。

（二）建立生态经济制度，实现贫困地区生态系统与开发方式的合理融合，在保护生态前提下谋求脱贫

从发展的合理性高度说，西部地区开发及发展的方式必须是生态经济型的，其核心是利用中寻求保护和保护中寻求发展。针对西部贫困地区贫困与生态破坏同时并存的特殊现象以及生态贫困的主要特征，为把消除贫困、强区富民与生态环境的治理有机结合起来，亟待在西部典型的生态脆弱地区进行经济运行方式的变革，建立起贫困地区的生态经济模式，以生态环境建设为中心，以脱贫致富为目标，建立生态经济制度，合理和有效地实施开发，以求贫困地区生态系统与开发方式、生态系统与经济系统的合理对接。实践证明，这种途径和方式在西部贫困地区农村的开发建设中是完全可行和行之有效的。

实际上，西部地区一直以来所进行的大规模的退耕还林、退耕还草、退耕还湖行为都是为改善生态系统而实施的开发方式的合理转变，此举亦是积极建立生态经济制度的突出体现。在此基础上，国家和各级政府应持续对这些意在生态重建的活动给予大力支持，譬如在落实坡耕地还林补偿粮食的政策过程中，通过财政扶持使贫困山区农民从对坡地的依赖中脱离出来，使农民营造林草植被、治理水土流失的生态经济活动能够有经济实力上的保证和资金上的支持，从而为贫困地区建立和建设生态经济制度提供保障。有文章显示，目前，西部地区的陕西、甘肃和宁夏等省区在生态系统与经济

---

① 任保平．西部贫困地区的生态性贫困及其治理［J］．商洛师范专科学校学报，2005（1）：7－11.

系统的对接上已经取得可喜的成绩，比如六盘山区、黄土丘陵区等地，经过多年努力，现已建成一批水土保持、造林种草、节水灌溉和农业示范工程，并发挥出了良好的基础和辐射作用。

就整个西部地区而言，建立生态经济制度，在开发方式上实现贫困地区生态系统与经济系统的合理融合，依然是一项带有全局性的艰巨工作，必须强化以下环节：首先，通过科技进步提高对环境资源的利用水平。在生态经济建设的过程中，要建立鼓励科技创新的技术进步体制，要形成有利于科技推广的农村公共服务体系。其次，要充分发挥政府宏观规划、协调与控制的特殊作用，运用行政、信贷及金融税收等手段，加快生态经济制度的形成和建设步伐的推进。再次，应有效利用市场化的调节功能，更多地获得生态公共产品的价值，用以对环境进行改善和补偿。最后，在加快对原有生态破坏的治理和恢复的同时，坚决防控经济开发过程中出现新的生态破坏。

二、西部地区发展模式的合理取舍

（一）以科学发展观为指导，构建和实施可持续发展的生态经济模式

1. 确立可持续发展的生态经济模式之基本原则

（1）正确处理好人与自然的关系。

生态环境是经济发展的基础，而经济发展则对生态环境起主导作用。良好的环境可以为经济的持续发展提供保障，为经济系统提供更多的资源。人类应建立与自然和谐相处的“伙伴关系”，坚定地以科学发展观为指导，牢固树立正确的自然观和科学的发展观，和谐人与自然的关系，在维护生态平衡、改善生态环境的前提下，不断促进经济增长和社会发展。

（2）正确处理好生态效益与经济效益的关系。

经济效益是首位的，但生态效益则是首要的。一方面，经济效益的不断提高能为生态环境的进一步改善增强实力。另一方面，工农业生产过程依赖于一定的生态环境，客观上就要求生产过程中必须首先顾及生态效益，在生态环境改善和生态效益不断提高的基础上提高经济效益。同时，生态效益的提高可以为工农业再生产创造良好的生态环境，并为社会经济效益的提高奠定坚实的物质基础。

（3）正确处理好生态效益、经济效益与社会效益的关系。

生态效益、经济效益和社会效益三者互为条件、相互依赖、相互促进、相互联动。生态效益是经济效益的基础，经济效益是生态效益的表现，社会效益又是生态效益和经济效益的目标。因此，在可持续发展建设中，生态效益是基础，经济效益是桥梁，社会效益是目标。发展生产的最终目标是生态效益、经济效益和社会效益的同步提高，以及社会经济的协调发展。

2. 探寻可持续发展的生态经济模式之有效对策

（1）调整产业结构，发展生态工业。

从20世纪90年代起，生态经济进入快速的增长期，生态产业成为全球经济增长最具潜力的“朝阳产业”之一，其已迅速扩展到第一、第二、第三产业的各个领域。西部地区应当跟上时代发展的步伐，抓住产业结构调整和发展的机遇。就西部地区而言，工业生产的科学化、专业化和规模化程度不高是目前导致生态系统功能弱化的主要原因之一，因此，西部地区要调整产业结构，使资源配置合理化，构建起生态工业体系，这也是实现可持续生态经济模式的一个重要问题。具体表现为新产业的创新，如积极开发和发展能依托于西部地区资源优势的有机食品工业、前景广阔的环保工业。在有条件的地区大力建设生态工业园区，广泛、集中地建设废渣、废水、废气处理和循环利用工程，使工业“三废”达标排放，令生态工业的发展有依托的平台和规模发展的基础。

【西安市灞桥区的成功之路案例】 西安市灞桥区在2007年就确立了由生态强区向经济强区、城市郊区向中心城区转变的新思路，并提出发展生态经济的发展主题，致力于把积极的生态建设和环境保护贯穿于西安经济发展的全过程，强化谋求生态经济的“环境政绩”意识。按照生态型企业、生态工业园和生态工业区域三个层次来构建“生态工业体系”。各个层次都要围绕循环利用和综合利用资源来设计建设，力求对一种资源的多种有用成分或多种用途分别加以利用。对利用一种资源所产生的排放物或转化物连续加以利用。全面回收废旧产品和包装材料，按其有用成分和用途再加以利用。按照资源循环利用和综合利用的流程来生产系列产品。在三年多的实践中取得了明显的经济、社会及生态效益。

（2）实现经济循环，发展生态农业。

潜心发展能够按照生态规律合理利用自然资源和环境容量，能够将清洁生产和废弃物综合利用融为一体的经济，这种经济形式在实质上说就是一种生态经济。它要求运用生态规律、系统论方法来指导经济活动，使得经济按照生态系统的模式建立一个“资源—产品—再生资源”的物质反复循环流动的过程，从而建立起在物质不断循环利用的基础上的经济发展模式。这种经济发展模式应用于农业生产中就形成了生态农业，其应用生态工程技术（诸如多层级的立体种植与立体种养技术，类如畜禽粪便综合利用、秸秆综合利用、生物防治的有机物多级利用技术，以及沼气发酵、太阳能风能利用等再生能源开发技术，以及生态治理技术等），实现对农业生态系统的不同层次进行合理设计及管理，形成分层多级利用资源的生态工艺系统，实现农业在生态化基础上的循环、持续发展。

（3）倡导绿色消费，发展绿色产业。

绿色消费是指既满足人的生存需求，又满足资源和环境保护需求的一种消费方式。随着人们生活条件的不断改善和生态环境意识的日益增强，崇尚生态文明和绿色消费成为时尚。绿色消费提倡重复使用，分类回收，循环再生，提高废物的资源转化率及绿色消费效益的增长。西部大部分地区应将眼光移向绿色市场、绿色发展及绿色营销战略，迎合绿色消费的新习惯和新理念，开发和应用生态技术，研制和生产绿色产品，逐步培育和打造有西部地区特色的绿色产业。譬如，在西部地区积极发展生态旅游就是一条符合西部地区实际的有效而可行的绿色产业发展之路。生态旅游的实质是以生态效益为前提，以经济效益为依据，以社会效益为目标，谋求三者结合的综合效益，实现旅游业的可持续发展。因此生态旅游是一种可持续发展的绿色旅游，它不仅可以充分利用西部地区丰富的自然及民族文化旅游资源，而且还能不断拓展旅游的外延，产生良好的经济、社会、生态效益。西部地区各地应充分发挥当地的生态旅游资源优势，运用可持续发展理论，借鉴发达国家及地区经验，科学规划、合理开发生态旅游项目，创建具有生态、娱乐、民族特色的可持续发展的生态旅游产业，推动整个地区绿色产业的健康发展。

（4）顺应时代要求，尽早应对“低碳经济”的挑战。

我国政府最近向全世界庄重承诺，到 2020 年，二氧化碳排放量将比 2005 年减少 40% ~50%。对西部地区来说，工业化发展阶段不可跨越，减排任务尤其繁重、压力异常巨大。可行的出路就是发展低碳经济，而低碳经济的支撑是可形成产业化、规模化的低碳技术和工艺。因此，对尚处在工业化初期、资源型发展特征明显的西部地区来说，发展低碳经济意味着将面临来自资金、技术、创新、市场的更大压力和挑战。既然别无选择，就要早做盘算，积极应对。

（二）强化政府必要的主导地位

西部地区经济社会发展底子薄、基础弱、缺乏支撑力，改变这种状况是政府义不容辞的责任，也是西部地区经济社会又好又快发展的基础保证。

西部大开发战略实施以来，国家不断加大对西部地区的项目投资力度，这些投资集中于交通、能源、通信、资源开发等基础设施建设项目中，对西部地区的基础建设起到了奠基性的举足轻重的作用。因此，在今后相当长的一段时期内，西部地区的发展还只可能选取政府主导开发模式，依托国家项目带动当地经济的发展，同时逐渐培育、强化市场经济条件下市场的功能和作用。尤其在西部地区基础设施和环保产业等的建设发展问题上，更需要巩固政府发挥的主体地位和核心作用。一方面，对于西部地区事关全局的重大基础设施建设工程，仅靠市场是难以承担和运作的。另一方面，在西部地区底子薄、市场发育程度和规范化管理程度尚比较低的情形下，如果一味以市场为主，则会出现资金筹措和运作等方面的问题和困难，容易出现西部地区资金和资源向东部及发达地区大量逆流的现象。因此，总体上说西部地区目前还是应当走一段“以政府为主，市场为辅”的过渡之路。以求尽快构建起西部地区产业、经济及社会发展的“基架”。也就是说，在西部地区的特定历史时期，这种以政府为主导的发展模式还是比较合理的。

（三）形成“东西联合，互惠互利”的经济发展合理模式

1. 实行东、西部经济联合与整体发展

实行东、西部经济联合发展，实质上就是将国民经济看成一个资源链里的有机整体，促进各类要素的合理流动，最大限度地提高东、西部地区经济发展的效率和发展合理性。

2. 吸引和利用东部的资金开发西部的资源

由于西部地区在资金和技术上的短缺，开发力度显得不足，制约了西部地区自然资源潜力的挖掘。另一方面，东部地区的原材料及能源短缺的问题越来越突出，但东部地区在先期发展的基础上积累了资金和技术，具有较强的资金、技术的扩张能力。这种区域间发展的互补性，使得西部地区有可能吸引和利用东部地区的资金和技术开发资源。把东部的资金及技术与西部的资源开发有机结合起来，不仅能合理解决西部地区资金和技术短缺的问题，又能合理提高东部地区的投资效益，从而实现“双赢”。

3. 加大东西部在科技、人才、管理方面的合作

通过东、西部之间的技术、人才合作，把东部一些成熟技术引入西部，以加强对落后产业的技术改造。这不仅可使这些技术继续发挥作用，还能促进东部地区技术的推陈出新、更新换代，从而有利于推动东、西部地区双方的技术进步，优化双方的产业结构。特别是有利于培养和造就大批西部地区本土的科技人才和现代化管理人才。

西部地区在引进东部地区资金、技术及人才的同时，应特别注意引入东部发达地区先进的经营理念（如国际化经营思路与模式、现代的营销手段、品牌经营意识、虚拟经济运作方式等），尽力提升产业的科技含量与附加价值，并在消化吸收中提高西部地区管理人才的素质。

由于东西两地经济社会发展差距的存在，要使得人才合理地流动，还必须充分借助于政府的宏观调控和政策扶持，并有机地利用市场的调节作用和经济杠杆的调整作用。

（四）合理运用“增长极”理论，重点选择优势产业

“增长极”理论是一种非均衡发展的理论，它要求在区域经济不平衡发展中，把有限的资源集中投入发展潜力巨大、规模经济和投资效益显著的少数部门或产业，使“增长极”

的经济实力强化并同周围区域构成一个势差，通过政府宏观扶持和市场机制的传导，引导区域经济的快速发展。“增长极”理论强调，“增长极”本身的形成和发展，通过“增长极”的辐射效应来拉动一个行业，一个地区的经济快速发展。按照这一理论，就西部地区的经济发展模式而言，应将有限的经济资源集中于若干个有竞争优势的产业，最终把它们扶持和培育成西部地区及当地的经济“增长极”，进而成为带动西部地区及当地经济和谐快速发展的支柱。西部地区自身发展的历史表明，凡脱离当地实际、贪大求全、各个行业均衡用力齐头并进（即“小而全大而泛”的经济发展模式），或单纯依托资源产业，有什么资源就发展什么行业（即单纯和孤立型经济发展模式）都是不合理和不可能持久的，也就无法实现优质、快速、协调、持续发展。这也就要求广大西部地区，坚持科学发展观，立足本地的实际，选择符合本地区经济条件的优势产业，扶植龙头企业，努力上规模、出特色、重辐射，以此带动本地区经济社会的良好发展。西部地区涌现出的诸如云南的“云烟”、“云茶”、“云花”，内蒙古自治区的“伊利”、“蒙牛”，四川的“长虹”，贵州的“茅台”等一大批发展势头良好的产业和优势企业，以其显著的龙头带动作用，展示出了合理运用“增长极”理论和重点选择优势产业的可行性和必要性。

（五）寻求资源开发与资源利用兼容的发展模式

相对东部地区，西部地区在自然资源的占有上具有明显的优势，属于自然资源富集的地区。正是这种自然资源分布的区域差别，决定了东西部地区及西部各地域产业发展模式在选择上有所不同，由此在很大程度上决定了各地区经济发展效果的不同。西部大部分地区因占有丰富的资源，总体上首先选择的是资源开发型的产业，而东部地区由于自然资源相对不足，因而普遍选择的是资源利用型产业，注重对自然资源的开发与利用，提高资源的附加值，经济效益也较为显著。经验表明，靠资源的开发与消耗是很难支撑一个地区经济的持久发展。为使经济及社会协调和可持续发展，资源开发与资源利用兼容的“混合”型发展模式当为最佳选择。西部地区得天独厚的丰富资源，决定了它比东部地区更加具备自觉选择资源开发与资源利用兼容的“混合”型发展模式的条件。“巧媳妇难为无米之炊”，有米则不愁找不到巧媳妇。在科技进步的基础上，经过一段必要的积累和探寻，西部地区的发展模式应当逐步由资源开发型发展模式向资源利用型发展模式转变，直至达到两者的有机融合，最终实现资源的深度开发、产品价值的高度附加、经济效益的综合提高。

（六）坚定地走西部地区发展循环经济之路

胡锦涛同志视察陕西时曾经指出：“发展循环经济，是从根本上缓解资源环境压力、实现人与自然和谐发展的有效途径，必须大力提倡和推广。”明确要求在西部大开发中要大力发展循环经济。西部地区的循环经济不仅应表现在农业上，更应体现在工业发展之中。在长期以来形成的国内分工格局中，西部地区工业结构很不合理：一是“资源高消耗、污染高排放”的能源和原材料工业占很大比重；二是传统产业占很大比重，其中大多数传统企业技术落后、设备陈旧，既无法与东部地区的先进企业竞争，又容易造成较严重的环境污染。因此，西部地区只有尽快转变经济发展模式，大力推进循环经济的发展，才能减少工业废弃物排放对环境的污染，进而促使西部工业及经济结构向合理的方向转化。

西部地区在发展循环经济上存在先天和后天的劣势，首先，经济发展初期环境恶化一旦超过一定的生态阈值，环境退化的状况就很难逆转。这个问题在西部很多地区十分突出，比如“高原明珠”昆明滇池的水质严重污染等。滇池曾经是“四围香稻，万顷晴沙，九夏芙蓉，三春杨柳……”的一副美景，但如今的滇池水体已被重度污染，蓝藻和水葫芦滋生蔓延，水体富营养化严重，水质已退化为劣五类，生态价值几近为零，并致使昆明成为污染型缺水城市。其次，西部大开发战略实施后，处于高梯度的发达国家和国内相对发达的东部地区在产业结构调整、升级的过程中，众多企业蜂拥而至西部地区，使得不少污染大、能耗高的技术及工艺进入西部，由此加重了西部地区资源的浪费和环境的污染。面对这些现实，西部地区就更加应当坚决在发展经济中改变以牺牲生态环境为代价的经济增长模式，正视和克服劣势的制约和影响，大力推广生态技术、积极培育发展生态产业，努力实现物质生产与社会生产的生态化。通过因地制宜地发展循环经济，最大限度地推进资源的循环利用，最大限度地降低污染的排放强度，实现经济效益、社会效益、环境效益的三维整合和"共赢"，增强发展的可持续性。为此，可从三个层面思考西部地区循环经济的发展：第一，单个企业层面的循环经济发展。就企业而言，生产过程中要刻意注重产品清洁生产，最大限度地减少对不可再生资源的耗竭性开采与利用，尽可能应用替代性的可再生资源，对废弃物的产生和排放实行技术性控制。同时，企业应尽量利用二次资源代替自然资源，努力实现经济的整个过程的闭合。四川攀枝花钢铁集团公司循环经济的有效发展就是一个典型的成功范例。第二，通过筹建生态工业园区集中发展循环经济。在西部地区有条件的地方按照工业生态系统思想建立工业生态园，集中发展、集中治理和统一管理，是一种值得推广的循环经济发展方式。这种方式能使资源和能源在工业生态园区这一工业系统中得到循环和重复使用，做到资源共享，各得其用，各有其利，共同发展。攀枝花钢铁企业集团和以之为龙头的攀枝花市生态工业园区的建设发展，同样是一个很好的实例。第三，区域及社会层面循环经济构想。要建立符合西部地区实际、有助于促进西部地区区域循环经济发展的法规制度，做到有章可循、有法可依，营造良好的法制氛围和社会环境。政府有关部门要为发展循环经济做好宣传、指导和服务工作，大力推广绿色消费意识，引导政府、企业及公众积极参与绿色消费运动。在政府的支持和扶持下，积极创建循环经济市、循环经济县、循环经济乡，以及绿色村镇和绿色社区，以点带面，形成网状结构，发挥辐射作用。

【西部地区发展循环经济典型案例】在西部内陆省会城市贵阳，一场实施可持续发展战略，探索资源消耗和再生利用、减少废弃物排放、经济快速发展和环境保护协调发展的循环经济模式，已经实践了8年，循环经济“贵阳模式”渐入佳境。自2002年以来，作为我国首家循环经济生态试点城市，贵阳不仅完成了全国第一个循环经济生态城市总体规划，制定和正式施行了全国第一部循环经济生态城市地方性法规，而且坚持“政府引导，企业为主；科学规划，点上突破；制度规范，全民参与”的发展思路，找到了发展循环经济的新路子。贵阳市委托清华大学、中国环境科学研究院的有关教授、院士和专家，制定了建设循环经济生态城市的总体规划，选择金阳小区区域、生态工业、生态农业、住宅小区和消费行业等五大领域、8家循环经济试点单位和科伦药业有限公司等3家清洁生产试点单位，确定首批28个重点项目，启动了开阳磷煤化工（国家）生态工业示范基地、清镇循环经济煤化工生态工业基地和息烽磷复合肥基地等重大建设项目，构建起全市循环经济生态城市的支撑体系。

在清镇市百花工业园区，科伦药业有限公司总经理曾勇介绍说，按照专家的意见，企业投资713.5万元，对生产环节实施技术改造，将燃煤锅炉改为燃气锅炉，将水处理从离子交换变为反渗透装置等，并且在管理中注意抠细节，将以前丢弃的玻璃瓶、纸板、再生膜、胶塞和纸筒等返回厂家重新加工以后，再返还重复利用，仅此一项，每年为企业节约

100多万元。通过推行清洁生产，企业年增效1 000多万元，更重要的是实现了无废弃物排放。横贯贵阳市区的南明河，20世纪60年代以来，随着工业化和城市化进程的加快，90%的河水变成污水，臭气熏天，鱼虾绝迹。2002年，贵阳市委、市政府决定举全市之力治理南明河，在上游实施生态建设综合治理面积80平方公里，使上游水土流失得到有效遏制。对沿河207家污染源企业进行全面整治，除关停、迁转外，全部做到达标排放。经过三年治理，南明河重新变清。随着循环经济生态城市规划的深入实施，贵阳生态环境大为改善，这个酸雨重灾区已实现连续1 000天无酸雨，近年来先后被全国绿化委员会、建设部、国家林业局、国家旅游局评为“中国优秀旅游城市”、“全国园林绿化先进城市”和“全国造林绿化先进单位”。2004年，在国家表彰的9个“全国绿化模范城市”中，贵阳是唯一的省会城市。贵阳的循环经济模式得到了国际组织的认可，联合国规划署于2004年3月决定选择贵阳市作为“可持续生产与消费地方政府能力建设”项目的全球唯一实施地，并提供相应的项目启动经费，目前已投入10万美元用于这一项目实施。贵阳还获得了欧盟50万欧元“循环经济政策支持”资金及德国“贵阳市循环经济中德合作项目”20万欧元的项目支持。①

（七）走新型工业化道路，谋求西部地区跨越式和可持续发展

西部地区普遍处于由工业化初级阶段向中级阶段过渡的时期。新型工业化是缩短工业化的进程，缩小区域经济差距，促进西部地区合理、持续发展，实现全面小康社会的科学思路和有效途径。就西部地区而言，走新型的工业化道路就是利用现代科学技术和信息化的成果改造西部地区的传统产业，

① 案例来源：新华网。

一改粗放式经营方式以及先污染、后治理的做法，着眼于提高资源的配置效率和资源的利用率，提升西部地区产业结构和产业竞争力，尽可能地降低对环境的污染程度，以此实现西部地区的跨越式发展，满足地区和区域可持续发展的需要。传统工业化道路的不合理性在于其是以能源的过度消耗和环境的破坏为代价，经济效益的取得是建立在社会效益和生态效益损失的基础上。相比之下，建立在这种对传统工业化道路创新的模式上的以新型工业化为标志的发展是合理的发展。总之，新型工业化道路强调在发展中利用信息技术为代表的科技革命来降低资源消耗，减少环境污染，力求资源配置效率的最大化，在实现工业化的过程中特别强调生态建设和环境保护，在科学发展和合理发展的基础上实现经济效益、社会效益和生态效益的并举。

在西部地区新型工业化发展过程中，应当闯出一条有西部地区特色的新型工业化道路。既要遵循新型的工业化发展的一般规律，又应考虑和体现西部地区人口多、劳动力丰富、劳动力成本较低、生产水平不高等特点。不可机械地以机械化和自动化的程度作为衡量工业化程度的尺度，而应在工业化的进程中兼顾是否充分发挥当地资源优势和潜能，是否实现优势资源的优化配置和效率的最大化。

1. 尝试走信息化和工业化有机互动的工业化发展之路

发达国家和地区一般都是在工业化之后推行信息化，这是一条循序渐进的道路。西部地区作为一个后发地区，如果同样效仿，那将始终摆脱不了相对落后局面。当今，信息网络技术发展迅猛，产生了信息及通信设备制造业、软件业、信息服务业等新兴产业，并以极强的渗透力同传统产业结合，涌现出了新的工业生产方式和新的业态。这为后发地区加快工业化进程和走新型工业化道路提供了很好的历史机遇。西部地区完全可以发挥后发优势，将信息化和工业化的进程重合起来，以信息化带动工业化，以工业化促进信息化，在新的技术起点上实现高层次的工业化，走跨越式发展的捷径。

2. 探索与可持续发展战略紧密结合的工业化道路

人类以往所走的是一条以消耗能源、牺牲环境为代价、“先污染，后治理”的发展道路，当下，这条道路已经行不通了。发展必须体现及实现可持续，这就使新型工业化与可持续发展战略内在地联系在一起。西部地区必须依托新型工业化，多发展、少污染，边发展、边治理，增强发展的可持续性。

（八）重点突破，以点带面

西部地区的有序开发和合理发展，应当有点有面地展开和实现。当前可以把西部地区的“陇海—兰新”、长江上游和“南贵昆”三个经济带（区）作为重点区域。在西部地区重点开发区域的选择上，各地政府与很多专家学者都进行过很深入的研究和探讨，目前比较成熟和有代表性的是中国科学院地理所受国务院西部办委托所进行的研究，该研究认为西部地区开发可以确定西部地区“陇海—兰新”经济带、长江上游经济带、南（南宁）贵（贵阳）昆（昆明）经济区、呼（呼和浩特）包（包头）—包（包头）兰（兰州）—兰青（青海）经济带四个一级经济带（区），开发模式主要应采用陆大道先生提出的“点—轴”模式。该研究的结论符合西部地区在当前和未来一个时期的发展需要，具有很强的现实指导意义。当前西部地区可以把上述的前三个经济带（区）作为重点开发区域，“呼包—包兰—兰青”一线目前的实力还较弱，但从其战略意义来看应该在未来的适当时期予以重点考虑。

以“点—轴”模式为基础，我们可演化出“圈—轴”模式。长江上游经济带可按“西三角”（“成都—重庆—宜昌”一线）和“渝川黔鄂”（以重庆、成都、贵阳、宜昌为主）的框架进行构建，以各大主要中心城市为核心分别构建城市圈（如以重庆主城为中心，包括重庆全市和川东、黔北等地在内的重庆城市圈），再由发展轴线将各城市圈连接起来，从而形成一个有机的大经济带（区）。不再以单个的城市为"点"，而是把以各主要中心城市为主导的城市圈作为"点"，此乃与"点—轴"模式相区别的"圈—轴"模式，亦可视之为"点—轴"模式的区域发展拓展型。这种"重点突破，以点带面"的模式同样适用于西部微观区域的发展，如目前发展形势良好的云南"滇中城市圈"等（以省会昆明主城为中心，以周边的玉溪、曲靖、楚雄为外围）。可以预见的是，悉心打造的"滇中城市圈"在不远的将来，势必会同已初显轮廓的"滇西城市圈"（由丽江、大理、保山组成）形成一轴、连为一线，相互辐射和促进，进而带动沿线及滇中、滇西整个地区协调、快速、有序地发展。

一般来说，在重点开发区域适宜采用如上的"圈—轴"发展模式，在次级甚至次次级经济带（区）中适宜采用传统的"点—轴"开发模式，而对于城市密集度较低的区域，则短期内还只能按照"增长极"模式来扶持单个的"点"的发展。

三、产业结构的合理调整、优化和升级

由前面章节分析可知，影响西部地区经济社会发展合理性的一个重要因素就是缺乏合理的产业结构。统计数据表明，就产业结构而言，2008 年西部地区第三产业产值虽已由 1998 年的 5 015. 8 亿元增加到 18 046. 94 亿元，占国内生产总值的比重由 34% 提高到 37. 7%。第二产业的比重由 40. 73% 提高到 46. 32%，第一产业在总量由 3 717. 5 亿元增加到 7 645. 08 亿元的同时，所占比重由 25. 27% 下降到 15. 97%。就城市化而言，西部地区 2008 年城市化率虽然达到了 36. 96%，比 2001 年的 28. 73% 上升了 8. 23 个百分点，但仍比全国平均水

平低了近5个百分点。因此，尽管西部地区的产业结构有所优化但不够显著，产业结构仍然不够合理。所以，切实调整西部地区产业及经济结构，积极推进依托新型工业强省、强区及强地的战略，大力发展旅游、物流等第三产业，加快资源节约型和环境友好型社会建设，通过产业结构的调整降低农业产值占GDP的比重和农业就业人口占全部就业人口的比重，通过加快城镇化建设的进程提高西部地区的城镇化水平，逐渐实现西部地区工业结构、产业结构和整个经济结构的升级与优化，从根本上扭转西部地区产业结构层次低、经济整体素质和效益不高的状况，在未来若干年中都将是实现西部地区合理发展的重头戏。

西部地区产业结构调整主要应围绕两个方面进行：一是产业结构合理化，即消除产业结构失衡，使西部资源得到充分、有效和深度利用，推动经济快速协调发展。二是产业结构升级，即提高西部地区产业结构中技术和资本密集部门的比重，提高产业的整体技术水平，使经济效率和社会效益达到最大化。因此，针对西部地区产业结构中存在的农业比重偏高、工业比重偏低且内部结构不合理、第三产业发展不充分以及产业结构效益低下等问题，应有的放矢地抓好西部地区产业结构的调整与升级。

（一）遵循规律，迎合趋势，加快西部地区产业结构的调整与优化步伐

西部地区和东部地区之间，“中心”和“外围”经济的一体化趋势已经形成。现代经济增长规律表明，制造业等生产部门将越来越多地离开中心进入外围地区。因此，西部地区产业结构的调整还应主动迎合这种趋势和顺应发展规律，要以提高产业的技术含量和附加价值为主题，加大加工工业的比重，改变西部地区为东部地区简单提供资源的状况，自觉地促进产业结构的调整和优化。

（二）充分发挥政府在西部地区产业结构调整和升级中的统领作用

西部地区产业结构自觉调整能力相对较低，因此政府在其中的作用就十分明显和必要。

1. 加强宏观规划，加快产业结构升级

这方面政府有大量文章可做。据国家发改委工业司介绍，国家已经通过宏观规划和积极调控，大力推进西部地区重大项目布局和建设工作，有效地提升了西部地区产业结构的整体优化程度。如为了提高新疆、四川、陕西、青海和境外在石油、天然气资源方面的工业综合利用能力，规划并建设了新疆独山子石化 1 000 万吨炼油改扩建和新建 100 万吨乙烯工程。为填补西南地区石化工业空白，规划并建设了西南石化基地的四川 80 万吨乙烯工程。为推进西北地区煤化工的发展，规划并实施了陕西和内蒙古新技术大型煤制烯烃工程项目建设。为建成具有西部特色的有色金属产品出口基地，规划并加快了贵州铝金属（贵阳 40 万吨氧化铝）和广西铝金属（平果 85 万吨氧化铝）、云南铅锌、甘肃金川镍等工程建设，加之包钢年产 20 万吨无缝石油套管和轨梁热轧改造工程、攀钢大口径无缝管和白马铁矿工程、昆钢大红山铁矿等一批重点项目的在建及投产，均对西部地区产业结构的升级起到积极而重要的推动作用。此外，以国家行为引导和支持西部地区重点行业企业联合重组，加快西部重点行业骨干企业的改制、改组和改造步伐，打造一批具有核心竞争力的大企业集团，由此增强产业结构的合理性。例如国有大中型骨干企业中国铝业公司通过资产重组、收购整合兰州铝厂、连城铝厂和关铝股份等电解铝企业，促进了电解铝行业的良性健康发展。

2. 制定扶持政策，促进西部地区产业结构的优化

譬如，通过减免税政策，使实施重大技术创新的企业可以享受高新技术产业开发区的特殊优惠政策，加快高新技术

的引进和高新技术企（行）业向西部地区的转移。又如，通过资金和财政扶持，有重点地扶持对西部地区产业结构调整帮助大的某些产业的发展。可采取国债资金的支持形式，重点支持农产品深加工、化肥、农药、矿产及生物资源等重点行业的发展。对于高新技术产业、基础设施建设、农业、生态林草业等的发展，在市场经济尚不完善的状况下将出现资金短缺和投资不足等问题，此时政府主导及扶持作用就显得尤为突出和重要。政府对上述产业的政策及资金上的有力支持，将弥补市场作用的不足和吸引必要的投资资金，通过扶持上述产业的发展，推动产业结构不断优化和升级。

3. 建立健全投资保障机制，实现投资主体的转移

针对存在的投资主体不明、保护不力的问题，中央和地方政府可通过政策引导和健全制度，进一步完善投资机制和保障机制，使企业、集体、私营、个体成为投资的主体，从源头上解决产业结构不合理的问题。

（三）因地制宜地进行产业结构的调整与升级

根据合理性要求和原则，西部地区产业结构调整既要符合西部地区的实际和特点，又应体现和满足国家层面的全局性可持续发展的要求。

1. 立足西部地区实际，促进传统产业的新型发展

西部地区劳动密集型产业数量多比重大。如果引导、结合和发展得好，一些劳动密集型产业（如技术服务、信息咨询服务等）也能成为高新技术产业，即便是农业、生态林草业等也能合理采用高新技术。因此，可将劳动密集型产业与高新技术结合起来，推动低技术的劳动密集型产业向高新技术劳动密集型产业升级。

从发展类型上看，鉴于西部地区的发展总体上是资源型和投资型的，因此西部地区仍然要适度发展资源密集型和资金密集型产业，尤其是石油化工、黑色金属及有色金属冶金

等资本密集的重化工业和资源密集的原材料工业，以此显著增加工业比重。但必须注重改进的是，紧紧依靠科技进步努力提高生产技术水平和能源原材料的利用率，并减少污染物排放。

2. 有机发展技术密集型产业，增添产业结构的合理因素

从长远看，西部地区产业结构调整和升级主要还应依靠技术密集型产业的加快发展。为此，应有选择地培育和发展信息、生物、新材料等新兴技术含量高的产业，不断加大产业构成中的比重。

3. 有的放矢地承接好转移产业

以工业生产为主的产业向西部地区转移已成趋势和事实。这种转移呈现出由单纯的制造业扩展到整个产业链，由转移纯粹高新技术产业演化为高新技术产业向资源及劳动密集型产业渗透的特点。根据这一特点，有选择有目的地加以积极应对，将能够有效地促进西部地区产业结构的合理调整和整体优化。为此，西部地区在承接转移产业的过程中，应根据自身特点和具体情况，科学鉴别，合理选择，以求通过对转移产业的主动、有序、合理地承接而达到促进多种结构的比例关系得以调适的目的。

4. 切实加快城市化建设步伐

城镇化发展是城乡产业转移和产业结构进步的重要过程和标志。西部地区城镇化发展的一个趋势是产业重心由第一产业向第二产业，再向第三产业的合理转移。而在西部地区城市化进程中，以制造业为主体的第二产业和以服务业为主导的第三产业普遍向大城市郊区和周边卫星城镇转移扩散，积极地带动了整个“都市群带”产业结构的变化和升级。这一点上，在前面提及的以云南省昆明市、玉溪市、曲靖市和楚雄州为主体而构建的“滇中城市圈”，以其对区域产业结构实现合理调整所起到的明显效应而成为经济社会发展的一个亮点。

5. 因势利导地合理选择和培育特色主导产业，加快产业结构的优化步伐

西部地区产业结构的调整很大程度上依赖于当地主导产业的合理选择。通过具有本地特色的主导产业的正确选择，有机发挥主导产业在当地经济发展中的带动作用和传导机制，进而推动地区产业结构的优化升级。需要强调的是，尽管主导产业的培育离不开当地特色资源，但必须改变过去“有什么样的资源就生产什么样的产品，生产什么样的产品就向市场提供什么样的产品”的传统观念和做法。而是要以市场需求为导向，根据市场需求的变化来确定资源的开发和产品的生产，逐步形成地域特征明显，增长潜力大，具有较高劳动生产率、科技含量，较大生产规模、经济效益、品牌影响力和市场竞争力的主导产业。

针对西部地区实际，特色的农牧产品加工业，能源、原材料为基础的重工业，自然和民族特色浓郁的旅游业等均可成为培育特色主导产业的首选。首先，应考虑培育和发展农牧产品加工业为主导产业。我国西部地区农民纯收入目前只有东部农民的50%左右，西部地区绝大多数地方才刚刚步入工业化的初级阶段，因此把农业作为西部地区的主导产业也是西部经济实现合理发展的需要。西部地区自然条件的多样性和适宜性，决定了这些特色农牧产品的生产、加工、销售具有很大的比较优势，也为其相关轻工业的发展提供了丰富的原料，比如西北地区的红花、枸杞、葡萄、哈密瓜、香梨、棉花、皮毛，西南地区的花卉、药材、烟草、桑蚕、油菜子、热带水果等，利用这些特色及优势资源，可以在发展绿色食品、保健食品、中药材加工业、粮油水果加工业、纺织工业和皮革加工业等方面大做文章，譬如四川的希望集团就是依靠当地农产品资源发展起来的。其次，应当以能源和矿物生产业作为主导产业的骨干。随着西部地区“集约型生产方式”转型程度的提高，西部地区能源和矿物资源的比较优势逐步

发挥出来，形成了选择和培育能源、矿资源加工业为主导产业的良好条件。西部地区应以此为依托，大力发展能源重化工业、资源深加工业，并应侧重通过技术进步延伸产业链，提高生产的拓展度、循环度和附加值，把在能源、矿物资源方面的比较优势转化为在市场上的竞争优势和经济优势，发挥出促进产业结构整体升级的骨干作用。再次，以特色旅游业等为主导产业的扩展。西部地区自然景观与人文景观都极具特色、丰富多彩，以兵马俑、莫高窟、布达拉宫、青藏高原、吐鲁番旅游区、九寨沟胜地、黄果树瀑布、桂林山水、石林国家地质公园、大理和丽江自然及民族文化遗产地等为代表的旅游胜地，知名度高、影响力大、规模效益好，旅游业在西部地区已尽显“朝阳和无烟产业”的风采。对西部地区而言，今后尚应积极开创集自然风光、民族文化、科技和绿色特征为一体的新型旅游产业，以此带动区域内交通、通信、餐饮、商贸、娱乐、旅游纪念品加工等相关及辅助产业的发展，促进产业结构的转化和优化。

另外，对于西部某些科研力量雄厚、工业基础较好的城市，如重庆、成都、西安和兰州等，可以把高新技术产业作为主导产业。利用高新技术改造传统产业，提升产业的技术层次，高起点地带动产业结构的转化和提高，并更好地发挥以点促面的作用。

（四）坚持按照科学发展观和可持续发展原则进行产业结构调整

首先，在承接转移产业时应“有所为，有所不为”，不能因单纯追求短时间的经济利益而饥不择食，盲目引入技术落后、污染严重的企业，在诸如化工、冶金、造纸、染织等行业中的支柱产业的选择上应尤为注意、周全考虑和谨慎为之。同时，坚决克服产业趋同问题和盲目追新的问题，避免一哄而上、盲目追新现象的一再出现。其次，小水电工程等一定要做整体规划和严格监管，对严重破坏生态环境的水电工程坚决取缔或及时叫停。再次，对于有污染但不得不发展的产业，则应加快技术进步和设备更新的步伐，采取边选择、边生产、依靠先进技术和设备边防治的方略，将负效应降低到最低限度。最后，因西部地区企业普遍规模小且分散，没有达到合理的经济规模和效益规模，为此，西部地区要以市场为导向，借助政府引导和调控，组织和发展跨地区、跨部门、跨行业的大型企业集团，加快规模经济的发展和产业结构的调整。

（五）通过合理选择产业结构调整模式加快产业结构调整

西部地区各地类型不同、情况各异，在产业结构调整的模式上应有所不同。以甘肃为例，甘肃经济是个典型的“二元结构”经济，这种状态造成了产业结构跨度大、方面多，产业结构调整难度大，特别是选择产业结构调整的模式比较困难。甘肃省社科院课题组展开针对性研究并得出如下结论：尊重产业结构演进的规律性，根据甘肃产业结构的现状，甘肃应选择“功能性”调整与“倾斜性”调整相结合的模式，即在建立和完善基本的市场机制，创造公平竞争的环境，充分发挥市场导向作用和提高整个经济竞争力的同时，发挥地区优势，在市场竞争中选择主导产业实行重点倾斜和适度扶持发展。甘肃的事例说明，西部地区产业结构的调整和升级，是一个宏观和微观并举、整体和局部兼顾的过程，既有共性又有个性，而且应相互促进和补充。

第十章 提升西部地区发展合理性

——微观层面的思考与对策

一、西部地区合理发展中农业的合理发展

我国依然是农业大国，而西部地区相对其他地区来说，农业特征更为明显。西部地区的农村经济在西部的国民生产总值中的比例要高于全国平均水平和东部地区，并且西部地区农民占人口的比例在80%以上。西部地区农业特征和基础地位决定了在相对落后的西部地区发展各具特色的经济产业，最直接和可行的选择仍然在农业，西部地区合理发展的突破口的选择也还是农业。

合理开发和发展西部，一个重要标准就是加快西部经济发展，让西部人民尽快富裕起来。因此西部农业的深度开发、农业经济的快速发展、农民富裕程度的普遍而大幅度的提高，是西部合理发展的重要体现，也是西部开发和发展成败的关键。党的十七届三中全会就农业发展作出了新的规划、提出了新的要求，将极大地促进西部农业乃至全国农业的合理发展。

（一）西部地区农业的几个特点

与东部和中部地区相比，西部地区的农业具有以下几个

特点：

第一，农业生产自然条件普遍较差。以黄土高原、青藏高原和云贵高原为主要分布地的西部省区，戈壁、沙漠及山地多，雨水少，土地相对贫瘠而较为分散，部分地区气候寒冷，相对恶劣的自然环境不利于农作物的生长，加之地处偏远和交通不便等因素的影响，西部地区单位面积的农业产出要低于全国平均水平，农业生产成本却高于中部和东部地区乃至全国平均水平。虽然西部人均耕地面积达到全国平均水平，但由于西部工业和第三产业远落后于东部及中部地区，农村人口比重大，因此西部地区农民人均耕地还要少于东部及中部地区。

第二，农业生产的基础条件较差，生产规模小、技术比较落后。在西部，农业生产所必需的基础设施建设较为薄弱，制约了西部农业的快速发展。另一方面，西部的农业生产自然条件限制了农户的经营规模和高新技术的推广与应用。西部地区在传统和常规农业技术方面与东部差距不大，但在农业高新技术的引进推广上已显较大差距。

第三，农产品市场化率低，农民收入少。受制于西部农业生产的自然条件、运输条件和生产规模，西部地区农产品的商品率和市场化要远低于东部地区，目前甚至还有部分非常落后的地方仍停留在自耕自足的自然经济状态。此外，因西部城市化程度低，城镇消费人口相对少，故农产品价格相对低、农民收入少。

第四，与贫困化相关的由农业活动造成的生态破坏较为严重。西部地区生态条件普遍脆弱，在不断开发农业、扩展生产的趋势下，加之西部农业生产技术和方式较为落后，导致对西部生态环境有很大的负面影响，使得西部本已脆弱的生态条件更加脆弱。

第五，明显的地域差异。我国农业发展和农民收入水平具有明显的阶段性和地区性差异。这种差异的存在要求我们在解决农业发展和农民收入的问题上不能搞“一刀切”，而应针对不同地区，采取不同的政策与措施。理论和实践都证明，“一刀切”的做法不仅不合理，而且达不到预期和整体效果。

（二）加快西部农业又好又快发展的对策

1. 正确定位农业的基础地位，确保西部地区农业持续快速发展

近几年我国农民收入增长趋缓，西部地区农业尤其如此，表明农业发展进入了收入增长的平台期。经济的快速、协调发展客观上要求农业应同步发展而不能成为短腿。而要想让农业有大的突破，则必须将农业发展置于突出的基础地位而促进之。

2. 培育农业龙头企业，瞄准农业产业化

加快西部地区农业产业化进程，可促使西部地区资源的深度开发，带动相关产业的发展，培育新的经济增长点，加快脱贫致富步伐，实现农村经济的可持续发展。西部农业大开发、快发展的希望正是农业的产业化，而农业产业化的关键在于龙头企业的培育。一般情况下，龙头企业是依靠各个投资主体形成的，这些投资主体可能是集体企业，也可能是个体、民营企业或外商，因此，在西部地区，上到地区政府，下到具体农业生产单位，都应花大力气于投资环境的改善和各种服务的提供上，着力引导和吸引投资。在生态和水利设施建设上，国家应持续加大财政扶持力度，规划更多的重大项目，并鼓励个体、民营和外商企业的参与。为农业龙头企业的孕育和农业产业化的发展奠定必要物质基础。

要使农业规模化及产业化，必须改革农村土地制度这一农村的最基本制度。曾发挥过历史作用的联产承包责任制现已不能满足当前发展的需要。以农户对土地使用权承包期有一定年限来说，虽然目前大多数地方已由 15 年延长到 30 年，但农民对土地进行长期投入的积极性仍然不够高，同时由于

土地分散，使用权不便于流转等因素，不利于土地的集中和形成规模经营，致使大部分农产品的成本及价格难以降低，这个问题在西部地区尤其突出。此外，相关调研表明，西部许多贫困地区农村的水土流失、土地荒漠化、草原退化以及由此引起的沙尘暴现象在一定程度上是由于产权主体不明所导致。因此，西部地区亟待探寻诸如延长土地使用年限、探索耕地流转新制度、尝试在西部贫困地区尤其是荒山荒坡地区实行生态购买制度①等符合西部地区农业发展实际的新的土地制度，以激励和调动农民对土地的耕作和长远投资的积极性。波兰和加拿大农业发展之所以比较发达，甚至较城市发展更为快速，经验之一就是农民或农业生产主体拥有了土地所有权，有了更大的生产自主性和积极性。当然，在西部地区进行这种探索，一定要注意范围和程度，以不动摇社会主义公有制的主体地位为原则。

3. 借助市场，解决结构性矛盾，提高农业资源的开发效能

西部农业中的传统农业经济和自然经济的比重依然较大，农村经济和农产品进入市场经济的时间也较晚，农业产业结构不适应变化的市场，出现突出的结构性矛盾，这是西部地区农业发展中带有共性的问题。例如甘肃省的河西走廊地区，粮食和棉花等大宗农产品在 21 世纪初才全面放开进入市场，农业资源整体开发效能和价值未能充分显现出来。因此，西

① 在我国的土地国家所有制的前提下，通过产权的分裂组合以生态购买的方式来明确产权。将产权分为所有权、经济主体、占有权、经营权和受益权四个部分，在四部分中间可以明确地把所有权与其他三项权利分属不同的经济主体手中，这样对于西部的荒地、草原就可以在保持国家所有主体地位的前提下，让私人通过购买方式得到占有权、经营权和受益权，并规定“谁购买、谁治理、谁受益”，而且可以规定能够继承与转让。通过这种方式调动投资、投工治荒的积极性，其合理性在于：一方面保证了国家的最终所有权，又明确了各种经济主体的权、责、利关系，使经济主体有了积极性和责任心。另一方面又把生态治理与经济发展有机结合起来，在治理生态中又能获得一定经济利益。

部农业结构须大力调整，一改过去粮食生产自足自给的观念，立足当地的资源优势和特点，培植比较有优势和特色的农业产业，提高农业资源配置效率。与此同时，大力进行小城镇建设，积极发展非农产业和有序组织农村劳动力输出及转移，鼓励农民进入小城镇就业和发展第三产业。

4. 立足当地优势，培植特色农业及农产品加工业

特色经济的问题，将在本章最后作深入阐述，这里仅就推动西部地区农业的发展有针对性地分析一下特色农业的培育和发展问题。

西部地区地域广大，自然条件千差万别，很多地方具有独特的农业生产的资源优势。各地应依据当地的资源条件，认真分析和研究自己的优势和特色，并据此培植优势和特色农业及种植业。西部地区地处偏远，交通运输普遍不便，不但制约了鲜活农产品运往销区，而且由于运输费用过高，降低了西部农产品的竞争力。因此，在西部一定要大力发展农产品加工业，通过对农产品进行加工，既方便运输，降低运输费用，还能增加农产品的附加值，增加收入和就业。例如云南部分地区属于亚热带气候，有丰富的生物资源，因此云南在农业开发中就以开发生物资源为重点，培育出花卉、螺旋藻和生物产品等多个特色产业。新疆地区干旱少雨，有充足的光照，昼夜温差很大，在新疆生产的水果、棉花及番茄等质量好且产量高，为新疆实施“一白一红一绿”农业产业化战略提供了良好的特殊条件。同样，甘肃酒泉地区因属内陆戈壁气候，利于发展“绿洲农业”，酒泉地区在独特资源条件基础上积极调整农业产业结构，培育和发展起了种业、草业、养殖业和设施农业等四个新产业，收效显著。特色就是优势，有优势就有生命力。西部地区的优势在于地域辽阔、物产丰富、可耕地面积大、水资源丰沛、光热资源丰富、气候类型多样、生物物种独特等，这些都是发展特色农业的有利条件。只要能充分合理地利用这些优势条件，发展特色农

业并使之逐步走向市场化、专业化、规模化和产业化是大有可为的。从目前情况看，西部至少可以建立起以下名优特产品生产加工基地：新疆优质棉花生产基地；云南甘蔗、内蒙古与新疆高糖甜菜等糖料生产基地；西南地区优质柑橘、南方梨、热带水果，西北地区猕猴桃、苹果、梨、葡萄、哈密瓜等水果生产基地；云南元谋、甘肃河西走廊反季节蔬菜生产基地；云南、新疆、内蒙古花卉生产基地；西北地区甘草、枸杞、红花等中药材生产基地；云南优质烟叶和菜油生产加工基地等。

此外，畜牧业及其产品深加工是西部又一特色生产大门类，同样具有很大的特色发展潜力。各地可根据自身优势，积极引导，迅速调整，加快发展。

5. 以新农村建设为切入点，逐步解决“三农”问题

我们所要建设的社会主义新农村是生产发展、生活宽裕、乡风文明、村容整洁、管理民主的新型农村，因此应当主要抓以下方面：一是要按照统筹城乡发展的要求，促进城乡协调发展。要坚持工业反哺农业、城市支持农村的方针，围绕增强农业、富裕农民、繁荣农村、缩小差距的目标，把行之有效的支农措施规范化、制度化，形成以工促农、以城带乡的长效机制，逐步形成城乡互动、协调发展的新格局。二是要打牢农业发展的基础，努力提高农业的生产能力。发展优质、生态、安全、特色的农业并延伸农产品加工的产业链。三是拓宽增加农民收入的渠道。解决“三农”问题的关键在于农民增加收入的问题。重点是把发展特色优势产业与带动农民增收结合起来，把发展农产品加工业与农村劳动力转移结合起来，把新农村建设与新型农民的培养结合起来。四是大力发展农村社会事业。从政府角度说，应加大对西部地区农业和农村的投入力度，扩大公共财政覆盖农村的范围，强化政府对农村的公共服务。具体地说，应以建设生态村、文明村、小康村为目标，创新投入机制，扩大建设规模，突出

抓好农村的乡村道路、农民人畜饮水、农村电网等基础设施建设和教育、卫生等农村社会事业的发展。五是解决好农村贫困问题。西部地区农村贫困面大、贫困程度深、返贫率高，解决农村贫困问题是社会主义新农村建设最重要的任务。为此，应继续坚持开发式扶贫和政府主导、全社会参与的方针，创新扶贫模式，实行分类指导，突出重点，改善西部贫困地区的生产生活条件。内外联合、整村推进。

6. 实现生态环境建设与民族地区“三农”发展的有机结合

生态环境建设是西部大开发的根本，也是合理发展的突出体现。在西部，实现生态环境建设与农业生产、农民致富并进，是西部农业合理发展的时代要求。长江、黄河的中上游地区（特别是长江、黄河的源头地区）是西部生态环境主要保护区域，这些地区基本上又是农业生产方式落后的民族地区，由此也就对西部可持续农业的发展提出了更高的要求。选择怎样的路径使生态环境建设与民族地区脱贫致富结合起来，是西部地区面临的一项重大课题。

以下一些思考有助于这一问题的破解。

（1）认真处理好农业发展与生态环境的关系，谋求可持续农业的发展。可持续农业是一种在可持续发展理念及模式指导下，既能满足农作物生产数量要求、提高农民收入，又能维持生态环境系统良性循环的农业发展模式。其遵循的原则是农业经济活动不超过区域生态环境的耐受能力，以便持续地满足当今和今后世代人们农业生产的需要。其实质在于，农业发展不以牺牲资源环境为代价，保持资源供需平衡和生态环境良性循环。因此，可持续农业是一种动态的，既无农产品匮乏之虞又不耗竭资源或破坏环境的新型农业发展模式。

（2）切实处理好传统农业与现代农业的关系，加速传统农业的转型。传统农业在西部地区仍有存在的现实性，但积极引导和加快传统农业向现代农业的转换，则是发展的趋势和要求。现代农业的基本特征是科技含量高、生态性强、规模及产量大、自动化及协作化程度高、农工业关联度高。这就要求西部地区在发展农业过程中，要努力推广现代农业生产技术的应用，积极采用现代生物技术增加农作物新品种和提高农作物产量，加快产业结构调整和升级，用先进技术优化传统农业生产方式。

（3）扩充生态环境容量，提高资源保有率。坚决停止开发天然林资源，实行退耕还林还草，恢复生态植被，扩大环境容量。通过科技创新，提高资源保有率。在有条件的地方采用太阳能、风能、沼气替代木炭、秸秆，以节省森林资源和减少环境污染。

（4）循序渐进，整体推进农业产业化发展。从东部及中部农业生产较发达的省区实践看，农业产业化有“三步曲”：一是基地建设，二是加工企业的发展和龙头企业的组建，三是规模化、集团化和品牌化的发展。前面提到过的云南的“云烟”、普洱茶、花卉，内蒙古的“伊利”、“蒙牛”、“鄂尔多斯”等都是很有代表性的例证和很好的范例。西部地区农业产业化可借鉴其发展的经历及经验，稳步推进。西部地区农业产业化的战略重点应放在着力发展独具特色的、带动力强的主导产业、龙头企业和拳头产品。西部地区农业产业化的步骤应为：第一步，充分利用现有的资源潜力，注入必要的资金，规划及实施农、林、牧、渔产品的基地建设，组建和扶持一批带动力强的农产品生产及加工龙头企业，延长产业链，进行深度开发。第二步，依靠科技的引入和投入，多渠道融资，对农业产业化进行全面的技术改造，不断上规模，上档次，创名牌。

（三）国外农业发展的经验及启示

1. 美国西部农业开发的经验和特点

农业发展的基础是土地，农业的发展主要依赖于土地问题的解决程度。美国的基本做法是：其一，基于实际购买能力，制定适合土地出售的单位和价格，满足移民和农民对土地的需求。其二，对购买困难者采取提供政府信贷资金、延长还款等一系列的倾斜措施。其三，承认和维护“移民占地者”的合法性。美国西部地区开发初期，买不起土地的贫苦移民强行“占地”和移住的现象非常普遍。政府起初解决此问题的办法是驱赶，后来则逐渐承认“占地者”在已开垦土地上的实际利益。尤其是 1841 年国会通过了《先购权法》，标志着国家正式承认占地者的合法权益。这种“先用后买”的政策对西部土地的开拓起了很大的推动作用。其四，保留一定数量的联邦土地。此举在一定程度上控制和减缓了西部开发过程中常出现的盲目性所导致的对土地资源的破坏性开发和对环境的损害。其五，联邦政府对西部农业开发给予了资金和财政方面的援助和优惠。如政府为农业实验站的建立和发展提供资金，农业部为农业教育和农业科研进行规划和指导，政府拨款建立联邦、州、县三级农业推广系统等，这些措施有效地推动了美国西部农业的发展。其六，东、西互补，协调发展。在美国西部开发中，西部地区潜在的巨大农业生产能力得到了比较充分的发挥。农牧产品的大量生产，不仅为东部工业化地区提供了充足的原材料和食品，而且还大量出口以换取美国发展工业所迫切需要的先进技术装备，平衡国际贸易逆差。而东部地区工业的厚实发展，又为反哺西部农业机械化、现代化发展提供了条件。

2. 加拿大农业开发的经验和特点

加拿大既是西方经济发达国家，也是世界农业最发达的国家之一。第二次世界大战前，加拿大全国农民总收入仅 6.53 亿加元，农民人均收入 197.87 加元。第二次世界大战后加拿大加速农村发展，到现在全国近 3 500 万人口中，农业人口仅占 3%，农民户均耕地面积达 300 公顷，一个农业劳动力可生产粮食和肉类近 250 吨，创造 GDP 约 5.6 万加元。农民组织化程度和受教育程度都非常高，全国有50%以上农民参加合作社，有70%以上农业劳动力受到专业训练。农民人均年收入2.93万加元，高出城市人均收入的1.4倍，农村经济保持着稳步发展，农村现代化程度不断提高。加拿大农村现代化之所以取得这样较大的成就，主要有以下做法：

（1）实行城乡社会经济一元化体制。

加拿大城乡社会实行一元化体制。城乡居民不但没有身份差别，而且城乡基础设施和社会福利、社会保险政策相对一致。农村居民和城市居民一样享受水、电、气、道路等社会公共产品和医疗、教育等社会福利与保险服务。

加拿大城乡一体化建设成绩显著。发展大城市郊区和农村小城镇是加拿大城乡一体化建设的重要内容。农村小城镇建设主要分为两类：一类是在有自然资源形成产业的地方建设小城镇，主要由私人业主进行小城镇和社区建设与开发，发展区域产业经济和吸纳就业。另一类则是边远地区和原住民地区，由政府主导建设小城镇，扶持边远地区和原住民地区社会经济的和谐发展。

（2）注重农业与食品工业和贸易的紧密结合。

加拿大实现了农业与食品加工业及贸易的紧密结合，走出了一条农业产业化和流通现代化的成功道路。2008年，加拿大农业中的种养殖业总产值在国民经济GDP中占2.8%，而与农业直接关联的食品加工业和农产品贸易所创产值则占GDP总量的16%，达到900多亿加元，劳动力就业占劳动就业总量的19%。食品加工业和贸易所创总产值和劳动就业机会均达到农业自身的6倍。

（3）农业土地规模化、分工专业化、生产机械化，使农产品成本低、质量高，市场竞争力强。

加拿大农业劳动力大量转向非农行业，实现了土地规模化集中，生产关系得到了极大改善。从事农业的劳动力，从第二次世界大战前的30%，下降到现在的3%。相应的农业生产机械化程度也不断提高，每个劳动力平均拥有两台拖拉机，大功率机械占很大比重，并相互配套使用，许多田间作业一次性就能完成，作业效率非常高。农业生产高度专业化，主要农产品产地也非常集中。如 Saskatchewan 省的小麦生产占全国总产量的 3/5；Alberta 省的大麦占全国总产量的 1/2；Onario 省的玉米占全国总产量的 3/4，大豆占全国总产量的 90% 以上。一些地方农民也专门种植经济作物，如 Niagara 地区主要种植葡萄，并以酿造冰葡萄酒而闻名于世。

（4）政府对农业和农村发展大力支持。

加拿大政府对农业的投入和支持力度很大。政府对农业的投入主要来自联邦和省两个层面，项目涉及农业、农村和农民多个方面。主要分为三类：一类是发展项目。主要是支持产业经济发展、产业发展能力建设、可持续发展。加拿大联邦政府的这类项目很多，如农业和食品部设立的加拿大应用和农村发展基金（CADD）主要用于促进农业和农产品工业贸易，调整结构，扩大市场；加拿大联邦政府还与各省、区建立用于农业的联合项目，用于贸易风险管理、食品安全与质量、科技与创新、农村环境的提升。二类是保障和保险项目。主要用于保障体系建设、风险保险机制和抗风险损失与补贴，如加拿大农业收入稳定项目（CAISP）、农产品保险（PI）、农场改进和市场合作社借贷法案（FIMCLA）、运输补贴和紧急项目等等，这些项目主要是联邦单独支持，有的也由联邦和省共同支持。三类是特殊项目，主要考虑边远地区和原住民发展，如草原农场生活方式管理项目（PFRA），主要在对草原发展成长型农业、加工业和农村经济持续发展进行扶持。

（5）农村发展组织体系和保险机制完善。

在加拿大许多地方，农民有自己的合作经济组织——合作社。加拿大农村合作社历史很长，在 20 世纪初期就开始建立，现在已经非常完善，农村发展的主要工作主要由各种合作社具体完成。政府主要是通过项目进行支持，不直接干预农村发展的具体环节。同时政府为农业发展建立各种保险保障机制，保护农民利益和农业发展。合作社的作用是将单家独户的农民联系起来，增强了对市场经济的适应能力。

加拿大合作社有自己的章程和原则，按照现代企业制度和民主管理原则管理合作社。国家制定有完备的法律法规指导规范合作社行为，政府制定合作社总的宗旨是帮助合作社，合作社按社员要求走多样化发展道路，政府不强求合作社行为。合作社为适应市场经济发展需要，也在不断创新，如一些规模大、效益好的合作社还上市融资。此外联邦政府和省政府建立各种抗风险机制，最大限度地降低农业风险，确保农民利益。

（6）法制和科技保障健全。

加拿大保护农业的法律法规和政策非常详尽，执法机构职责明确。每项法律法规都有相应政府机构负责实施。如1912年制定的《谷物收购和质量法》由加拿大小麦管理局负责实施；1935年制定的《草原农场复兴法》由草原农场复兴管理局负责实施。有的协会也承担一些政府职能，如种子生产者协会对良种繁育、规范、登记、核定有详细规定，并实施检查。

加拿大政府十分重视农业科技，农业科技机构健全。从联邦到省都有相应的研究机构，在联邦一级的自然科学工作者中，农业占28%。联邦侧重基础理论研究，省级、大专院校和企业科研侧重于应用研究。加拿大农业科技投入充足，农业科研经费（ARI）占农业GDP的2%以上，2007年总量达到60亿加元，此外，加拿大还十分注重农业技术培训，对农业技术培训实行“绿色证书”制度，并根据生产需要确定培训内容，以农民能力培养为目的，着重对经验丰富的农村骨干进行培训。加拿大还十分重视可再生资源的科学利用。通过项目支持在农村重点开发太阳能、风能作木材、秸秆、动物粪便等的替代燃料，注重生态环境保护与可持续发展。

3. 发达国家发展农业的成功做法对我国西部农业开发的启示

（1）制定灵活多样的土地开发优惠政策。我国公有制的国情决定了我们不可能像美国、加拿大那样可以通过出售或赠送土地的方式来鼓励和促进西部落后或贫瘠地区农业的发展，但完全可以通过制定灵活多样的土地政策来调动西部地区开发的积极性。譬如，可以将一定面积待开发治理的土地以低价、无偿或先期投入资金扶持的方式承包、分租给单位或个人。在治理开发期间在贷款、税收、补贴、利息等方面给予相当的优惠和支持保障政策，并规定几十年甚至更长时期保持政策的不变，使承包和承租者拥有充分和稳定的土地使用、转让和经营权，以充分调动从业者的开发和生产积极性。

（2）制定和完善相应的法律法规，依法护农、以法促农。政府应高度重视依法护农、以法促农的有效性。建立和完善各项法律和法规，在提高农民种粮积极性的同时保证农业经济发展的长期性、稳定性和法制化程度。

（3）持续加大对农业的科技和生产投入。加强西部地区文化教育投入，提高农民素质。运用多种方式，向农民传播农业科技知识，推广农业实用技术，提高农业的科技管理水平。增加农业科技投入，使有条件的地区推广和使用先进的农业机械化工具，提高农业生产效率。建立农村信息和服务网络，推进农业信息化建设工作。同时，在各级政府的扶持下建立多种层次和形式的农业高科技示范区，发挥它的科技辐射和带动作用，实现西部农业的协调和可持续发展。

（4）求全农业经济发展和生态环境保护。吸取先发国家的教训，在我国西部农业开发与发展中，必须以科学发展观为指导，坚持农业合理和可持续发展，搞好资源保护和生态平衡。对已经遭到破坏的地方，坚决地通过实施退耕还林、退牧还草以及“山川秀美”工程，加快生态环境的恢复和改善。坚决地禁止破坏性开发，严格实行“谁开发、谁保护、谁受益”的原则。在西部大开发中不但要解决农业的发展和农民的富裕问题，还应该解决好如何发展农业经济与生态、环境和资源的可持续发展问题。

二、西部工业发展模式的合理建构

（一）西部地区更应走循环经济之路

发展循环经济，必须改变传统的依靠高强度开采和消费资源以及高强度破坏生态环境以求发展的模式，要运用生态学规律，按照“减量化、再利用、再循环”的原则，将经济活动组织成为“资源—生产—消费—再生资源”的反馈式流程，实现低开采、高利用、低排放，最大限度地利用进入生产和消费系统的物质和能量，提高经济运行的质量和效益，从而达到经济发展与节约资源、保护环境相协调并实现经济可持续发展的目标。西部地区资源型发展的普遍模式，决定了西部地区更应当也更有潜力发展循环经济，努力实现企业及行业又好又快发展。在这一点上，攀枝花钢铁（集团）公司为我们树立了一个坚定地走循环经济发展道路实现企业科学发展的榜样。攀枝花钢铁（集团）公司的主体位于川滇交界处的资源、工业型城市——攀枝花市。经过40多年的建设和发展，目前已成为世界第二、中国最大的钒制品生产基地，中国最大的钛原料及钛白粉生产基地、最大的铁路用钢生产基地、品种最齐全的无缝钢管生产基地，中国西部最大的钢铁生产基地，是国资委直接管理的中国四大钢铁企业之一。攀枝花钢铁（集团）公司十分重视全面发展循环经济，以此贯彻企业“做大钒钛、做好资源、做精钢铁、做强企业”的战略思路和发展方针，促进企业尽快实现产业结构调整和经济发展质量的转变，并特立项及委托昆明理工大学会同公司一起进行了“攀枝花钢铁（集团）公司发展循环经济研究”。经过大量的调研、研讨与论证，顺利完成了课题研究，从总体上提出了集团公司近期及中长期循环经济发展的思路、目标、重点及对策措施，形成了攀枝花钢铁（集团）公司发展循环经济的总体框架。为攀枝花钢铁（集团）公司从采矿、选矿、冶炼、加工各个环节发展循环经济，建立产业生态工业链、约束激励机制、技术支撑体系，提供了建设方案和合理化建议，也为攀枝花钢铁（公司）实施产业结构的重大调整提供了依据。所有这些均在循环经济的整体推进和健康发展中发挥着重要作用。

攀枝花钢铁（集团）公司发展循环经济实证研究的成功案例，详见本书最后附录部分《攀枝花钢铁（集团）公司发展循环经济综合研究报告》。

（二）新型工业化是西部地区工业合理发展的必然选择

党的十六大报告指出：“坚持以信息化带动工业化，以工业化促进信息化，走出一条科技含量高、经济效益好、资源消耗低、环境污染少、人力资源优势得到充分发挥的新型工业化路子。”依托新型工业化有效开发和利用资源是西部地区当前和今后工业合理发展的基本思路。对资源的合理开发和利用程度越高，可持续发展的实现程度也就越高。欠发达地区一般是资源丰富的地区，但丰富只是相对的，而不可再生性资源的开采与耗用则是绝对的。因此，欠发达地区必须坚决走新型工业化道路，依靠科技进步，提高对资源的利用效率，控制资源开采规模和降低对环境的污染程度。西部地区工业化的情况及特点主要表现在以下方面：

（1）工业发展水平低、工业增加值比重低、工业化进程推进缓慢。截至 2009 年底，西部 12 省（区、市）工业增加值占 CDP 的比重只有 37% 左右，低于东部各省市均值约 11 个百分点。

(2) 工业增长速度慢。据测算，西部12省（区、市）工业增加值平均增长9.1%，低于11.8%的平均水平。由于工业增长缓慢，东部甚至中部地区工业增加值比重相对上升，从而导致西部工业增加值占全国各地区总额的比重相对下降。

(3) 工业规模和产值份额小。2009年西部地区工业总产值仅占全国的12.12%，仅为东部地区的24.7%，且比重依然有下降之势。这表明西部工业化任务十分艰巨。

(4) 工业化与信息化并行但不协调。信息技术成为推动社会发展和工业现代化的强大动力，但对于我国西部地区来说，工业化任务还远没有完成，而工业化的过程又遇到了信息化的发展，因而西部地区的新型工业化道路将是工业化和信息化的重合，重合中由于工业化基础较为薄弱，信息化的功能和作用不够明显。另一方面，西部除西安、成都及重庆等个别省市外，大部分省（区、市）高新技术产业尚处在初创阶段，信息化发展过程中面临诸如产业规模小、竞争力不强、自主知识产权的核心技术较少的困难和问题。因此两者发展不够协调①。

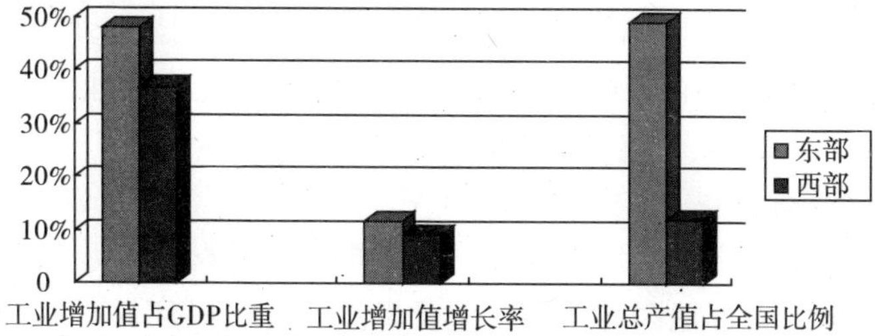

＊根据《中国统计年鉴》、《中国统计摘要》数据进行测算和绘制

图10－1 东、西部地区工业产业指标比较

① 周靖．我国西部地区新型工业化道路的路径选择［J］．湖南经济管理干部学院学报，2005（4）：19－21.

（三）西部地区走新型工业化道路的路径选择

总体来说，西部地区尚属工业化发展的初级阶段，正因如此，西部走新型工业化道路的潜力更大。在新型工业化的具体发展中，应当立足西部工业化发展实际，形成自己的特点和特色。

1. 不可偏离基本途径

促进事物的发展应以尊重事物发展规律为前提，对西部地区传统产业的改造和提升的基本途径始终应是以信息化带动工业化，核心是攻克和推广一批有地方及区域特色的关键技术和产品。

2. 积极寻求跨越式发展的工业化道路

我国西部地区发展高新技术及信息技术应走跨越式发展道路，注重“蛙跳效应”的发挥。具体表现为用高新技术跨越式地改造和提升西部传统产业，尤其是矿产加工业和装备制造业，使原有传统技术向高新技术跨越，并实现渗透、扩散和推广应用。如对西部地区的重型装备工业和大型电站设备制造业进行重点改造，攻克和推广飞机制造技术和电子通信技术，使之成为西部的主导产业，带动其他产业的快速发展。

3. 有所侧重，择而为之

针对西部地区发展实际，除侧重发展原材料工业和装备工业外，西部地区的新型工业化发展还是应以环保产业、信息产业和电信服务业为重点。譬如，鉴于西部地区广大的市场和发展空间，可大力加强现代信息基础设施建设，积极建设电子政务公共信息服务平台，努力使电子商务成为新的经济增长点和居民的消费热点，尽快形成核心技术的产业化。强化信息化，积极推动生物、航空、航天、新材料、新能源等高新技术的发展，以此支撑西部地区特色产业和行业新型工业化的发展。

4. 突出和强调特色

西部地区应当坚定地发展特色优势产业，走特色产业制胜的工业化道路。在不同经济发展水平和自然资源丰富程度不同的地区，工业化道路是不一样的。西部在资源禀赋优势的基础上已基本建立起有区域特色和经济比较优势的资源性产业，因此，西部地区应立足于丰富的自然资源和现有工业基础，依托高新技术增加附加值和提高资源利用率，在新型工业化发展中充分利用资源比较优势和发展特色产业。

5. 立足现有工业基础，挖掘区域新型工业化的自身根基

西部地区可以利用原有较强的技术力量和工业基础，在个别地区、个别行业集中大力发展高科技产业，使其成为带动当地产业结构升级换代的龙头。例如，西部地区拥有酒泉、西昌卫星发射中心，有西安飞机制造基地，有攀枝花钢铁和重庆汽车生产基地，有兰州石油化工基地，还有云南烟草生产基地等，都可以成为当地新型工业化发展的摇篮，并可成为技术创新和人才培养的平台。

6. 着眼环境的保护，谋求发展的可持续

西部地区的新型工业化，更应兼顾和协调人口、资源与环境的关系，走可持续发展的工业化道路。西部地区的工业化面临着比东部、比以往更加严峻的环境制约。这就要求西部的工业化发展必须正确处理人口、资源与环境的关系，走可持续发展工业化道路。换言之，西部地区新型工业化是化解工业发展与环境制约的根本途径，“环保”、“可持续”当为西部新型工业化的更为显眼的标志。特别是对资源的有效利用要坚持做到开发与保护并重，搞好采前、采中和采后的生态环境保护和恢复工作。建立绿色环境产业制度，促进我国西部工业产业制度和产业结构的变革。大力扶持质量效益型、科技先导型、资源节约型产业发展。

【实证案例】《昆阳磷化集团矿山复土植被工程调研报告》

中国是世界上主要的产磷国之一，磷矿资源丰富、资源总量接近500亿吨，磷矿储量仅次于摩洛哥居世界第2位。中国磷矿相对集中在云南、贵州、湖北几省，其中云南的保有储量为31.95亿吨，占全国总储量的21%，而云南的磷矿资源又主要集中在昆阳地区。

昆阳磷矿是云南磷化集团有限公司的直属单位，于1965年建矿，经过45年的建设发展，已经成为我国大型露天矿山，累计生产销售磷矿石3 300多万吨，为我国农业生产和国民经济的发展作出了重大贡献。

昆阳磷矿所在的区域环境条件十分敏感，一方面晋宁是昆明市的重要县份，是昆明市历史文化名城的重要组成部分，也是著名的旅游风景区，矿区地处昆明市新城区的重点发展规划区内。另一方面矿区处于滇池南端西侧，四个采区所处位置均属滇池面山，地质环境对昆明市及滇池环境保护有着极为重要的地位和意义。此外，晋宁昆阳磷矿矿区内的梅树村震旦系—寒武系界线层型剖面在世界地质学界享有很高的知名度。

一、昆阳磷矿面临的地质环境问题

1. 可能发生的地质灾害

据矿山相关地质资料分析，昆阳磷矿矿层顶底板多为软弱工程岩组，加之地形坡度较大、采场岩层倾向与地形坡向基本一致，松散的固体物质丰富，容易诱发滑坡、泥石流等地质灾害，对矿山生产和矿区附近的农田、村庄构成威胁。

2. 采空区荒漠化易导致水土流失

磷矿石的露天开采，形成了大面积的采空区，采空区内岩土裸露，采剥形成了大量的废土石在矿区内堆存，占压土地资源的同时，也对原有地表植被及地形地貌造成破坏，加剧水土流失，使生态环境更加脆弱。

因此，积极开展矿山复垦植被工作，不断扩大植被恢复面积，有效改善矿区周边生态环境，减少水土流失，防止土地荒漠化和保护滇池，乃至于保持区域生态平衡都具有非常重要的意义。

二、昆阳磷矿复土植被“三部曲”

昆阳磷矿经过40多年的露天开采，对土地和生态环境造成一定程度的破坏。因而采用怎样科学合理的开采与环境保护方法，将破坏和影响降至最低程度，一直是云南磷化集团有限公司昆阳磷矿致力研究的重要课题。

第一阶段：国家“七五”重点科技攻关项目——采空区内排复土植被试验研究（1987.5—1990.12）

云南磷化集团有限公司昆阳磷矿原设计的排土场已经不能满足需要，同时，在第一、第二采区都已形成大面积的采空区，内排岩土有了可能。昆阳磷矿从20世纪80年代开始试行内排，从而减少了外排对耕地的占用和植被的破坏。1987年，《云南磷化集团有限公司昆阳磷矿采空区内排复土植被试验研究》被推荐为“七五”国家科技攻关项目。受国家科委、化工部的委托，云南磷化集团有限公司昆阳磷矿与云南省环境科学研究所合作，共同开展了此项研究，对缓倾斜山坡露天矿可开采内排复土工艺、内排稳定性、植被恢复技术、环境变化规律等内容进行了深入、系统、全面的试验研究，推行采掘、复土与植被工艺一体化，优选抗逆性强、速生的树种，采用乔木与灌木结合模式等进行复土植被，有效地节约了用地和保护了耕地。该试验研究也取得了具有国际先进水平的一系列成果，开创了我国缓倾斜露天矿山复垦研究工作的先例，为国内同类型矿山复垦工作找到了一条有效途径。因成效显著而于1993年荣获国家科技进步三等奖，1991年获原化工部科技进步二等奖，1989年和1991年两次被原国家土地局评为“全国土地复垦先进单位”，1992—1994年被云南省人民政府授予“全省绿化先进单位”称号。

第二阶段：国土资源部立项研究——云南昆阳磷矿矿山

地质环境恢复与治理项目(第一期工程)(2004.10—2006.12)

磷矿资源的开发利用决不能以牺牲生态环境为代价，这已经成为云南磷化集团有限公司昆阳磷矿及地方政府的共识。多年来，云南磷化集团有限公司昆阳磷矿一直致力于磷矿资源开采利用与环境保护并重的发展方向，积极做好复垦植被工作。进入20世纪90年代，由于受市场变化及铁路运输等因素的影响，昆阳磷矿的生产经营不够景气，产销量大幅度下降、经济效益不断下滑。即便在此困难情况下，他们也一直没有停止复土植被工作。近年来，生产经营情况有了较大改观，复土植被工作的力度也不断加大。2003年，在省、市、县国土资源管理部门的指导和帮助下，《云南昆阳磷矿矿山地质环境恢复与治理可行性研究报告》被正式批复并获准立项。随后编制的《云南磷化集团有限公司昆阳磷矿矿山地质环境恢复与治理项目实施方案》也逐步进入实施阶段。至2006年底，项目已累计完成工程费用577.08万元，新增复土植被面积1 500余亩，其中，项目区762.94亩，项目区外恢复植被面积740余亩，种植了旱冬瓜、墨柏、华山松、香樟、柳杉等树苗30万株，播撒和种植了火把果、百合、马桑、波斯菊等草、灌种2 300余公斤。在复垦区后期管护工作上，采取了与当地农村合作的模式，即在采空区复土并经平整而具备植树条件后，除一部分复垦区组织职工进行种植外，其他交由当地村民种植并由其负责后期的施肥、除草、浇水、喷洒农药等管护工作，保证树苗的成活率，这样不仅带动附近农民增加了收入，而且密切了工农关系。现在昆阳磷矿和附近农村的关系处理得很好，为矿山生产及和谐社会建设创造了良好的环境。

第三阶段：国土资源部立项研究——云南昆阳磷矿矿山地质环境恢复与治理项目（第二期工程）（2007.1—2009.12）

随着矿山开采程度的提高，势必会形成新的采空区并需要恢复植被。据此，昆阳磷矿及时上报了《云南磷化集团有限公司昆阳磷矿矿山地质环境恢复与治理项目》第二期工程的调研报告，并且于2006年10月获得国土资源部的批复立项。改后期项目分三年完成，项目预计总投资达2 000余万元，其中，政府财政补贴400万元，企业自筹1 600万元。昆阳磷矿继续精心组织项目的研究和成果的应用，同时对第三采区已复垦植被的区域进行了二次治理，使该区域增添了许多新的景观，取得了明显的生态、社会效益，成为昆阳磷矿新的“亮点”和又一张名片，越来越受到社会各界的广泛关注。2008年6月，公司在昆阳磷矿第三采区复垦植被区新建的足球场举行了震旦地质生态公园开园仪式，标志着将会把昆阳磷矿复垦植被区建设成为集科研、旅游、科普教育、休闲于一体的地质生态公园。目前，公司已经组织完成了种植面积1 100余亩，铺设表土376 011立方米，种植各类乔木苗35万株，灌木苗15万株，点（播）撒各类草子10 500余公斤。新建养殖场和滑草场等项目正在紧张施工中。在可期的未来，那里将成为生态环境更加理想、矿山生产和生活更加和谐、企业发展更加可持续的典范。

（四）实证分析：云南省新型工业化发展之路

在发展新型工业化上，云南省的资源、工业和区位等特性使其在西部地区具有一定的代表性，其对新型工业化发展之路的探索和实践对西部同类地区新型工业化发展有一定的启示。

1. 优劣势分析

参照国家发改委产业经济研究所王岳平课题组所撰文章《云南省新型工业化研究》中的研究结论，在调研的基础上，对当前云南新型工业化发展所面临的优势和困境分析如下。

（1）云南新型工业发展的有利条件和优势分析。

①丰富的资源优势是云南新型工业化发展的坚实基础。

云南省丰富的能源、矿产和生物资源为云南发展新型工业化提供了厚实的物质基础，也使得云南省冶金、化工、医药、机械以及轻工等行业具有宽阔的发展前景。

②良好的区位条件是云南新型工业化发展的臂膀。2009年7月，胡锦涛总书记在云南视察时指出："要充分发挥云南作为我国通往东南亚、南亚重要陆上通道的优势，使云南成为我国向西南开放的重要桥头堡。"在不断扩大的对外开放和交流中，以及诸如泛珠江三角洲区域合作、澜沧江—湄公河次区域经济合作和中国—东盟自由贸易区建设等的实现，尤其是党中央勾画、云南省委省政府正倾心打造的"面向西南开放的重要桥头堡"战略，都极大地改变着云南过去比较封闭的状况，提升了云南对外开放的重要战略地位，使云南的区位优势得到了进一步的增强，这也为云南新型工业发展提供了重要的环境支撑。随着云南"重要桥头堡"（"桥头堡"联系的是东南亚、南亚两个大市场，19亿人口、接近6万亿美元年国内生产总值和4.5万亿美元的年贸易总额）地位和影响的确立，以及中国—东盟自由贸易区进程的加快，云南已经从对外开放的末端走向前端，东盟地区丰富的矿产、农林资源逐渐为云南高新技术为主的原材料工业的深度发展提供了持续的原料保障，而云南省内及国内的轻工、机电产品供给则与东盟地区现有产品需求较为匹配，只要抓住制造业正发生的转移的机遇，积极发展向周边国家的出口加工，同样可以为云南新型工业的快速发展提供强大促动力。

③相对低廉的土地、人力成本价格构成了云南新型工业化发展又一优势。云南生产要素的价格较低，因此能够充分吸引外来资金和技术，有助于云南高新技术的引进、融入和发展。

（2）云南工业发展特征及新型工业化发展所存在的主要问题。

①点有突破，面乏提升。云南已形成了有较大规模、在

全国有一定地位和竞争力的部门和产品，譬如烟草产品及烟草机械加工、有色金属冶金、精密数控机床制造、化工、水电及其设备制造、高浓度磷肥生产、天然药品制作等。但是云南工业的整体水平不高，综合势力及市场竞争力不强，知名工业产品品牌不多。

②支柱单一，产业链短。云南工业对烟草加工等支柱型产业依赖度过高，烟草加工业所占比重依然高达30%以上。致使工业支柱产业过于单调，对国民经济增长的带动力不强，工业整体增速趋缓，与发达地区差距拉大。2008年云南烟草产量达到83.7万吨，总产值1 040.4亿元。2009年烟草工业实现利税总额332亿元，相当于居第2～5位的电力生产、有色金属、黑色金属和化工合计实现利税的总和。尽管2010年云南烟草营业收入达到了1 061.40亿元，但随着烟草工业受到体制、市场等多种因素的影响，目前云南烟草业已从高速增长转为平稳发展，支撑作用开始减弱。

③不可再生性资源开发中“三高一低”特征明显。云南省工业中资源型产品和初级产品居多，磷化工、有色金属等不可再生资源开采及加工行业已粗具规模，形成了以磷化工、锡和铜业为标志的位居全国前列的企业集团。但这些行业“高投入、高消耗、高污染、低效益”的特征仍然比较明显，增长粗放、精深加工能力弱、附加价值低的问题依然比较突出。如铜加工率只有全国平均水平的20%左右。电解铝的加工能力仅为生产能力的15%，而附加值较高的铸造合金生产能力所占比重则很低。不可再生性资源型工业大而不强的问题，使得云南省工业面临双重困境：一方面，生产后备资源日趋不足、受制于环境保护方面的压力不断增大；另一方面，工业生产经济效益较低。

④资源丰富开发不足——水电资源开发利用率不高。云南省水电资源已开发和正在开发的装机容量不足可开发装机容量的20%。水电资源优势在发电和用电价格上未能得到充

分体现。

⑤有基础无规模——新材料产业规模化、产业化程度低。云南是“有色金属王国”，经过多年努力，依托资源优势，已在贵金属、半导体、无机非金属材料、有机及复合材料等方面开发了一批新项目，已经形成一些有发展潜力和前景的新企业。但整体来看，云南在新材料产业化项目的开发和发展中，明显显露出整体水平较低，缺乏技术创新群体，规模较小，距产业化的要求尚有较大距离。

2. 云南新型工业发展思路和路径选择

（1）发展思路。

①充分利用和发挥资源优势。立足资源优势，以市场为导向，着眼传统产业新型化、新兴产业规模化。同时，通过以发展循环经济为指导，以资源精深加工为主攻，反过来强化资源优势。

②主导产业多元化、新型化。新型主导产业应具有比较优势、竞争优势、增长优势、关联优势、可持续发展的特征。云南省以本省工业发展的实际状况为基准进行定位，经过充分研究和论证后明确提出，今后重点发展以下五大特色新型工业产业群：A. 电力工业及以高载能为特征的原材料型重工业，包括电力、金属冶炼及加工、化学工业。B. 以卷烟加工为主，包括烟草种植、加工、配套产业在内的烟草产业链。C. 以生物为原料的其他轻工业，包括医药制造、食品、造纸。D. 具有高加工度特征的新材料、机械制造、电子及信息产品制造业。E. 以区位优势为着眼点的包装印刷及面向周边国家市场的日用品制造行业。通过走新型工业化之路，努力形成多支柱、长产业链，做大做强特色产业群。在这一过程中，打造一批具有较高技术水平、较强竞争能力的企业集团，形成一批在全国具有一定知名度和市场占有率的名牌产品。

（2）发展路径。

①夯实工业基础。良好的工业基础是新型工业化发展的

前提。中国社会科学院工业经济研究所对我国区域基础设施与制造业发展水平差异的研究表明，基础设施水平每提高1个百分点，将诱致制造业产值比重增加0.143个百分点，人均制造业产值增加551.6元。鉴于西部地区投资能力不够高，区内存在高山、峡谷、戈壁、沙漠等不良地貌环境，因此可以多从市场培养、熟练劳动力寻找、人力资本积累以及改善协作配套条件等方面入手，为迁入企业带来便利和节约。这种便利和节约甚至可以超越和克服因不良的地理位置而造成的资本流动和产业转移阻力。这一点在西部地区已有成功先例，比如，有着“西部鞋都”之称的重庆璧山县，就是凭借其悠久的制鞋历史、独特的原材料、劳动力和市场的优势，由2 300多家制鞋及其配套企业组成产业集群以及“中国十大皮鞋生产基地”的区域品牌，产品销往全国28个省（区、市）及俄罗斯、乌克兰、欧盟、东南亚国家和地区。当地廉价的原料和劳动力资源，近年来已成为“东鞋西移”的首选之地，吸引了包括鞋业巨头——温州奥康集团——在内的若干家东部制鞋企业将生产车间西迁。

②踏实立足现有特色资源，紧紧依托高新科学技术。新型工业化的一个重要环节是实现当地特色资源与高新科技的有机结合，在新型工业化的框架下实现由资源优势向经济优势的转变。

③围绕“优势、强势、特色”，聚焦已有基础的重点领域和现成工（产）业，更新换代，做大做强。

④以点带面。目标上瞄准上述基础好、潜力大、特色明显的几大优势产业群，过程上循序渐进，操作上逐一突破，扎实实现由单一主导向多元主导的历史性转变。

⑤双管齐下。改造传统产业与“空降”现代产业并重，综合推进新型工业化的进程。

⑥内外结合。通过观念更新、体制创新、资源整合和发展模式革新构筑内部驱动力。通过借用外部人才、外部经营

渠道、外部技术力量、外部资金、龙头企业，广泛实施“外借”模式，产生外部带动力。形成内部驱动力和外部带动力的最大合力。

⑦立体发展。在上游的资源开采环节上，加大高新科技的应用，促进中小企业发展和集聚，提高采掘效率、减小对生态环境的破坏程度。在中游的原材料加工环节上，通过项目支撑和资源整合，涌现一批有规模和势力的原料加工生产领域的大企业、大集团。在下游的深加工环节和领域中，通过招商引资、招科引技，提升深加工的能力和水平，强化重点产业的辐射力和牵引力。实现地方工业生产的“全程新型化”。

三、西部地区城市化合理发展的思考

城镇化已成为21世纪人类社会发展的主旋律。美国的城镇化水平已超过85%，日本的城镇化水平超过了65%，我国的城镇化率仅为45.7%左右，西部地区则更低。城市是人类文明的象征，西部地区城市的发展水平标志着西部地区的文明程度。城市化的快速发展是西部地区合理发展的一个缩影。

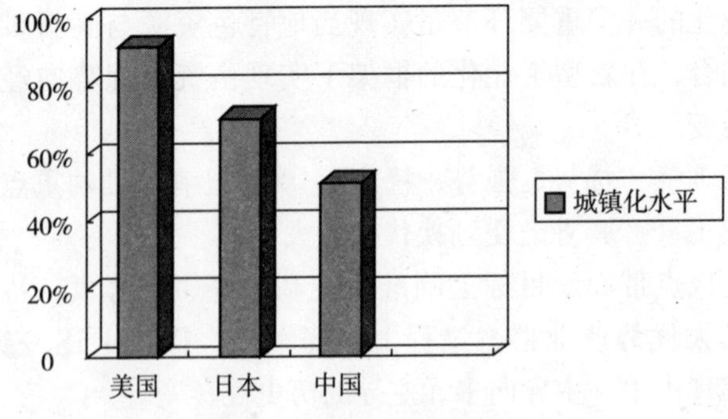

图10-2　城镇化国际比较

（一）西部地区城市化发展阶段的基本判断

1. 西部地区城市化发展的现状不够理想，问题较多

如前所分析，西部地区城市化发展中面临以下主要问题：问题一，西部地区地域辽阔，城市发展的区域差异明显；问题二，除个别大城市核心体系外，西部地区城市化规模、程度和水平普遍较低；问题三，中心城市辐射作用不强；问题四，大城市数目较少且分布不够均衡与合理，城市体系不够完整；问题五，城乡差异明显，“二元”结构的问题在西部地区尤为突出。

2. 西部地区城市化发展有良好的背景

西部地区正处于城市化缓慢发展阶段的后期，当前正在积极地向城市化快速发展阶段推进。随着西部大开发战略和国家城镇化战略的实施，西部地区已经迎来城市化加速发展的有利时机。尤其是从全国城市化平均发展速度和水平来看，当前是我国整体上城市化发展最快的一个时期，因此，西部地区的城市化发展也必然受其带动而呈现快速发展的势头。

（二）西部地区城市化发展的对策分析

西部地区城市化发展首先需要加强国家对城市发展的统筹功能，做好整个地区城市群落的整体规划工作。在此前提下，西部地区应发挥能动性，因地制宜地合理选择当地城市发展模式和路径。

1. 因地制宜，体现个性

西部地区的城市化发展要根据西部实际情况，而不能盲目照搬、套用东部地区的发展模式。比如，云南省以昆明、大理、丽江等为代表的旅游型城市的建设与发展，甘肃省以银川为代表的工业及矿业资源型城市的建设与发展，陕西省以西安为代表的高新科技型城市的建设与发展，四川省以成都、重庆等为代表的综合发展型城市的建设与发展，等等。

2. 把握机遇，发挥后发优势，非“常规”发展

如上分析，无论从社会发展趋势上还是从政策支持上，西部地区的城市建设都迎来了一个非常好的建设和发展机遇，并且，西部地区的城市发展处在后发的位置，有许多经验可以借鉴，也会得到来自先发城市的辐射和带动，这些都可以有效促进西部地区城市的快速和跨越发展。其次，走非均衡、多元化发展道路。西部地区城市发展应定位于相对集中发展和非均衡发展。应实施合理发展大城市、积极发展中小城市的战略，走多元化、集群化的城市发展道路。

3. 根据各地具体情况，合理选择城市化发展模式

城市化发展的模式是多样的，比如农业商品化或产业化牵引模式、现代工业催生模式、城市辐射带动模式和旅游文化促导模式等等，西部地区各地可依据不同的地情合理地选择适宜的发展模式，不过，各种模式的共同之处在于都需要相关强大产业的支撑。

4. 点、线、面结合，集约发展

西部地区城市化建设和发展不应是单一的形式和路径，而应是有点、有线和有面。首先，有选择地发展大城市，发挥大城市的综合性中心城市作用。发达地区的先发经验表明，大城市的超前发展是普遍而规律性的做法。针对西部地区大城市规模小、数目少、聚集效益和扩散效应不强等普遍问题，须有选择、有理性地发展大城市。为此，一是要在西部地区相对均衡地发展省级中心城市，并逐步完善其综合功能，使其成为带动区域开发和发展的枢纽与中心，实现资源、科技、资金、人力的集中。与此同时，要加强大城市之间的联系与合作，打造区域发展的“航空母舰”。如通过推进重庆、成都、西安等西部地区大城市的战略合作，使之发挥出支撑和带动整片区域快速发展的强大引擎作用。二是要加快发展地域性中心城市，充分发挥中心城市对周边中小城市的辐射和带动作用。还是以云南“滇中城市圈”为例，以省府昆明市

为中心，辐射带动周边充满发展活力的玉溪、曲靖及楚雄等卫星城市，初步形成了联动发展、一体发展和集约发展的良好态势，促成“滇中经济圈”的形成，取得了很好的实效、显示出了很大的集约发展潜力。三是大量发展中小城市。有研究成果表明，当人均 GDP 在 500 ~ 3 000 美元之间时，应优先发展中小城市。西部地区目前人均 GDP 为 1 000 美元左右，因此西部地区应当将发展中小城市作为城市发展和建设的重点。中小城市是连接大城市和小城镇的纽带，它不仅能够承接大城市的扩散效应，而且会对周围地区的小城镇和农村产生很强的集聚和辐射作用。通过上述三个层次城市建设的有序发展，形成以点成线、以点带面的格局，并同步预防大中城市易出现的“城市病”和中小城市易出现的“农村病”。

5. 重视城市群（带）的合理发展，推进重点经济区的率先发展

城市群（带）的形成有利于培育区域经济增长极，并在区域经济发展中能够发挥支撑和牵引作用。在交通条件和经济基础较好、城市体系粗具规模的地区，应积极推进城市群（带）的建设与发展。同时着力培育经济基础较好、资源环境承载能力较强、发展潜力较大的重点经济区，形成西部地区大开发战略新高地，以此辐射和带动周边地区的协同发展。这点上，东部发达地区的长三角城市群和珠三角城市群取得了成功，西部地区也有成功经验。比如以成都、重庆等为中心的四川盆地城市群（带），以西安、咸阳、宝鸡、铜川、渭南市为主的关中城市群（带），发展势头很好，均跻身全国十大城市群（带），并在带动地方经济社会发展中起到了特殊的作用。其中，关中城市群（带）成为西部地区工业化和城镇化水平较高的地区之一，2007 年，关中城市群（带）集聚了陕西省 64% 和西北地区 26% 的人口，创造了全省和西北地区的 69% 和 28% 的地区生产总值，从而使这一地区成为陕西省和西北地区经济最发达地区。这一经验值得推广。下一步应

当乘势而上，推进成渝、关中—天水和广西北部湾等经济区的发展，将之建设成具有全国影响力的经济增长极。大力支持呼（呼和浩特）包（包头）银（银川）、新疆天山北坡、兰（兰州）西（西宁）格（格尔木）、陕甘宁等经济区发展，力争培育成西北地区新的经济增长带。除四川盆地、关中平原地区外，随着交通状况的显著改善，在城市化发展条件不错的云贵高原和广西等省区也完全可以积极培育和重点发展城市群（带），譬如培育滇中、黔中、西藏"一江三河"等经济区，形成省域经济增长点，以带动区域经济的快速增长。

6. 加速西部地区农村城镇化建设

农村城镇化建设是城市化建设的一部分。西部地区"三农"的比重较东部地区要大得多，因此，西部地区农村城镇化建设是加快西部地区城市开发与建设的重要内容。现阶段，西部地区农村城镇化开发与建设中应发挥高科技产业对产业结构调整的拉动作用。不过西部地区农村发展高科技产业应当根据西部地区和当地实际有侧重地发展，而不宜像东部沿海地区那样全方位、大规模地展开。

7. 坚决打压房价，促进城市健康发展

房价居高不下、炒房现象严重是当下突出的城市问题。土地资源紧、城市人口多、百姓买房难是中国实情决定的，而西部地区由于目前经济社会发展水平及消费水平相对较低，因此城市房价（尤其是二线城市房价）相对要低许多，比如现在上海、北京、杭州及深圳等城市的商品房每平方米均价都在数万元，而昆明则只有6 000元左右，这无形中成为炒房者"转战"的新领地。有报道称，最近来自浙江、广东等地的较大规模"炒房团"已经相继涌入昆明，采取一次性付现金等方式绕开国家新近出台政策的限制，大量购买房源以期炒作和牟取暴利。其结果必然是对本已持续攀升的房价"火上浇油"，影响和制约城市的合理、健康发展。对此，政府应有针对性地重拳出击，采取一系列更加积极有效的措施，坚决限制及抑制“多套房”和炒房现象。

（三）国外城市发展的做法及启示

1. 大力开发农村小城镇

加拿大 UNBC 经济系学者对城镇化进行深入研究后指出，一个城市在其规模达到30万人以后，就会失去其规模经济效益。为提高区域城市总体经济效益，就应该发展大批的小城镇、尤其是农村小城镇，使每一个小城镇都拥有一些工厂、电站、中等学校、医院以及其他一些能够吸引居民的设施，从而实现经济效益最大化。

2. 积极发展（互补型）小城镇

在大都市郊区发展小城镇是国外城市化发展的一个趋向，典型的例子是加拿大的大温哥华区域和多伦多区域。多个各具特色的“卫星城镇”包围着中心城市，各卫星城镇与中心城市在许多方面互补，同时，各卫星城又相互联系，构成城市体系。

3. 以工业化发展带动农村城镇化

以工业化发展带动农村城镇化在国外被证明是行之有效的城镇化发展道路。工业生产必然向城镇集聚，并促进新的城镇的产生，加速城镇化进程。

4. 以第三产业的发展带动城镇化

第三产业可加速城镇化建设的速度和质量，是高起点建设和发展新兴城市的便捷之路。拉丁美洲是这方面比较典型的代表，其城镇化过程中第三产业起到了重要和独特的作用。

四、西部地区资源的合理开发与利用

资源的开发与保护是西部地区发展中的一个突出问题，也是影响西部地区发展合理性的一个重要的现实问题。西部地区资源合理开发的一个总原则是，在保护的基础上进行开发，逐步加大资源加工的深度。一个基本举措是资源就地转化，“西电东送”就是出于这样的考虑。

（一）西部地区发展过程中水资源的合理开发与利用

1. 西部地区水资源的评估

（1）水资源丰富。

西部地区得天独厚地在地貌上呈现出明显的“二级”阶梯，青藏高原处于最高阶梯（海拔 5 000 米以上），云贵高原处于第二级阶梯（海拔 2 000 米以上）。而云贵高原相对于中部及东部地区，又有数百米的高差。这种地形条件不仅可使印度洋西水东进（每年夏秋，来自印度洋的西南季风会给我国西部及西南部地区带来 1 000 ~ 4 000 毫米的大量降水，形成的水资源多达 1.2 万亿立方米，相当于黄河流量的 20 ~ 30 倍），而且数百甚至数千米的落差造就了丰富的水电资源（估算达 6 亿千瓦，占全国的 90%）。从雅鲁藏布江、怒江、澜沧江、金沙江、雅砻江、大渡河、岷江、嘉陵江、乌江、汉江到黄河、长江，每条江河干支流峡谷都可开发出成群的大型水电站，成为我国也是世界最大的水电资源富集区。从理论上说，西部地区开发冰山雪水，也是大有可为的。西部地区有北半球最大的固体水库——冰雪融水。世界 10 座特大雪山中我国就有 8 座，而且全都在西部地区。对于西部地区乃至全国而言，开发这些冰雪融水意义很大。

西部地区水资源的合理开发与利用集中在西南地区。西南地区的水能资源居全国之首，潜在的可开采量占全国的 68% 左右。其中，云、贵、川、桂、藏的水资源总量约 13 000 立方米，占全国水资源总量的近一半。因此，西部地区尤其是西南地区水资源具有巨大的开发前景。

西部地区代表性省区水资源情况比较表

（单位：立方米）

省份	水资源保有量
西藏	206 892
云南	5 953
新疆	5 774
广西	4 415

（2）水资源开发利用程度低。

资料表明，西南（地区）各河流的地表水控制利用率仅为1.3%，西南（地区）水资源总量利用消耗率为0.9%，而西北地区的河西走廊内陆河达75.4%。由于西部地区水资源分布不均，大型水利工程少，每年白白流出国境的水资源达9 000亿立方米，造成巨大的资源浪费。显而易见，西南地区水资源开发的潜力很大。①

2. 合理开发与利用西部地区水资源

（1）加强水资源调配的研究、规划与实施。

我国北方水少而南方水多，且时间上的波动很大。这种空间分布与时间分配的极端不均匀性，决定了采用区域水资源调配办法改善这种不均匀性的必要性。但“南水北调”一定要对区域水资源供需进行周密的供求分析，以确定调水的合理规模，并充分论证工程技术、社会经济发展与生态环境保护的可行性，必须全盘考虑经济效益、社会效益和生态效益。调水是为了水资源的综合、合理利用，只有实现了区域间水资源的供求平衡，实施调水才是最经济、最合理的。

（2）西部地区要全面规划用水。

制定合理用水定额是规划用水的重要环节，不同行业有

① 邹东涛．中国西部大开发全书［M］．北京：人民出版社，2000.

不同的合理用水定额，不同生产水平有不同的需水标准。通过防止超定额用水和应用科技降低用水定额，实现科学和合理分配水资源。

（3）探索开发“弱水”资源的新途径，强弱并举。

水资源可分为集中型水资源（“强水”）和分散型水资源（“弱水”）。西部地区幅员辽阔，分散性缺水是西部地区普遍面临的问题。特别是贫困地区多为缺水区，分布范围广，普遍集中供水很不现实。因而在西部地区尤其是西北地区积极发展雨水收集和集水农业是非常必要的。尽管“弱水”来水强度小，但可以通过人工集成来强化，以达到供水的目的。作为“弱水”的雨水利用已成为当今世界水资源开发的潮流之一。“强水”利用与“弱水”利用并举，是西部水资源实现合理配置的原则之一。

在西北黄土高原与西南岩溶山区，就地收集雨水解决农村用水的困难是很有效的，甘肃、宁夏等省的经验已证明了这一点。譬如甘肃省榆中北山地区通过实施“121”工程，使25万户修建了“不透水面”并用以收集雨水（每户修建100平方米左右），成功地解决了农村饮水困难，同时还发展了众多的庭院农业。西南地区在2009年的百年罕见旱灾抗灾中总结出的修造农村“小水窖”的做法，对完善水利过程和抗御自然灾害发挥了有效的作用。

（4）西北地区应侧重于节水省水。

合理用水首先是节约用水。节约用水既可保护水源，又可减少排放、加强环保和维持生态平衡。对于水资源匮乏的西北地区，必须控制工农业生产和城市生活用水的过快增长，通过采取各种节水技术与节水管理等，减缓供水不足和环境压力。

（5）西南地区应侧重于水资源开发中的保护。

水资源在西南地区虽然属优势资源，但鉴于保护环境的压力和必须，一定要在对资源和环境保护的前提下稳妥开发。

应充分考虑水资源开发利用与生态、环境相互间的协调发展，搞好规划，合理配置水资源，做到“保护为主，有序开发”。首先，做到对西部地区水电资源的科学和理性开发。西部地区水电资源合理开发的指导思想是科学发展观，即西部地区水电资源开发必须以科学发展观为指导，严格遵循自然规律、生态规律。其次，全局规划、周密计划。水电工程投资大、周期长、技术性强、见效慢、影响大，因此应把西部地区水电资源开发纳入国家能源发展战略、西部大开发战略及中长期发展规划的层面加以统筹、规划和协调，防止一哄而上和大起大落。再次，量力、有偿和保护性开发。要与国家和地方的宏观战略与经济承受能力相适应，量力而行。要兼顾“水电论”者和“生态论”者的观点，严防野蛮开发、粗放开发、盲目开发、无偿开发、掠夺式开发。要控制火电新上项目，保护未来大型水电工程应有的发展空间。要注重生态保护，坚决禁止在生态环境脆弱的地区、自然保护区、农业保护区等处拦水筑坝发电。要建立健全针对水电工程的生态维护机制、生态监控机制、生态惩罚机制和生态补偿机制。

（二）西部地区发展中矿产资源的合理开发与利用

西部地区矿产资源的开发利用，要特别注重发展与资源的协调、开发与环境的协调。为了达到这一目的，西部地区矿产资源开发利用中应注重在以下几个方面形成战略性的转变。

1. 由着重开发不可再生资源转向着重开发可再生资源

在以前的发展中，西部地区过多地开发石油、煤、各种金属等矿产资源，由于科技水平的制约，资源的加工能力和产品的附加值低，同时还造成了环境污染。而在未来的资源开发中，西部地区在合理进行不可再生资源开发的同时，应多注重对水能、太阳能、风能、地热能、生物质能等资源的开发，以求减少和替代矿物矿产资源的开发，这样既能增加新能源供应，又有助于环境保护。据中国新能源网介绍，西部大多数地区年平均日辐射在每平方米 4 千瓦时以上，西藏日辐射量高达每平方米 7 千瓦时。太阳能资源的理论储量达每年 17 000 亿吨标准煤。另有资料显示，大陆高温地热资源全部集中于西部，中低温地热资源也异常丰富。西部地区的温泉总数占全国的 2/3。我国迄今发现的水温≥100℃（或当地沸点）的 93 处沸泉中有 81 处集中分布在西部的藏南、滇西及川西地区，显现出温泉多、水温高、显示类型齐全、分布密集的特点。风能是目前最有开发利用前景和技术最为成熟的一种新能源和可再生能源。风力发电在新能源和可再生能源行业中增长最快。美国、意大利和德国风能发电年增长均在 50% 以上。有关测算表明，我国风能资源理论储量为 32. 26 亿 kW，实际可开采量为 2. 53 亿 kW，这个数量比 1996 年全国发电总装机量还大，也大于我国水能资源的储量，其中西部地区的风能资源占全国的 50% 以上，极具商业化、规范化发展的潜力。因此，大力开发西部地区风能资源是节约煤炭石油资源、减少环境破坏、提高西部地区能源资源开发合理性的一项重要工作。

2. 由着重开发传统资源转向开发新资源

在当前矿物资源日趋紧缺、环保压力巨大的情况下，大力开发新资源是大势所趋。西部地区作为矿物资源基地，应当积极尝试开发替代型新型资源，减少和减缓对传统矿物资源的耗用规模和程度，促进经济社会的可持续发展。

3. 由着重开发自然资源转向注重开发人文社会资源

西部地区有着丰富的人文社会资源，开发此类资源也有助于加快西部地区的合理发展。从旅游资源来看，西部地区拥有众多人文与自然景观。例如西北部长城、丽江古城、敦煌莫高窟、都江堰及青城山、西藏布达拉宫、青海湖、秦始皇陵及兵马俑、桂林山水、云南“三江并流”风景区、九寨沟、红河梯田等等，世界自然遗产和自然文化遗产均有西部的身影，西部地区丰富的人文社会资源正成为西部地区转变经济增长方式和改变经济结构的重要基础。例如西部地区在开发人文社会资源的基础上大力发展旅游业，不仅可以带动经济增长，而且又有利于调整产业及经济结构，更有助于改善环境和保护生态。

五、西部地区发展中生态环境保护的合理途径

经济发展一般都会带来不同程度的环境破坏。我们在此引出“发展效率”的概念：$G=F/C$，即经济发展的成效与由此造成的环境代价之比。而发展的合理性指明了如何能使经济发展成效最大、环境破坏代价最小，即在发展中实现效率最大化和代价最小化。

通过前面章节对西部地区环境问题的分析，可知环境的破坏主要有两种情形：一种是与贫困化相关的由落后的农业生产活动造成的生态破坏。另一种是由工业化和城市化进程产生的以产业污染物排放所造成的生态破坏。西部地区相对脆弱的生态环境不利于用传统方式大规模开发自然资源，这就要求在西部开发和发展中采取合理和有效途径，着力改善生态环境，提高承载能力，实现可持续发展。

（一）退耕还林，绿化荒山

森林是净化空气、防风固沙、养护物种的根基。失森林者失生态。西部地区的生态问题与森林覆盖率低有直接关系，因此，退耕还林和绿化荒山是西部地区保护和建设生态环境的基本方略。

对于规划退耕还林的土地和拟绿化的荒山，可通过承包制的形式交由当地农民或山民植树养草。农民和山民通过与政府有关部门签订责任合同书，在法律上确保政府的粮食供给和在还林、绿化中长期受益，以便能够安心、专心从事还

林和绿化。对于退耕还林、绿化荒山条件差和难度大的地域，政府应提供更利于承包和经营的优惠政策，包括方便贷款、减免税收和增加成林后的受益时间、受益程度、补贴数量等。各地退耕还林和绿化荒山应因地制宜，积极发展经济园林，宜果则果，宜茶则茶，宜药则药。为配合退耕还林、绿化荒山，要标本兼治地转变西部生态问题突出地区的农业生产形式，从根本上扭转广种薄收的陋习，坚决禁止毁林毁草开荒、过度放牧。依靠科技，走精种多收的农业种植之路。

（二）资源开发与环境保护协调发展

西部地区在开发丰富资源时，必须做到：首先，把生态环境的保护和建设放在第一位，开采资源前先对生态环境进行科学评估，开采过程中不能盲目开采、随意扩大规模。其次，做到以需定产，以开采的质量约束开采数量。再次，边开发、边治理；“在保护中开发，在开发中保护”。最后，开发结束后，应当对开发区的生态环境进行全面恢复性建设。西部地区资源开发的合理性要求：大开发不能造成环境的大污染、生态的大破坏，更不应牺牲生态环境来谋取短期的经济利益。云南省“云天化”集团公司所属企业昆阳磷矿，在这方面闯出了成功之路，其经验和做法很值得同类地区、同类企业推广和广泛借鉴。

（三）坚定地走生态型经济之路

走生态型经济发展之路，既能促进西部经济的发展，又能有效保护西部地区脆弱的生态系统，为西部地区可持续发展增加可能性。

在路径上，西部地区应依托资源优势，进行不同资源和产业的组合，促进物流和能流的循环传递，形成粗、长、分支多的生态产业链，实现产业组合的最优化、经济效益的最大化、生态成本的最小化。

在类型上，西部地区的生态经济可侧重于以下三方面。

第一，以植物资源为主的生态经济。如以西部地区独特且规模化的水果、烟草、花卉、药材、茶叶、发菜等植物资源为依托的生态经济。以云南为例，目前云南5种水果出口创汇位居全国第一：根据海关统计，2010年1—7月份，云南省水果出口2 862万美元，同比增长10.5%，其中石榴、葡萄、桃子、梅及李子出口创汇均居全国第一；1—7月份，花卉出口1 601万美元，增长20.6%；茶叶出口873万美元，增长12.4%；烟草出口2.4亿美元，增长17.4%；菌类出口2 874万美元，增长71.2%[①]。

第二，以旅游资源为主的生态经济。如以西部地区多种独特的地形地貌、自然景观、历史遗迹、民族文化资源为依托的旅游生态经济。重点发展生态旅游和民族风情文化旅游。例如云南合理定位及倾力建设“绿色经济强省”、“民族文化强省”、“中国连接东南亚、南亚的国际大通道，面向西南开放的重要桥头堡”，并倚此拓展文化旅游发展空间和培育特色文化产业的成功做法值得借鉴。

第三，以环保产业为主的生态经济。环保产业是以防治污染、改善生态环境、保护自然资源、促进社会经济可持续发展为目的所进行的技术开发、产品生产、商业流通、资源利用、信息服务、工程承包和自然保护开发等活动的总称。环保产业是一种朝阳产业、具有广阔的社会效益、经济效益和生态效益，在西部地区开发与发展中尤为适合。吴海鹰、张盛林撰文认为，根据西部地区实际，应依靠科技进步，大力推广资源利用率高、污染排放量少的设备和清洁生产技术，发展先进、实用、经济、节能、洁净的环保产品和设备。重点发展高效除尘设备，燃煤脱硫成套设备，机动车污染净化装置，城市污水处理成套设备，各类产业废水处理技术和设

① 都市时报2010-08-21.

备，垃圾无害化、资源化、减量化处理成套设备，废水、废气总量控制和浓度控制相结合的监控计量仪器等系列产品；污染环境物质的替代产品以及废旧物的资源化技术、生态工程技术、清洁生产。生态经济可落实在日常的生产生活中，例如甘肃省在建设养殖示范基地过程中，把玉米秸秆拉成丝，作为原料运到内蒙和连云港等地，实现了废物利用，既为农民增了收，又从源头上控制了秸秆焚烧造成的大气污染，为农民的畜牧业发展开辟了道路。这样一种技术深受农民的欢迎，并受到国家环保部和农业部的高度重视。

六、切实立足本地，合理培育特色及规模

西部地区的发展应走特色经济之路，即以市场为导向，以经济效益为中心，以西部地区区域优势资源为依托，依靠科技进步和资源的差异性，根据特色经济所具有的优势性、规模性、连带性、可持续性和动态性的特性要求，形成具有规模化、异质化的特色产业群。在此基础上，使产前、产中和产后诸多环节连接起来，进而带动本行业、本地区的发展，并兼顾经济效益、社会效益和生态效益，直至成为本地区新的经济增长点。

立足当地实际，按照“有所为，有所不为”的原则，所为者则努力形成“特色”，做到人无我有、人有我多、人多我优、人优我特，是西部地区经济社会快速发展的要求，也应成为西部地区合理发展的方式和结果。

（一）依托地缘和区位优势，积极开拓与周边邻国的经贸合作

实践证明，发展边境特色贸易可以成为西部地区的一种独特、有效的经济发展模式。西部地区的云南、广西、西藏、新疆及内蒙古分别与南亚、中亚和俄罗斯等国家接壤。这些边境省份同周边国家区域经济合作的步伐明显加快、进展喜

人。比如随着“中国—东盟自由贸易协定”的签署，西南地区的广西和云南依托地区优势和特色互补性，全面参与了东南亚次区域科技、经济及贸易合作，已经使其从对外开放的末端变为前沿。仅以云南为例，目前云南已有21个边境口岸，其中有8个是国家级口岸，这些口岸成为连通境外、加强交流与合作的重要窗口和平台，云南省正充分利用这些得天独厚的地缘及区位优势，筹划兴建有影响的辐射西南的“桥头堡”和中国—东盟商贸港，变地缘及区位优势为经济优势。近年来，云南省与东盟贸易继续保持平稳较快发展，据海关统计，2010年1—7月份，全省与东盟已实现进出口总额24亿美元，较上年同期增长52.1%，占全省外贸总额的比重为31%。以当前每月50%左右的平均增速来看，预计全年全省与东盟贸易额有望达到45亿美元的历史新高[①]。可以说，现在西部地区对外开放定位发生了质的变化。对于西部地区来说，应当充分抓住这些机遇，紧紧依托自身优势和特色，深化与邻国的经贸关系，推进与周边国家的多种边贸合作，努力形成发展重心带并产生良好的辐射效应，进而在互补、互惠、互利中带动和促进自身的快速发展。

资料显示，中国—东盟自由贸易区建立以来，进入西南地区的物流运输猛增，仅2008年运往云、贵、川的工业原料运输就同比增长了75%。同时，经贸的迅速扩展，对口岸地区的仓储、运输、通讯、金融、保险、生活服务业等服务的需求也同比增长，从而可有效地刺激了当地经济社会的全面、协调发展。

（二）发展特色产业集群，开展特色竞争

为适应国内外资本向产业集群方向转移的新趋势，逐步扭转单凭廉价劳动力和自然资源优势参与竞争的局面，西部

① 都市时报2010-08-21.

地区应当借鉴东部发达地区和国外的成功经验，走产业集群发展的道路。不过，西部地区产业集群的发展，在产业、产品的选择上必须突出和倚重特色，重点开发具有地区比较优势的特色农业、畜产品加工业、旅游业、生物制药业以及能源矿产资源业等，逐渐形成集成发展，悉心打造特色产业集群，塑造专业化和特色型竞争优势，如云南的烟草特色产业集群，四川、贵州的白酒产业集群，等等。资料显示，2008年云南烟草产量达到83.7万吨，加工产值831.1亿元，总产值1 040.4亿元，出口额2.8亿美元。“云烟”卷烟品牌产销量突破100万箱，年创利税突破100亿元。“红塔山”卷烟品牌产销量突破100万箱，超过历史最高水平。2009年，红云红河集团销售卷烟423.66万箱，同比增长2.8%，实现销售收入456.36亿元，同比增长6.82%。同时，全年“云烟”品牌的利税历史性突破了200亿元大关。云南省烟草产业“十二五”发展规划将进一步突出大品牌导向，加大品牌整合力度，加快推动资源和要素向云南优势卷烟品牌集中。在良种培育、减焦降害、特色工艺等重点环节上下工夫，充分发挥云南烟草生产优势和科技创新对卷烟产业发展的支撑作用，率先培育中式卷烟跨国品牌。根据国家烟草专卖局的卷烟品牌战略，云南中烟工业公司提出了“5331”的发展目标：即通过“十二五”或者稍长时间的努力，力争实现“红塔山”品牌500万箱、销售收入1 000亿元，“云烟”品牌300万箱、销售收入1 000亿元，“红河”品牌300万箱、销售收入500亿元，“玉溪”品牌150万箱、销售收入800亿元。按此目标，到2012年，烟叶产量将由2007年的75万吨增加到100万吨，加工产值将由694亿元增加到900亿元，总产值将由784亿元增加到1 000亿元。到2020年，云南烟草总产值将达到1 200亿元。实现“5331”发展目标后，云南省4大重点品牌销售收入将达到3 300亿元[1]。其实现目标的具体途径和做法是，优化特色资源配置，积极发展规模、质量、效益协调统一的现代特色烟草农业，加快现代化烟田基础设施建设，提升烟叶质量水平，突出烟叶风格特色，构建适应卷烟大企业、大品牌要求的原料保障体系，研发特色烟草配方组合工艺。立足特色，实施集团化、品牌化、国际化发展战略，全面提高烟草企业的现代化管理水平，不断提高科技含量、产品质量、市场占有率、国际竞争力和产业效益。云南烟草堪称特色经济规模化发展的突出实例。

（三）倾力发展特色旅游，充分体现自然和文化资源特色

旅游业被称之为“无烟工业”和朝阳产业，其不仅能直接创收赢汇，而且因其具有很大的产业关联度，能够带动交通运输、基础设施、通信、服务、纪念品及食品加工业、食宿业、生态农业、休闲业等的连锁发展，因此通过旅游业的规模发展，能够有机延伸产业链，有力带动相关服务业的发展，进而壮大第三产业和改善产业结构。西部地区拥有丰富而独特的自然、文化资源，如前所述的四川九寨沟、峨眉山，西藏、青海的高原风光，新疆、甘肃的沙漠绿洲和石窟文化，内蒙、宁夏的草原景色和游牧文化，云南、广西、贵州的少数民族风情及山水景色，等等，为大力发展以特色地理景观、历史遗产、民族风情为基础的特色旅游业提供了其他地区难以比拟的条件。西部地区完全应当利用大自然的馈赠和人文的积淀，在保护和拓展民族传统文化的前提及基础上进行合理的开发与利用，竭力培育和发展以自然景观和民族文化为特色的旅游业并使之尽快成为支柱产业。

1. 旅游业开发中要围绕特色，突出民族特色、历史文化特色和地方特色

特色是立足之本、取胜之道。原始、自然、民族、淳朴

---

① 都市时报2010－08－21.

使得西部地区开发和发展特色旅游大有可为。为此，西部各省（区、市）应潜心琢磨独特的自然风光和别致的民族风情旅游内容，尤其要开发自然风光与民族风情有机结合的特色旅游项目，使特色更加浓郁。西部有条件的省（区、市）在旅游开发中都应树立地区优势，创建拳头产品，凸现特色品牌。譬如，内蒙古应重点发展游牧旅游，新疆可大力发展丝绸之路考察旅游，使神秘的丝绸之路成为新疆特种旅游的标志性产品。西藏则适合开发高原探险旅游产品，让人们在高原上挑战自我，并欣赏独有的藏传佛教与西藏民族风情。云南、贵州、广西的重点应放在登山探险、瀑布考察、民间舞蹈、歌会等方面，因其旅游业有较好基础，故应着重于旅游资源的广度和深度开发，提升旅游品质，塑造更优品牌。同时，各地还应创造性地生产和经营民俗风情旅游特色产品，提供周到、优质的特色旅游服务，做到求真、求奇、求美的统一。云南省大理白族自治州以文化提升旅游附加值的做法值得总结。云南大理自确定为全省文化体制改革和文化产业发展试点地区以来，积极探寻以文化提升旅游品位和效益之路，《蝴蝶之梦》就是为此悉心打造的标志性成果。该剧由大理旅游集团牵头，22 家旅行社共同参与和投资，面向全国招聘一流编创人员，总投资 2 300 万元，以展现大理悠久的历史、丰厚的文化底蕴、优美的风光和斑斓的民族风情为主。该剧是面向市场的一台综合旅游文艺演出，是大理有效挖掘特色文化潜力、运用成熟的旅游支柱产业所搭建起的一个巨大市场平台，是高起点开拓特色旅游文化消费市场的一个大手笔，同时也是利用文化产业提升旅游消费附加值，把文化产业和旅游产业有机结合，以文化力驱动旅游经济力，做大做强文化旅游产业的成功之举，为大理荣膺“最佳中国魅力城市”增光添色①。

① 张臻．大理以文化提升旅游附加值［N］．春城晚报 2005－02－07.

云南有两大资源优势，一是山水景观的自然优势，二是民俗民风的文化优势。其民族文化资源的多样性和独特性非常明显，因此，以打造"民族文化强省"为目标的云南省完全有条件将文化产业作为特色产业来培育和发展，早在1996年，云南省委六届四次全委会上就确立了把云南建设成为"民族文化大省"的发展目标；2003年，云南省又出台了《云南省关于加快文化产业发展的若干政策》等一系列推动文化产业发展的文件。经过多年的努力，云南省打造出了以"古滇文化"、"大理文化"、"禄丰恐龙文化"以及"云南映象"等为代表的一批文化动态符号和文化品牌产品，实现了将民族文化与地方经济联姻，使文化产业在经济欠发达地区异军突起，在全国乃至国际上形成具有重大影响的发展态势，区域型文化资源开发与文化产业发展的"云南模式"已经成型，完成了文化产业由"云南现象"到"云南模式"的历史转变①，也昭示出经济欠发达的边疆民族地区完全可以成为文化产业发展的先进地区。值得一提的是，在大力发展民族文化产业的同时，云南等有条件的西部省（区、市）还应当思考将旅游产业和文化产业捆绑发展，以形成集约效应和发展强势，上面所列举的云南大理的例子就是一个缩影，也是一个很好的启示。

2. 西部地区特色旅游开发要讲求科学性和规范性

特色旅游有其特定的含义，即靠提供科学研究、文化交流、观光考察、体育竞技、休闲度假以及猎奇探险等特色旅游项目吸引游客，可满足旅游者某方面的特殊兴趣与需要，能开发、生产和销售特种旅游产品的旅游服务的总称。特色旅游的合理开发很讲求科学方法，不仅需要依托特色资源，还应当仔细分析研究市场需求与变化，最大限度地迎合大众和特殊群体的特别偏好。另一方面，旅游开发、管理和服务

① 熊澄宇．解读"云南模式"——从"云南现象到"到"云南模式"[J]．社会主义论坛，2005：22-25.

不够科学、标准和规范，又恰恰是西部地区旅游发展中普遍存在的突出问题，因此，西部地区特色旅游的开发与发展尤其要注重方法的科学、设施的标准、制度的规范，合理规划、加大投入、完善政策、规范市场。只有这样才能不断提升旅游质量，使特色旅游做好、做长、做大、做响、做强。

3. 逐步实现由观光型旅游向休闲度假型旅游模式的转变

休闲度假型旅游是旅游的高级形态，也是旅游业建设和发展的高级模式。其充分、系列地利用了旅游资源，延长旅游者的消费时间、拓展旅游者的消费空间，挖掘旅游深度、提升旅游品位，最终提高旅游服务质量和经济效益。西部地区特色旅游开发要有意识地向休闲度假型旅游模式转化，在开发时间长、影响大、游客多、特色强等条件较好的旅游胜地和景区先期进行试点开发，积累经验后逐步推广完善。与之相应，西部地区特色旅游开发应追求自主性和个性化，善于打破常规，激发旅游者的参与性、自创性和能动性。如改变传统的交通方式、单纯的受动模式、固定的旅游项目、简单的导游形式，提供自助式旅游服务等，张扬旅游组织者和参与者的个性，创新能让游客自己动手和从中取得特殊体验的旅游内容，增添旅游的新鲜感、刺激性，彰显特色旅游的自主性。目前，人们将旅游产品开发划分为三种：第一种以自然文化性资源为主，以热点城市和团队旅游为主。在此基础上进行创新便形成了第二种，即仍然是以自然文化性资源为主，但主要特点是改变旅游线路，变“机械连接或强行搭配线路”为“内容独特且相对集中的主题性旅游线路”，是更强调自然、历史和文化协调一致的旅游产品。该产品经过细致的组合加工，具有较高的附加值。其方式是在参观的基础之上，尽可能设计、组织和融入参与式的旅游项目，使“柔性开发”的特点逐步突出。第三种旅游产品则是正在蓬勃开展的特种旅游模式，其以参与性为主，讲求对资源深度开发和利用，体现出了向趣味型、效益型的转化和发展。西部地区旅游业的发展，要适应和积极应对上述转变趋势，在高级化、现代化发展过程中，实现人文资源与自然资源的深度结合，使资源优势不断扩大，经济效益不断增加。

云南丽江旅游业的蓬勃发展就是一个很好的实例。丽江从四个方面下工夫加强特色旅游开发的科学性和规范性。一是实现三个转变，以实现旅游经济的高质量、可持续地发展。第一个转变是逐步从过去的行政管理转变到依法管理，创造一个公平、公正、平等竞争的环境。第二是逐步推进丽江旅游业由数量型向质量型转变，从过去的观光、旅游型向休闲、度假型和康体、会务型转变。第三个转变就是随着机场改扩建、铁路和公路的修建，逐步把丽江由旅游目的地变为既是目的地又是集散地，为丽江的旅游业发展进一步夯实基础。二是不断扩大开放，通过内引外联，积极利用国家扩大内需的机遇，把丽江的旅游向前推进。譬如与上海中邦置业有限公司达成了投资30亿元人民币建“女儿国”小镇的项目，引进阿曼酒店、上海金茂等名牌企业到丽江，提高旅游档次和酒店整体管理水平，从而提升整个丽江旅游的核心竞争力。三是增加投入，不断改善丽江旅游的基础设施建设。巩固提升古城、泸沽湖、玉龙雪山等老景点，兴建“女儿国”小镇、老君山国家森林公园等新景点。四是提升管理和服务水平。旅游经济是体验经济，在旅游的过程中要让游客尽量享受美好的感觉。为此，丽江始终努力创造好的旅游氛围和服务条件，力求把丽江打造成真正的国际精品旅游胜地。尽管近些年来世界范围的金融危机形势一直严峻，但丽江的旅游业仍然保持着快速、持续的发展，2008年接待游客630万人次，综合旅游收入达到69亿元人民币，使旅游业成为使丽江实现从“品牌丽江”向“实力丽江”转变的重要支柱①。

---

① 谢莹，李海玲．“品牌丽江”要做“实力丽江”［N］．云南信息报2009-03-05，5.

（四）西部民族自治区发展特色经济的成功实践值得借鉴

西部大开发战略实施以来，西部民族地区努力结合当地经济社会持续、快速、建康发展的要求，提出了各具特色的经济发展思路，培育了各自的特色产业，逐步踏上了特色经济发展之路。为西部地区的合理发展增添了色彩，提供了可供借鉴的经验。

1. 潜力巨大的西藏特色经济

西藏提出了突出六大重点、大力发展五大特色产业的发展思路。六大重点：一是巩固和加强农牧业基础地位，发展高原特色农牧业，提高农牧民收入；二是抓好交通、能源、通信、市政等基础设施建设，特别是围绕青藏铁路建设大做特色经济文章；三是搞好生态环境保护和建设，增强可持续发展能力；四是加大经济结构调整力度，培育新的特色经济增长点；五是加快发展科技教育，促进科技进步和人口素质的提高；六是积极推进体制创新，完善社会主义市场经济体制。五大特色产业：一是大力发展种植业、养殖业，依托特色农牧资源，大力发展牦牛、优质青稞等农畜产品加工，延长产业链，提高附加值，推进农业产业化；二是利用西藏得天独厚的自然风光，开发旅游产品，发展特色旅游产业；三是采取与区外、国外企业联合、嫁接等多重措施，引进和吸收先进的管理、技术、市场营销手段，把藏药业做大做强，使西藏成为全国藏医藏药科研、生产中心；四是发挥西藏气候独特、生物多样性的优势，发展高原食用菌、红景天、人参果以及经济林果等具有高原特色的资源加工业和系列绿色饮料产业，力争在创品牌、上规模和提高市场占有率等方面实现大的突破；五是充分发挥民族手工技能优势，大力发展地毯等民族手工业，扩大规模，拓展市场，提高竞争力和经济效益。

2. 以当地特色农畜业为主打的宁夏特色经济

宁夏特色产业以资源为依托，以“就近转化”为原则，基本形成了以银南的利通区、中宁、中卫、灵武、青铜峡及银川郊区、永宁、贺兰为主产地的优质大米生产加工产业，以宁南山区和西海固地区为主产地的马铃薯生产加工产业，以银川市区、吴忠市区、六盘山区的泾源、海原、固原及平罗、灵武等为主产地的畜产品生产与深加工产业，以银川、贺兰等为主产地的葡萄酒产业，以及以中宁、中卫、青铜峡等为主产地的枸杞生产加工产业。规模和产值不断扩大，发展势头良好。

3. 正在起步的新疆特色经济

新疆正在加快资源优势转化为经济优势的步伐，大力发展特色产业。其特色主要体现在农业、工业和旅游业上。特色经济发展的重点是大力培育和建设石油、天然气、重化工、绿色食品加工、特色轻工纺织等特色产业基地，较好地利用和体现了本地特色资源优势，取得了较为明显的经济、社会及生态效益。

4. 以畜牧经济为基础的内蒙古特色经济

内蒙古在积极发展牛羊肉加工业、毛纺织业、皮革业、餐饮及旅游业等以畜牧经济为基础的特色产业过程中，着力结合地区特色资源，发挥比较优势，并有意识地把特色产业的链条向关联产业和关联企业延伸、辐射，精心构建起了特色畜牧产业群落，形成了具有区域特色、低成本优势和产业经济竞争能力的特色经济雏形，并为今后其特色经济的链式发展奠定了基础。

5. 颇具实力的广西特色经济

广西壮族自治区利用自身丰富的资源，加速发展中医药、铝工业、林浆纸一体化、特色农产品深加工业以及旅游业五大特色产业。一是大力发展有较强竞争力的中医药产业，打造中国“南药”品牌。广西拥有中药资源 4 600 余种，占中国已知药用资源的1/3。通过加强行业规划和协调，促进企业的集约化发展，推动现代中药的产业化发展，广西中药工业总产值已近百亿元人民币。二是积极开发铝土矿资源，构建具有国际竞争力的铝工业体系。广西已探明铝土矿资源储量达8亿吨，居全国第二位，发展铝工业大有可为。三是倾力打造林浆纸一体化产业。广西林木年平均生产量是全国平均水平的2~3倍，广西正充分利用这个资源优势，采用国际先进的营林、制浆、造纸一体化的经营模式，与国际大公司开展合作，引进先进的生产加工技术，建设多个年产百万吨级的大型现代制浆、造纸企业。四是有效培育特色农产品深加工业。亚热带农业资源是广西的又一大优势，经过多年努力，全区已经形成了有规模上档次的特色农产品深加工业，农产品加工业总产值已突破1 000亿元人民币。“十二五”期间，广西将重点发展特色、大宗、生态、绿色、安全的农产品特色加工业，保持其总产值持续增长的势头。五是使旅游业增特色、出品牌、上档次。广西拥有桂林山水、德天瀑布、北海银滩等丰富的旅游资源，因此，其特色旅游业的发展基础良好、潜力巨大、充满希望①。

① 苏振锋．特色经济：西部民族地区落实科学发展观的契入点［J］．经济问题探索，2006（1）：37－40.

附　录

攀枝花钢铁（集团）公司发展循环经济综合研究报告

发展循环经济是贯彻落实科学发展观，转变经济增长方式，实现经济转型，优化经济结构的有效途径；是有效解决经济快速发展与资源约束和环境污染的矛盾，实现可持续发展的根本出路。

钢铁冶金工业是矿产资源、能源、水资源消耗密集型产业，由此具有资源依托型、高能耗、大排放等特征，同时具有产业关联度大、企业工艺流程长等特点，这决定了钢铁工业是极具潜力、很有条件、迫切需要发展循环经济的产业。目前我国面临经济结构的调整和增长方式的转变，国家宏观调控政策及行业相关政策要求钢铁工业的发展必须以循环经济的发展理念为指导，承担重要的能源资源转换与循环利用以及保护环境的责任，同时环境、资源、竞争的压力也要求钢铁企业必须发展循环经济。发展循环经济，已成为钢铁企业实现可持续发展的必由之路，也成为摆在攀钢面前的重要课题。

2005 年 7 月，国务院国发〔2005〕22 号文件提出了《关于加快发展循环经济的若干意见》。同年 12 月，四川省人民政府省府发〔2005〕38 号文件提出了《关于加快发展循环经济的实施意见》。2005 年 10 月，攀钢集团被列为全国首批循环经济试点企业。2006 年 2 月，攀枝花市被列为四川省第一批循环经济试点城市。

为了充分发挥攀钢的比较优势，认真贯彻“做大钒钛、做好资源、做精钢铁、做强企业”的战略思路和发展方针，尽快实现产业结构调整和经济发展质量的转变，特立项委托昆明理工大学会同公司一起进行“攀枝花钢铁（集团）公司发展循环经济研究”。在公司科技处、综合处及有关部门、有关企业的支持下，经过大量的调研、研讨与论证，完成了课题研究，从总体上提出了集团公司近期及中长期循环经济发展的思路、目标、重点及对策措施，形成了攀钢发展循环经济的总体框架。为攀钢从采矿、选矿、冶炼、加工各个环节发展循环经济，建立产业生态工业链提供了指导方案。为攀钢建立发展循环经济的约束激励机制提供了建议方案。为攀钢发展循环经济的技术支撑体系提供了合理化建议。为攀钢实施产业结构的重大调整提供了依据。

因此，为攀钢循环经济有序、规范、系统推进奠定了基础，为攀钢制定中长期发展规划提供决策依据，一些研究成果将作为集团公司总体发展战略的一个重要组成部分而进行贯彻落实。

一、攀枝花钢铁（集团）公司发展现状及趋势

（一）公司的综合实力日渐壮大

攀枝花钢铁（集团）公司的主体处在四川省攀枝花市，1965 年开始建设，经过 40 多年的不懈努力和发展，目前，已成为世界第二、中国最大的钒制品生产基地，中国最大的钛原料及钛白粉生产基地、最大的铁路用钢生产基地、品种最齐全的无缝钢管生产基地，中国西部最大的钢铁生产基地，是国资委直接管理的中国四大钢铁企业之一。公司目前拥有

职工9万余人，总资产471亿元，固定资产原值409亿元、净值229亿元，销售收入323亿元，利税34亿元。

攀钢（集团）公司所属的子公司有攀枝花钢铁有限责任公司（简称“攀钢本部”）、攀钢集团成都钢铁有限责任公司（简称“攀成钢”）、攀钢集团长城特殊钢有限责任公司（简称“攀长钢”）、攀钢集团锦州钛业有限责任公司（简称“攀锦钛”）、重庆渝港钛白粉股份有限责任公司（简称“渝钛白”）等。攀钢本部位于攀枝花市。

在产业规模、产业结构、新产品开发方面，攀钢已走出了自己的特色之路，形成了具有市场竞争力的三大产业。2006年，年产铁700万吨、钢680万吨、钢材600万吨。钢铁深加工产品形成了以高速铁路用钢轨、IF钢板、汽车大梁板、石油管线钢、镀铝锌、优质无缝钢管、高温合金和模具钢等为代表的钢铁系列产品生产，产品遍销国内30多个省（区、市），并出口到20多个国家和地区；钒钛是10余年来发展起来的新兴产业，钒生产规模1.5万吨，并开发以五氧化二钒、三氧化二钒、高钒铁、钒氮合金为代表的钒系列产品；钛精矿生产规模已达30万吨，钛白粉6万吨。钒钛产业的兴起，一方面填补了生产空白，替代了进口进而出口，另一方面为集团的多元化发展开辟了新的发展空间。

在科技创新方面，公司依托设计研究院、矿山研究院及各企业科技人员，研究开发出了一批具有自主知识产权的核心技术。目前，集团公司有各类专业技术人才27 800余人，其中包括中国工程院院士、国家级专家、省级专家、四川省学术技术带头人后备人选等。截至2006年，攀钢拥有专利381项，其中发明专利89项，实用新型专利292项；拥有注册商标60个，国内著名商标2个；经过多年的发展和沉淀，攀钢掌握了钒钛磁铁矿冶炼提钒技术，如规模生产三氧化二钒生产技术、钒铁生产技术、钒氮合金生产技术，各种钒制品的生产能力达到世界第三位的规模。开发了高速铁路钢轨生产技术、硫酸法高档钛白生产技术、氯化法钛白生产技术等，在低品位复杂难利用钒钛磁铁矿的深度开发、工业排放物的回收利用等方面，也有具有自主知识产权的生产技术和产品。经过多年的科技攻关，钒资源综合利用率提高到了50%以上。攻克了微细粒级钛铁矿回收的世界性难题。

（二）资源储备厚实，增储空间大

在资源储量和品种上，由于攀枝花地区具有独特的地质构造，地处以钒钛磁铁矿为主的攀西古裂谷成矿带，这使攀钢本部所处的攀西（攀枝花—西昌）地区成为中国三大矿产资源富集的地区之一，其矿产规模巨大，矿种多，储量分布集中，矿层厚，共生矿和伴生矿多，综合利用价值高，因此攀钢的持续发展拥有得天独厚的自然条件。现已探明的矿产共有76种，矿产地490处。其中钒钛磁铁矿储量67亿吨，伴生钛42 968万吨，伴生钒1 050万吨，煤39 878万吨，熔剂石灰石29 598万吨，冶金用白云岩7 528万吨，耐火粘土1 032.75万吨。其中，钛储量占全国的95%，居全国和世界第一位；钒储量占全国的52%，居全国第一位，世界第四位。钒钛磁铁矿石中，还伴生有大量的钪、铬、镍、镓等具有战略意义的金属，具有极大的潜在经济价值。目前，有45种矿产得到了开发利用。

目前攀钢拥有攀枝花矿区朱家包包矿段、兰家火山矿段、尖包包矿段和白马矿区及及坪矿段、田家村矿段采矿权。到2005年底，朱家包包锹矿、兰家火山、尖包包矿石资源储量83 676万吨，开采境界内基础储量20 861万吨，可采储量19 682万吨；白马铁矿及及坪、田家村两矿段设计境界内地质储量111 517万吨，可采储量61 209万吨。到2005年底，攀钢掌控的可采铁矿石量合计80 891万吨。目前攀钢拥有的钒钛磁铁可采储量占攀西地区可采储量的20%左右。

作为资源依托型企业，资源的多寡是企业的生存之本，是企业发展的基础。与国内的一些钢铁企业相比，攀钢掌控的资源相对丰裕，但从长远的、可持续发展的观点看，现有的资源储备不容乐观。为此，公司近几年来实施了资源增储战略，可望经过几年的努力，使资源储备量有较大的增长。一是重视提高回采率，重视尾矿的回收利用，并着眼于考虑低品位矿的回收利用，以此延长矿山服务年限。二是积极与省市有关部门及相关企业接触、交流、磋商、努力争取得到红格南、北矿区的开采权。如果这一目标得以实现，可为攀钢增加储量近40亿吨。三是主动向外拓展，争取在西昌新基地获得更多的资源。现在，攀钢正积极争取国家和凉山州政府的支持，加强同重钢集团在钛和铁矿项目上的开采合作，有望取得钛和铁矿的一定开采权，这将对拟建新基地的经济效益和资源保障产生重大的影响。四是拓展深部外围找矿及风险探矿。攀西地区是中国乃至世界矿资产资源最富集的地区之一，只要加大投入，就有可能发现更多的矿源。

（三）资源禀赋特殊，有利于产业结构调整

攀钢不仅资源掌控量大，潜在的增储空间大，而且资源均为钒钛磁铁矿，并且还含有多种伴生元素，这为调整产业结构奠定了资源基础。

从全国来看，钢铁产能严重过剩，恶性竞争日趋激烈，经济效益不够理想。为解决我国钢铁产业面临的问题，国家有关部门召开了专门会议，提出了控制和压缩产量，提高钢铁经济增长质量的产业宏观调控政策。从产能及技术水平来看，攀钢在钢铁方面难以与宝钢、鞍钢等大企业比拼，而若发挥自身优势，走特色产品生产和发展之路，则大有可为，尤其是在当前新的钢铁政策环境下，及时将重心转向钒钛生产，则是明智之举，凭借钒钛的资源优势、技术优势的生产实力，完全有可能在更高更新的领域发挥攀钢的比较优势。

其一，优先发展钒钛，做大钒钛。攀钢具有雄厚的资源优势和技术支撑优势，这种比较优势有利于转化为经济优势，这是国内其他钢铁企业无与伦比的。

其二，做大做强钒钛，有利于避开钢铁产品的恶性竞争，使攀钢走出“红海”，开拓“蓝海”，走特色之路，创特色品牌。2006 年钒钛的产量规模虽不大，但利税却占了全集团公司的较大比重，在钢铁经济效益不高的情况下，钒钛作为新的增长点有力地支撑着公司利税的同比上升。

其三，做大做强钒钛，有利于攀钢经济增长从规模数量型向质量效益型转变，有利于提高资源综合利用水平，减少资源的浪费和环境污染，这可以视之为攀钢乃至国内最大的循环经济项目。到 2005 年，钒钛产业销售收入已占全集团销售收入的 13%，预计到 2010 年可达到 24% 左右。从市场需求和趋势看，钒钛拥有较大的发展空间，因此，做大做强钒钛，是提高企业经济效益，进一步增强企业竞争力的必然选择和有效途径。

二、发展循环经济的成效及存在的问题

（一）主要成效

1. 节能及余热利用率有了较大提高

能源费用支出约占钢铁生产制造成本的 30%，因此，节能降耗是发展循环经济，降低单位产品成本的关键环节。“十五”以来，公司的几家钢铁企业都进行了一系列的技术改造和项目建设，使节能降耗和余热、废气的利用取得了较大的进展。

（1）吨钢综合能耗降幅较大。2005 年与 2000 年相比，攀钢本部吨钢标煤由 998 公斤降为 934 公斤，攀成钢、攀长钢分别为 835 公斤和 940 公斤。由于能耗下降，能源总量增长速度低于钢产量增长，经济效益显著。

（2）余热利用方面，以新 3#高炉的高炉煤气为主原料，

装机容量为5.5万千瓦的攀钢热电厂，在以发电为主的同时，还能够给高炉供应热风，实现了余热利用、热电联产，产生了很好的经济效益和社会效益。

2. 节水及水重复利用率有了大幅度提高

公司下属几家耗水量大的企业所在地区水资源相对丰富，取水成本低。因此，多年以来单位产值耗水量大，污水一直处于散排状态。通过贯彻清洁生产，发展循环经济，在工艺流程上作了大的改进，建造了污水处理厂，大幅度减少了水资源的消耗及污水的排放。

（1）攀钢本部及攀成钢吨钢新水有了较大下降。2005年攀钢本部和攀成钢吨钢取新水量分别为15.68m^3、7.3m^3，比2000年有了较大幅度的下降。

（2）水循环利用达到同行业先进水平。攀钢本部建立了多个外排水处理回收利用设施，在攀成钢建设了处理能力为1000t/h的废水处理厂，使工业水复用率有了明显提高。攀钢对二级单位用水、排水实施全过程管理，确立了“清浊分流、分级使用”的外排水回收利用方式，废水处理率为99.99%，废水达标率为99.54%，工业水复用率达到了95%，年节约新水800万立方米以上。

3. 资源综合开发利用有新的进展

（1）为了充分利用钒钛资源，攀钢自20世纪70年代以来开展了一系列物质攻关，研发出了一系列拥有自主知识产权的钒钛提炼及加工技术，形成了产钒1.5万吨，产钛精矿30万吨，钛白粉6万吨的综合研究能力，形成了中国最大的、在国际上具有重要影响的钒钛生产基地，使中国从钒进口大国一跃成为出口大国。

（2）尾矿再选，提高主金属的回收率。目前攀钢矿业公司所属企业每年从磁选尾矿中回收铁精矿8万吨。拟建的马家田尾矿选钛厂投产后，每年可以从尾矿中回收钛精矿20万吨。

（3）部分伴生元素已得到回收利用。公司依托的矿产资源除主金属铁、钒、钛外，还伴生有铬、镓、镍、铜等10多种有价元素，近年来已对部分伴生有价元素回收，产生了一定的经济效益。

4. 废弃物的资源化利用大幅度提高

利用“三废”，变废为宝。目前，攀钢大宗的“三废”大都得到了有效利用，如冶炼固体废弃物综合利用率达88%，焦炉煤气利用率达98%，高炉煤气利用率为94%。不仅减少了环境污染，而且产生了可观的经济效益，每年由“三废”利用所形成的产值达8亿元左右，利润则近3个亿。

5. 重视循环经济的基础条件建设

加大项目的投入和建设力度，使节能、减排和废物利用措施落到实处，“十五”期间，全公司累积投入循环经济发展资金10多亿元，完成项目建设约200项，其中节能20多项，节水和污水处理50多项，“三废”资源化利用和治理100多项。这些项目的建设和应用，大大提高了循环经济的发展水平：一是大量减少了资源的浪费；二是减少了环境的污染；三是产生了较好的经济效益。

6. 发展循环经济的意识日益增强，思路日益明确

循环经济强调资源的综合开发，高效利用及循环利用的理念，对钢铁企业节耗减排，转变增长方式尤为重要。公司自“十五”后期以来，很重视循环经济的发展工作。

（1）进行了系统规划，把循环经济作为公司发展战略的重要组成部分。2005年由冶金工业规划研究院作了集团公司《建设循环经济型企业规划》；2006年由集团设计研究院作了集团公司的循环经济试点工作方案；2007年由昆明理工大学作了集团的循环经济研究。这些研究成果，将为集团公司近期及中长期循环经济发展指明方向。

（2）发展思路、发展重点逐步明确。与国内外先进企业相比，公司的循环经济水平总体滞后。但由于企业多、环节

多、涉及面广，经过反复研讨和论证，从众多的项目中遴选出了近期拟发展的一批重点项目，这些项目的建成，将会大大推进公司循环经济发展水平。

（3）已争取到作为国家的首批循环经济试点单位，这有利于从政策及资金方面得到支撑。

（二）存在的主要问题

40 多年来，攀钢的建设和发展取得了巨大的成就，为国家及地方的经济发展作出了贡献。但由于多种因素的制约，长期以来，攀钢的发展主要是靠“高投入、高消耗、高污染”来支撑，走的是大规模开发资源、大规模生产产品、大规模排放“三废”的粗放型的发展路子，不仅造成资源严重浪费，而且使生态环境遭到破坏。近些年来，公司花大力贯彻清洁生产，发展循环经济，在资源的综合开发及“三废”的综合利用等方面取得了较大进展，初步扭转了过去的粗放状态，但用循环经济的标准来衡量，公司还面临着许多亟须解决的问题。

1. 资源增储难度较大

公司所处的攀西地区是中国乃至世界矿产资源最富集的地区之一，已探明铁矿资源储量约 96 亿吨。但目前攀钢拥有的钒钛磁铁矿资源总量只有 8 亿多吨，仅占攀西地区可采储量的 20% 左右，另外，由于资源有限及其他一些企业介入资源的争夺激烈。因此，从长远的观点看，攀钢目前掌控的资源不容乐观。按照《攀钢“十一五”发展规划》，到 2010 年攀钢钒钛铁精矿生产总规模将达到 1 070 万吨/年（含攀成钢），据此推算，在不扩大规模的前提下，攀钢目前的自有资源开发时间不足百年，这对于一个超大型企业集团来讲，资源矛盾仍是一个突出的问题。

2. 资源开发的利用水平偏低

公司所依托的矿产资源除目前已回收的主金属铁、钛、钒以外，伴生锰、铜、铅、锡、镓等 10 余种贵重金属和稀有金属具有广阔的市场前景，但未得到有效利用。到目前为止，一是主金属回收率偏低，铁的回收率为 68%，钒的回收率为 60%，钛的回收率仅为 31%，提高主金属回收率的空间还很大；二是大部分伴生元素未得到回收利用，仍被作为废物浪费和污染着环境。

3. 一些环节的技术发展滞后

公司依托设计的研究院、矿山研究院及各企业的技术研发力量，进行了大量的技术创新，尤其是在钒铁的回收及利用方面的一些成果处于国内领先，甚至国际领先的地位。

但从总体上看，从高水准的企业集团发展定位来看，一些主要环节的技术发展仍然滞后，从而导致了如下一些问题：一是资源回收利用的技术滞后，有的尚是空白，大量的资源仍处于浪费状态。二是一些重要环节的工艺落后，能耗、水耗高。国内一些先进企业如宝钢，2005 年的吨钢综合能耗为 675 公斤标煤，比全国平均水平低近 10 个百分点，吨钢消耗新水 3. 72m^3，仅为国内钢铁行业平均消耗新水量的1/4，达到世界先进水平；而同年攀钢的吨钢综合能耗和吨钢耗新水分别为 906 公斤标煤和 17. 3m^3，分别约为宝钢的 1. 3 倍和 4. 7 倍。三是“三废”的资源化利用水平不高。如攀钢高炉渣每年约有 410 万吨，其中含钛 23%。但技术和成本因素的制约，使得攀钢堆积如山的高炉渣综合利用水平较低。

4. 发展不平衡，攀长钢差距较大

从总体上看，攀钢目前循环经济的主要指标居国内同类企业的中间水平，部分指标处于先进水平，但企业间发展差异较大，尤其是攀长钢的指标远远落后于国内平均水平。一是设备陈旧，许多设备属于淘汰设备，由于生产工艺和设备较落后，导致了能源消耗高、污染重、成本高、产出低等问题，这不仅制约了攀长钢的发展，也影响了全公司的循环经济发展水平。因此，应根据国家有关产业政策，尽快对落后设备进行淘汰和改造。二是水耗过高，水资源浪费较大。攀长钢地处四川盆地边缘，是我国西部最大的特钢企业。攀长钢2005年吨钢耗新水高达85m^3，在同类企业中少见，并且水的重复利用率才达40%。三是厂区布局不合理，能源消耗过高。攀长钢分为四个厂区，能源介质供应均为各厂自成系统，不能相互补充，影响了能源利用效率的提高。由于各轧钢生产车间分散，炼钢坯、钢锭不能热装热送，造成加热炉燃耗过高。四是每年排放的固体废弃物利用率仍较偏低。在固体废弃物综合利用领域，多数品种利用的附加值较低。固体废弃物的分类、堆放、处理、利用还缺乏更加细化管理，易造成不同种类、不同品种的废弃物混杂，直接影响固体废弃物的加工和再生利用效果。

5. 生态工业链建设的质量不高，缺环较多

钢铁产业是集采矿、选矿、冶炼及深加工为一体的长链产业，每一个大的链环中又包含着若干节点，从而构成了一个自然的工业链。目前，攀钢已初步形成了三条主链，即钢铁工业链、钒工业链及钛工业链；三条副链，即由主链生产而派生出的废弃物资源化利用产业链、化工产业链及有待大力发展的共（伴）生金属回收及加工产业链。但用循环经济的理念，用生态学的标准来衡量，生态工业链建设有不少差距。一是一些链段的发育水平不高，技术及工艺落后，造成了单位产值的能耗、水耗及其他物质消耗过高；二是产业链的正向及侧向延伸不畅，缺环较多，使资源的综合开发和利用的效益得不到充分体现；三是各个产业之间的共生网络松散，生态化程度低。

6. 循环经济的运行体系和制度建设有待完善

发展循环经济，重视资源的综合开发利用，重视节能降耗，已逐步引起了重视并达成共识，但由于企业所处的环境，企业发展的基础和条件，企业领导的重视程度不同等原因，企业间循环经济发展的差异较大。从管理的角度看，尚存在

着不少问题；一是缺乏相应的机构来专抓专管此项工作；二是还缺乏不同类型企业循环经济发展的考核指标体系；三是企业绩效评价中尚缺乏循环经济发展的综合指标。

7. 与地方共建大循环经济体系的工作较为薄弱

集团公司生存、发展于攀枝花市，环境质量的好坏优劣与每一个人息息相关。目前，攀枝花市很重视循环经济的发展，在四川省成立了首家循环经济办公室，配置了专门的管理人员，作了全市循环经济发展规划及钒钛工业园区生态工业发展规划。

近年来，集团公司及攀枝花市各自都做了大量的基础工作，但还存在许多问题：一是协商、协调、沟通不够；二是各自的优势互补不够，增加了循环经济发展的成本；三是循环经济的建设各为一体，未能形成区域性的生态网络系统。

三、加快发展循环经济的重要性和紧迫性

（一）转变经济发展方式、提高企业竞争力的途径

企业的市场竞争力是一个综合概念，其构成要素有显现指标、隐性指标、直接原因指标、间接原因指标，包括产品的市场占有率，单位产品的利润率，企业的发展规模、劳动生产率、品牌商标、创新能力、运行制度。但其核心是提高劳动生产率，降低成本，提高市场占有率，为企业创造更多的利润、拓展更大的发展空间。

攀钢是国内外知名的企业集团，公司六大系列标志性产品不仅遍销国内各省（区、市），而且还出口到日本、欧洲等20多个国家和地区，体现了攀钢市场的竞争力。但科技在不断进步、需求在不断变化，市场的供求结构在不断调整，要使公司不断发展壮大，需要通过发展循环经济降低生产成本、提高经济发展的质量，进而提高市场竞争能力。

与国内外先进企业相比，攀钢在吨钢综合能耗、水耗等

方面尚有较大的差距（见表1）。从表中可见，攀钢吨钢综合能耗比宝钢高231公斤，按每吨标煤600元计算，仅能耗就比宝钢高160元，如果加上其他多消耗的部分，攀钢的吨钢成本更高。

表1　2005年重要指标比较表

指标＼企业	攀钢	莱钢	宝钢	国际先进水平	国家要求2010年达到的指标
吨钢综合能耗(kgce/t)	0.906	0.694	0.675	0.580	0.73
吨钢水耗 m^3/t	17.30	3.51	3.72	3.00	8.00

数据的差别，一方面反映了循环经济的发展水平；另一方面也反映了单位产品的物质消耗和生产成本；再一方面反映了攀钢发展循环经济、节能降耗的紧迫性，到2010年达到国家要求的指标需要作出艰苦的努力，而要达到目前国内先进企业的指标，其难度更大，但却又是必然的选择。

（二）缓解资源约束矛盾，实现可持续发展的内在要求

资源短缺是世界性问题，但发展中国家和地区更为严峻，我国的人均资源大都为世界人均资源的1/3左右。由于国民经济的快速发展的拉动及出口创汇的驱动，加之开发利用的粗放，矿产资源的消耗呈加速化趋势，矿产的争夺日趋激烈。

攀钢坐落于特殊的地理位置，与国内一些钢铁企业相比，自有资源相对富足，并且在进一步获取更多资源的条件，但作为资源依托型的特大企业集团，现有的资源储备也是不容乐观的。从长远的眼光来看，要缓解资源约束的矛盾，一方面要寻求新的资源生长点，加大深部外围找矿投入，近期重点解决西昌地区及红格矿的矿权问题；另一个方面，应对现

有矿产资源进行科学、合理的开发和利用。一是在矿产开采中进一步提高回收率，降价贫化率，最大限度地减少资源的浪费；二是逐渐降低开采品位，使品位在15%以上的低品位矿纳入开采范围；三是在采矿中将表外矿和废石分区堆放，以备今后对低品位矿的利用；四是提高主金属及伴生元素的回收率和综合回收率；五是尾矿中有价金属再回收，通过以上途径，既可提高资源利用率，又可延长矿山的服务年限，为企业的可持续发展奠定资源基础。

（三）减少环境污染，创建环境友好型企业的需要

钢铁是资源消耗量大、废物产生量多，对环境污染大的产业，因此，钢铁产业被国家列为发展循环经济的重点。攀枝花因攀钢而设市，由于地缘环境的特殊性，是长江的主要污染大户之一，同时也污染了自己赖以生存的环境，攀枝花曾被列入全国污染最严重的10个城市之一。

近些年来，伴随清洁生产、循环经济的实施，攀钢集团公司、攀枝花政府花了巨资开展环境整治工作，大幅度削减了“三废”的排放量，实现了大宗废物的资源化利用和无害化处理，使环境质量有了很大的改善，全市空气质量的年合格天数由2000年的75天提高到了2007年的89天，攀钢总部所处的弄坪由82天提高到142天，空气合格率由70.1%提高到86.1%。

攀钢“三废”的排放在攀枝花市占有较大的比重，“三废”治理成效对攀枝花市环境的改善发挥了重要的作用，但用资源节约型、环境友好型的标准来衡量，用国内外同行业先进企业单位产值资源的消耗量、“三废”的排放量及废物的资源化利用率来衡量，仍存在较大的差距。因此，发展循环经济，对于保护长江水源，改善自己赖以生存的环境，创建环境友好型企业，都是十分迫切和重要的。

（四）履行社会责任，提升企业形象之必需

攀钢是发展潜力大、发展势头好的企业集团，尤其是伴随着产业结构、产品结构调整，“钒钛之都”的打造，公司将会以富有特色的全新面貌屹立于钢铁行业，将会在国际平台上扮演更重要的角色。

作为世界著名企业，中国特色钒钛领军企业的发展定位，良好的企业形象，既包括企业的发展规模、资源储备、经济总量、自主创新能力、企业员工素质等有形的要素，同时也包括企业的社会事业、环境意识、价值取向等无形的要素，只有将两类要素的质量都加以优化和有机集成，才能形成企业良好的社会形象。

从经济伦理、环境伦理的角度讲，发展循环经济，贯彻清洁生产、重视资源的合理开发和利用，减少环境污染，会使企业的良好形象展现于公众面前，进而有利于企业的发展和市场的开拓，有利于竞争力的增强。反之，如果一个企业只重视自身的经济效益而过度地开发资源和污染环境，危害广大人民的健康和公众形象，最终又制约了企业的发展。因此，大力发展循环经济，是攀钢大而强、快而好、提升企业形象的必然选择。

（五）贯彻科学发展观，顺应形势发展的要求

2005 年在国务院《关于加快发展循环经济的若干意见》中明确提出：“改革开放以来，我国在推动资源节约和综合利用，推行清洁生产方面，取得了积极成效。但是，传统高消耗、高排放、低效率的粗放型增长方式仍未根本转变，资源利用率低，环境污染严重。本世纪头 20 年，我国将处于工业化和城镇化加速发展阶段，面临的资源和环境形势十分严峻。为抓住重要战略机遇期，实现全面建设小康社会的战略目标，必须大力发展循环经济，建设资源节约型和环境友好型社

会。”同年，在国家发展和改革委员会颁布的《钢铁产业发展政策》中，明确提出要以发展循环经济作为钢铁产业发展的新方向，对钢铁工业发展循环经济提出了具体的要求。为了加快循环经济的发展，四川省、攀枝花市也下发了相应的文件和要求，这说明，发展循环经济已逐渐形成了共识，并显得十分迫切和重要。

攀钢作为我国知名的钢铁集团，在建设和发展过程中，一直受到党和国家领导人的高度重视和关注，担负着重要的战略使命。然而，由于历史条件及地域等多种因素，过去的战略重点是解决急需的生产问题。随着经济社会的快速发展及环境、资源约束矛盾的凸现，时代又赋予了攀钢新的使命，即在发展钢铁，打造钒钛生产基地的同时，还承担着保护长江源头的生态环境，为长江的综合治理承担着不可推卸的责任和使命。

发展循环经济，需要大量的投入，从短期局部利益看，不能很快得到相应的回报，从而导致循环经济难以全面推行。但攀钢作为国家首批循环经济试点企业，攀枝花市作为四川省第一批循环经济试点城市，不论从哪一个角度上讲，都应将循环经济工作抓紧抓好，起到表率和示范作用。

四、发展循环经济的指导思想、基本思路及目标

（一）指导思想

基于“钒——着眼于世界，钛——着眼于全国，钢铁——着眼于区域”，打造中国的“钒钛之都”的战略目标，坚持以人为本，以全面协调可持续发展的科学发展观为指导，认真贯彻国务院《关于加强发展循环经济的若干意见》、四川省人民政府省府发〔2005〕38号文件《关于加快发展循环经济的实施意见》及国家《钢铁产业发展政策》等有关文件精神，以节能、降耗、减排为核心，以重点环节为突破口，以

技术创新为支撑，创新产业发展模式，严格加强管理和实现目标责任制，努力提高资源综合利用率和实现废弃物的资源化利用，尽快使全公司的生产纳入循环经济的运行轨道和构建循环经济运行体系。

（二）发展思路

1. 各企业自循环，创建环境友好型企业

生产企业是发展循环经济的主体和载体，只有采取措施促使公司各下属企业按照循环经济的理念进行规划、设计和组织生产，才能全面推进循环经济的发展。

（1）采矿企业：重点是提高回采率、废石充填率，深部、外围找矿及贫富兼采，矿山环境保护及生态恢复。

（2）选矿企业：重点提高主金属及共（伴）生金属的回收率，提高尾矿的资源化利用及无害化处置，重视污水中有价元素的提取及污水的回用率。

（3）冶炼、深加工企业：重点解决节能降耗、余热、废气（尘）的利用、各类有价元素的提取、污水的回用及固体废弃物的资源化利用。

由于各企业所处的地区、生产时间及发展条件不同，循环经济的发展水准差异甚大，对此，各类型企业应参照国内或国际先进企业的主要指标作出规划并采取措施，对发展相对较好的二级企业，如攀钢钛业等，应进一步克服薄弱环节，提升系统发展水平，使综合指标达到国内同行业领先、国际先进的水平，建成环境友好型、资源节约型企业。对发展滞后的企业，如攀长钢等，应协助其尽快加强基础设施的改造和建设，如尾矿坝、选矿污水回收利用系统建设等，尽快克服散排、浪费现象。

2. 重点发展钒钛业，创建钒钛业循环经济示范区

重点发展钒钛，既符合攀钢发展实际，也符合循环经济发展的要求。创建钒钛产业循环经济示范区，一方面是基于

攀钢钒钛业的发展已经有了较好的基础，另一方面是为了发挥示范带动作用。通过 5 ~10 年的建设，使示范区冶炼及产品深加工环节逐步达到“零排放”或接近“零排放”。

3. 在循环经济理念指导下扩大规模、延伸产业链

根据循环经济的要求和公司发展规划，攀钢今后的发展应当在适度扩大钢铁规模的同时，重点发展矾钛产业，努力实现增长方式由数量规模型、初级产品型向质量效益型、高附加值型转变。促使产业链向纵向、侧向、废物产业化、新的生长点培育等多向延伸，通过延伸产业链，生产高附加值的产品，既可以显著降低单位产品、产值物耗及废弃物的排放量，又可以开拓新的市场空间，进而缓解资源约束的矛盾，提高循环经济发展水平，促进产业的可持续发展。

4. 加强和改进滞后环节，着力攻克重点环节

循环经济的发展应当抓住重点、以点带面、推动全面发展。目前，各企业循环经济发展程度、水平、效益等差异较大。有的企业或环节严重滞后，如攀长钢的吨钢新水用量居高不下，这既制约着全集团的循环经济的发展，同时又消耗了大量的资源。另外，高炉渣的资源化利用等已成为重点的科技攻关问题，这些问题既是技术难题，同时也是资金、方法及组织协调的问题。对这些关节点的突破，可以大幅度提升全集团循环经济的发展水平。

为此，对循环经济发展较好的企业，应进一步加大技术创新力度，努力使循环经济综合指标更上一层楼，并发挥出引领作用。对循环经济发展相对较差的企业薄弱环节，应集中力量使之尽快有明显改观。

5. 企业与社会循环，构建大循环经济系统

公司下属企业分布在攀枝花、成都、重庆及锦州等地，它们既是当地纳税大户，为地方经济作出了重要贡献，同时也是当地的排污大户，影响着当地环境的改善和建设。因此，应协助各地大力发展循环经济的时机，使企业与当地积极配

合，将自身一时难以消化的废弃物纳入当地循环经济的发展框架中统筹考虑，如采选企业的尾矿、废弃物等可通过当地的建筑企业制作建筑材料，尾矿中的低品位有价金属可供一些小企业再次选用，攀宏公司在这方面做得较好。由于冶炼企业大都坐落于城郊，固体废弃物制作各类建筑材料的条件较为有利。污水经过回收有价元素后，一方面作为企业循环用水，另一方面可作为中水用于绿化等。废弃物的社会化利用，有利于降低企业生产成本，有利于企业驻地区域循环经济的发展。但要将这一思路付诸实践，应加强沟通、充分协商，同时需要灵活执行国家和地方的有关政策及法规。

地处攀枝花市的攀钢本部各企业，应与攀枝花市形成有机的联系和协调起来，构建区域循环经济协同发展模式。其次，攀成钢、攀长钢及攀锦钛等企业，也应积极融入当地的区域循环发展的框架中，在西昌新基地的规划和建设中，更应统筹考虑整个新基地内外部循环经济的发展问题。

（三）发展目标

1. 近期发展目标（2010 年）

到 2010 年，建立起比较完善的攀钢发展循环经济的管理制度、运行机制、技术创新体系和激励约束机制。矿业资源回采率、主金属及其他有价元素的回收率进一步提高；低品位矿的利用率有较大幅度的提高；单位产值的能耗、水耗及其他物质消耗有较大的下降；各种废物的资源化利用有大幅度提高；循环经济的主要指标达到国家行业标准要求，部分指标达到同行业先进水平（主要指标见表 2）。

2. 中长期目标（2020 年）

在“十一五”发展的基础上，依靠科技创新，进一步淘汰落后工艺装备，全面推进节能、节水、降耗、资源综合利用和清洁生产等方面的技术进步，实现产业的技术升级和结构调整，不断优化产业及产品结构，建立物质循环、能源循环及废弃物资源化的生产体系，延伸生态工业链，在矿石回采、伴生有价元素回收、节能降耗、清洁生产、污染物排放等指标达到国内同类型钢铁企业先进水平，使全集团的产生和经营都纳入循环经济的运行轨道。将攀钢建设成为拥有独特工艺技术、优质、低耗、高效、清洁的现代化钢铁钒钛企业集团，成为在国内同行中科技水平高、经济效益好、管理先进、核心竞争力强、社会形象好的著名大企业集团，并为攀枝花市建设成符合循环经济发展要求的工业园区和资源节约型、环境友好型城市作出积极贡献。

表 2　循环经济主要指标现状及其规划表

主要指标及单位 \ 年度		2005 年	2010 年	2020 年
采矿	回采率（%）	94	≥95	≥97
	贫化率（%）	6.5	≤6	≤4
	生态恢复率（%）	5	≥30	≥70
选矿	有价伴生元素回收率（%）	0	≥10	≥30
	尾矿利用率（%）	0	≥20	≥60
冶炼	钒资源利用率（%）	60	≥70	≥75
	钛资源利用率（%）	31	≥39	≥50
	铁金属资源利用率（%）	68	≥70	≥75
	吨钢综合能耗（tce/t）	0.906	≤0.700	≤0.600
	吨钢可比能耗（tce/t）	0.810	≤0.635	≤0.560
	吨钢取新水量（m^3/t）	17.30	≤4.30	≤4.00
	水重复利用率（%）	86.5	≥97.6	≥99.1

续 表

主要指标及单位 / 年度		2005 年	2010 年	2020 年
冶炼	吨钢固体废弃物产生量（Kg）	814.00	≤669.00	≤510.00
	冶炼固体废弃物综合利用率（%）	88.32	≥98.7	≥99.3
	吨钢 SO_2 排放量（kg/t）	14.80	≤4.80	≤1.00
	吨钢烟粉尘排放量（kg/t）	2.31	≤0.83	≤0.40
	吨钢 COD 排放量（kg/t）	0.300	≤0.075	≤0.035
	吨钢石油类排放量（kg/t）	0.048	≤0.004	≤0.002
	吨钢悬浮物排放量（kg/t）	0.430	≤0.034	≤0.015

注：①以上所例数据仅为攀钢（集团）近期（2010 年）和中长期（2020 年）发展循环经济的主要技术指标。②表中 2010 年的规划目标是根据攀钢（集团）现在的发展基础和国家《钢铁产业发展政策》规定的标准要求而设订。③表中 2020 年的规划目标是参照国内同行先进企业的水平、国家《钢铁产业发展政策》规定的标准要求及创造资源节约型、环境友好型企业的要求而设订。④一些指标的设订参考了《攀枝花钢铁（集团）公司循环经济试点工作实施方案》、《攀枝花钢铁（集团）公司建设循环型企业规划》以及公司提供的有关资料。

五、发展循环经济，提高企业综合效益

（一）企业综合效益释义

企业生产的目的是实现效益的最大化，但效益是一个综合的概念，作为资源依托型企业，其综合效益是由经济效益、社会效益、资源效益、环境效益等要素所构成的。各要素相对独立，同时又相互联系。经济效益的提高，有利于促进其他要素质量的提高，有利于社会事业、科技事业的投入、有

利于环境的治理及资源的合理开发和利用。同样，其他要素质量的提高，有利于企业树立良好的公众形象，有利于竞争力的提高，进而为企业带来更好的经济效益。如果一个企业忽视环境、资源问题而片面追求经济效益，则不仅会破坏环境，损害公众利益，而且从根本上制约自身的生存与发展。

企业的综合效益具有动态性、时代性特点。在企业发展的早期，在市场尚不完善的情况下，一些只重视经济效益的企业也能得到一定发展。但随着社会的进步，市场发育程度的提高，社会对环境的要求提高，对企业的综合效益的要求越来越高。

攀钢是集钢、钒、钛为一体的富有特色的特大型企业，是全国乃至世界上著名的钒钛基地，发展循环经济，提高综合效益尤为重要。

（二）发展循环经济的经济效益分析

企业发展循环经济是国家的硬性要求和企业的社会责任，其不仅会产生良好的社会效益和生态效益，最终也会产生相应的经济效益，有利于企业的可持续发展。攀钢发展循环经济的领域广、环节多，因而难以一一精确计算其将会产生的经济效益。本课题只选取了 8 项指标（见表 3、表 4）进行估算。这些指标的经济效益只是概略的估算，未考虑项目的投入和未来的市场因素，旨在说明发展循环经济是能够产生一定经济效益的。

表 3　冶炼主要环节发展循环经济效益估算

序号	名　称	2005 年	2010 年	2020 年
1	焦比（Kg/t）	484	484 − 426 = 58 （58 × 万吨/年 × 焦炭价 = 年节焦效益）	484 − 400 = 84 （年节焦效益计算同左）

续 表

序号	名 称	2005 年	2010 年	2020 年
2	吨钢综合能耗（kgce/t）	906	906 − 700 = 206（206 × 万吨/年 × 煤价 = 年节煤效益）	906 − 600 = 306（年节煤矿效益计算同左）
3	吨钢可比能耗（kgce/t）	810	810 − 635 = 175（175 × 万吨/年 × 煤价 = 年节煤效益）	810 − 560 = 250（年节煤效益计算同左）
4	吨钢取新水量（m^3/t）	17.3	17.3 − 4.3 = 13（13 × 万吨/年 × 水价 = 年节水效益）	17.3 − 4.0 = 13.3（年节水效益计算同左）

注：特别是攀钢 2005 年吨钢取新水量为 85 m^3/t，2010 年后的年节水效益 =（85 − 5.6）× 万吨/年 × 水价，此项效益相当可观。如再算上高炉渣和转炉渣 100% 的利用及新建渣处理微粉生产线等都将取得可观的经济效益。

表 4　采选主要环节发展循环经济效益估算

指 标	2005 年	2010 年	2020 年	效益估算（万元·年）	
				2010 年	2020 年
回采率（%）	94	95	97	20 000	60 000
铁回收率（%）	68	70	75	3 000	18 000
钛回收率（%）	31	39	50	11 088	36 288
单位能耗（kmh/t）	214.34	197.2	172.8	24 510.2	59 402.2
合 计				58 598.2	173 690.2

计算方法注释：

①按可采储量 20 亿吨计，提高回采率 10%，相当于增加矿石量 2 000 万吨，每吨矿石以 10 元计，则价值为 2 亿元。②铁原矿处理按 20 000 吨/a 计，提高 1 个回收率相当于增加精矿 10 万吨，吨精矿价值按 300 元计，则效益为 3 000 万元。

③钛铁矿每年处理 1 000 万吨计，原矿品位 TiO_2 按 8% 计，提高 1

个回收率，相当于增加钛精矿1.68万吨，钛精矿按600元/吨计，产生的效益为1 008万元。

④能耗计算依据为采矿2 000万吨，铁精矿800吨/a，钛精矿60万吨，总计算量为2 860万吨，电价按0.5元/kwh计。

（三）发展循环经济的资源、环境、社会效益体现

发展循环经济在产生相应经济效益的同时，其他的综合意义自然地也包含于其中。从资源效益方面看，提高资源的回收利用率，可以延长矿山的开采年限，可以节约大量的资源，如钛的回收率从目前的31%分别提高到2010年的39%、2020年的50%，相当于自有资源增储近1倍，矿山开采年限会大大延长。

从环境效益来看，进行废物的资源化利用及提高资源、废物的利用率，可以大大改善区域环境质量，可以减少对长江的污染，如攀钢目前每年产生固体废物4 000多万吨。如果按国家要求，到2010年实现60%加以利用，等于减少固废2 400多万吨。

从社会效益看，攀钢是我国著名大企业，是国家的钒钛工业基地，是国家第一批循环经济试点单位，提高循环经济发展水平，是国家的要求，是当地民众的期望，也是提高企业公众形象的必然选择，是攀钢广大干部和职工的责任和义务。

六、发展循环经济的对策及措施

发展循环经济是一项复杂的系统工程，涉及各个企业、各个环节，涉及每一个干部和职工，涉及资金、技术及管理，涉及经济效益、资源效益、社会效益及企业的社会形象。因此，应采取各种措施，在整体上推进攀钢循环经济的发展。

（一）加大项目建设投入，重视循环经济基础设施建设

1. 加大技术引进投入，飞快缩小与先进企业的差距

由于多种因素的制约，一个企业不可能靠自己的研发力量在各个技术环节赶超先进水平，而只能根据企业的重点薄弱环节，引进先进、成熟技术来进行替代或改造，使主要技术经济指标尽快得到提升，在短期内达到先进水平。

攀钢近期技术引进的重点：一是引进先进的炼钢技术设备，置换、改造攀钢落后的生产技术；二是引进先进的工艺及设备，提高主金属及伴生元素的回收率；三是引进节能降耗的关键技术，使单位产值的能耗、水耗尽快下降。

2. 加大资源增储投入，使资源掌控量不断扩大

资源的多寡是资源依托型企业生存和发展的基础。为了公司长盛不衰，需要进一步加大增储投入，使公司的资源总储量到 2010 年在 2005 年的基础上翻一番，到 2020 年使资源的储量在 2010 年的基础上翻一番，努力使资源掌控量占整个攀西地区金属矿资源的 1/3 左右。

攀钢近期资源增储的投入重点为：一是协调好省、市及有关企业的关系，尽快解决好西昌、红格等矿的权属问题；二是提高现有矿山的回采率、低品位矿的利用率，使开源和节流并重；三是重视在老区深部和外围找矿；四是进一步拓展省内外矿业市场。

3. 加大“三废”利用投入，使更多的废物变宝

“三废”资源利用不仅是减少环境污染的需要，同时也潜藏着巨大的资源效益和经济效益。为此，攀钢近期应重点解决以下几个项目的建设。

一是对尾矿进一步综合回收利用。目前矿业公司拟建的尾矿回收项目，重点在于回收尾矿中的钛，建议在设计选钛厂的同时，预留或一并布局选铁及其他有价元素，布局二次尾矿的资源化利用职权，形成尾矿综合利用的生态工业链。

二是分区堆放采矿中的废石和表外矿，为以后表外矿的利用创造条件，降低成本。建议将表外矿堆放场作为资源增储的一个项目来建设。

三是提高污水循环利用率，减少新水用量。近期应重点解决攀长钢的污水循环利用项目建设。

四是尽快启动实施川南硫铁矿综合利用项目，为攀钢炼铁和硫酸钛白提供一定的普通铁精矿资源和充足的硫酸资源。

（二）构建科技创新体系，提升循环经济发展水平

1. 科技创新体系的建设是全面提升发展水平的支撑条件

引进先进技术，淘汰和改造落后的设备，是缩短与先进企业发展循环经济差距的有效途径。但从长远来看，作为一个特大型的钢铁集团公司，作为打造国内一流、国际知名的钒钛生态工业基地的目标定位，许多技术问题需要靠公司的自主创新来解决。

广义的技术创新体系包括科技队伍、创新团体、资金投入，研发设施建设、激励约束机制等。

循环经济技术支撑体系的先进性，既是单项核心技术的突破，也是各类技术的系统集成；既是核心技术的先进，也是工艺流程的系统优化；既是技术体系的优化，也是技术运行管理的有机耦合，是一个动态的过程。

2. 加大科技研发投入，加强研发基础建设

国内外创新能力强的企业，研发经费大都占总销售收入的3%以上，有的甚至占10%以上。攀钢近些年以来科技费用的重点是应用于各企业技术设备的引进与改造，今后应在引进技术装备的同时，逐步加大公司研发投入比例，投入比例到2010年争取达到销售收入的2%～3%，2020年达到销售收入的3%～5%左右。研发经费的投入，一是用于研发仪器设备等基础设施的建设，使自主研发的新技术能够顺利地实现产业化及技术成果转化；二是用于研发人员的培养、引

进及改善研究人员的待遇。目前，国内许多大企业集团均实行了科技带头人制度，并对科技创新有突出贡献者给予重奖，以此形成创新的激励机制，建议攀钢尽快形成和完善激励科技创新奖的实施细则及管理办法。

3. 加大自主创新力度，做大做强攀钢

循环经济的技术支撑体系同时也是产业技术的支撑，钢铁企业的技术进步，体现着钢铁企业的综合效益。目前，公司在钒钛磁铁矿冶炼、钢轨生产、钒产品开发技术等在国际上已处于领先水平，但其他环节的技术发展则相对而言比较落后，因此，需要从以下几个方面加强自主创新。

一是对现有生产技术体系进行二次创新，集成创新，以此进一步提高综合经济效益；二是对目前生产中直接面临的技术问题进行研究，包括深部、外围找矿，难采、难选矿的新技术、新工艺，伴生有价元素的提取；三是对金属进行深加工、节能降耗及废弃物的资源化利用等。这些技术的研发及问题的解决，不但可提高循环经济的技术水平，而且还会形成新的经济增长点，产生较大的经济效益。

对上述自主研发的新技术成果，一方面将之尽快地应用于本公司，另一方面可将成熟技术转化为设备、产品推向国内外市场，发展和壮大科技产业。如进一步突显钒钛研发和生产的优势，并将之产业化。

4. 明确主攻方向，集中力量攻关，取得关键技术的突破

关键技术的突破，可以加快产业技术进步，提高循环经济发展水平，同时还能带动相关技术的发展。攀钢近期应争取在以下关键技术项目取得突破性进展。

（1）钒钛的制取新技术，钛合金和钛材产品开发技术。应关注国际技术发展动态，创新制取钒钛的新的技术及工艺。在钛原料和钛白粉生产的基础上，重点开展氯化法钛渣、纳米级钛白、钛合金、海绵钛、钛材的制取及加工技术的攻关。

（2）含钛高炉炉渣的开发及综合利用技术。

（3）钛的生产过程中的废弃物处理和利用技术。

（4）酸溶性钛渣冶炼技术。

（5）大型电炉钛渣冶炼工程技术。拟联合国内相关设计及制造单位对乌克兰石墨电极半密闭电炉钛渣冶炼工艺进行全面改进、完善和创新，建立25MW大型钛渣冶炼装置，形成我国自主产权的大型钛渣冶炼工艺技术。解决我国硫酸法钛白的环境污染问题。

（6）氧化钒清洁生产工艺。现有的氧化钒生产技术产生较难处理的含胺氮废水，严重地制约了氧化钒的生产。须重点研究一种无胺生产氧化钒的新工艺，力争形成一种绿色和节约型生产技术，为钒产业的可持续发展提供技术支持。

（7）金属铬的回收和利用技术。加大铬回收率的研究及生产三氧化二铬和金属铬等产品的开发，为形成新的铬产业提供技术支撑。

（三）推进产业升级，促进攀钢持续发展

1. 推进产业升级，拓展新的市场空间

资源依托型企业、产业最大的困境是同类企业、同类产品的恶性竞争和市场的波动，要减少或规避这一风险，必须推进产业升级，发展高技术含量、高附加值的产品。经过40多年的发展，攀钢虽然在各个方面都有了长足的发展，许多产品有较强的竞争优势，以后的目标是在循环经济理念指导下适度扩大规模的同时，重点加快产品结构调整、延伸产业链，在高技术含量、高附加值的钢材、钒钛产品的生产方面有一个大的进展。

2. 促进产业升级，提高循环经济发展水平

产业升级和产业链的延伸不只局限于主产业、主产品，还应包括各类有价伴生元素、各类“废物”资源化利用产业等相关领域。只有产业各主要生产要素的质量得到提高，才能提升全集团的产业发展水平。

深加工产业链、废物资源化利用畜牧业链的延伸及产值比重的扩大，有利于提升公司的经济效益和循环经济发展水平，使单位产值的能耗、水耗、废弃物排放的比重大幅度下降。同时，作为一个集采、选、冶、加工为一体的产业集团，深加工产业的高度发展又有利于带动、反哺和提升原料企业的循环经济发展水平。

3. 推进产业结构的调整和升级，实现可持续发展

国内外许多矿产资源依托型企业及城市衰落的教训，为资源依托型（区域）产业的发展提出了警示：资源是有限的，要走出困境，步入可持续发展之路，必须进行产业结构、产品结构的调整升级。由此，攀钢一方面要重视钢、钒、钛等产业的横向发展、纵向延伸和深度发展；另一方面，要重视主金属、伴生元素的回收率和综合利用率，重视低度品位矿、尾矿的开发利用。

（四）搭建生态工业链，完善循环经济运行体系

1. 搭建和延伸生态产业链，逐步完善链网

将生态学原理应用于工业，模仿自然生态系统，使企业自身、企业之间、产业之间、产业（企业）与异地产业之间形成代谢供应链或共生网络，以此促使资源的合理开发、高效利用和废物的最少排放。

循环经济本质上是生态经济，而生态工业链的建设，是循环经济的具体实践。钢铁产业是集采、选、冶、加为一体的产业链，要将之生态化，需要做许多艰苦细致的工作。攀钢经过40多年的发展，已初步形成了生态工业网链，但用工业生态学的要求来衡量，目前存在的链接质量不高，缺环较多，链接不紧等问题需要逐步完善。

2. 完善三大主链，创建三大副链，形成共生网络链

根据攀钢发展实际，拟搭建起“三大主链，三大副链”的生态工业链结构。以三大主链（钢铁生态工业链、钒生态

工业链、钛生态工业链）为主体，以三大副链（伴生元素生态工业链、废物资源化生态工业链、化工生态工业链）为辅助。并以此为骨架，进行链的纵向延伸，横向耦合，多向链接，以此形成共生网络。

3. 拓展集团内外生态链建设，协同共建区域循环型社会

攀钢各个生产基地均与当地社会处于同一个自然生态系统中，一方面，环境的保护与改善，是共同的责任和义务。另一方面，攀钢与当地社会及企业等存在物质、能源及信息的可循环双向流动，这为拓展集团内外生态链建设，协同共建区域循环型社会提供了必要条件。

为此，攀钢一方面应做好本公司的环境建设，另一方面也有责任和义务协同地方建设生态工业链，生态、和谐、互利地共同发展。譬如，利用集团技术、资金、人才优势，整合地方同类中小企业的资源、初级产品，实现互利共赢。建立大宗废物循环利用中心，地方中小企业的废物可有选择的纳入中心一并资源化加工，以体现废物资源化利用的规模效益；以优惠的政策支持地方企业参与或独立承担公司的一些废物资源化利用项目等。

（五）加强管理，建立和完善循环经济运行体系

1. 成立组织机构，完善发展循环经济的方案

发展循环经济是一项长期的任务，它与整个企业发展战略是一致的，但近一个时期尤为重要。因此，攀钢应在集团层面成立循环经济发展领导小组，由集团公司主要负责人亲自挂帅，生产、安环、能源、资源部门及二级企业的负责人参与，全面统筹攀钢集团发展循环经济的工作。各二级企业也应成立相应的循环经济发展领导机构，做到层次、责任分明，管理目标明确。

攀钢作为全国首批循环经济试点企业，已制定出明确的循环经济发展规划，为使发展循环经济的工作落到实处、落

到基层，各二级企业应根据集团公司的总体发展规划，在近期制定出各自的发展循环经济方案，内容应包括思路、目标、重点、对策及措施等。

2. 制定考核指标体系，形成激励约束机制

发展循环经济，提高经济的增长量，是一项利国、利民、利企业的长远事业，是企业可持续发展的保障。然而，由于企业管理者的素质、认知水平、社会责任、发展条件等诸多因素的影响，集团内企业间循环经济发展的差异较大。为此，需要制定相应的循环经济绩效评价体系，以便鼓励先进，鞭策后进。

制定循环经济指标考核的依据：

（1）国家即将颁布有关发展循环经济精神、发展循环经济参考指标及循环经济法；

（2）国家有关环保、清洁生产方面的法律法规；

（3）全国钢铁行业有关政策法规及技术经济指标；

（4）国内外同行业的“三项”循环经济研究及规划。

对以上的一些精神和成果结合本公司的实际进行二次创新，分别制定出采矿企业、迁矿企业、冶炼及深加工企业发展循环经济指标评价体系。

为使循环经济指标制定科学合理并得到贯彻落实，集团公司循环经济领导办公室应以上述精神和要求为依据，与二级企业商定出各类企业循环经济的主要指标。指标一经商定，便相对稳定，以此作为集团公司考核和管理的依据，作为二级企业自检、自律和发展的具体目标。

3. 加快信息平台建设，为管理部门及企业提供信息服务

信息平台的作用：一是发布循环经济的发展情况，包括国家、四川省及攀枝花市有关的政策法规及精神；二是介绍国内外循环经济发展的经验、动态，以资借鉴；三是采集和公布发展循环经济中先进科技的应用及研发动态，供企业及时了解和选用；四是采集和定期公布集团公司主要企业循环

经济发展的成效及问题，以便公众监督；五是为循环经济的管理制定对策、措施及方案提供依据。

（六）加大宣传力度，营造发展循环经济的氛围

1. 大力宣传发展循环经济的意义，强化发展循环经济的意识

尽管循环经济理念引入我国及其推行已有好几年的时间，但对其认识和实践差异甚大，一些部门和单位认识模糊，实践滞后，措施不力。为此，需要通过报纸、专栏、广播、会议、讲座、培训班等形式，大力宣传和普及循环经济，以此进一步强化广大职工的环境意识、节约意识，营造发展循环经济的氛围，倡导科学、合理、和谐、文明的生产观和消费观。

2. 宣传循环经济的理论和应用知识

要使循环经济的理念与企业特点结合并落实到生产及管理的运行过程中，需要各类企业有针对性地进行宣传，一方面从认识上、思想上明确循环经济的理念、内涵、原则及新的生产观；另一方面促使广大职工能结合自己的工作实际开展节约资源、节能降耗、废弃物资源化利用，使每一个职工能够从身边做起、从点滴做起。

3. 宣传发展循环经济与企业可持续发展的关系

企业的兴衰与每一个职工的利益密切相关。要使广大职工都能认识到攀钢是资源开发利用量大、物质及能源消耗高、污染物产生量大的企业，以及发展循环经济，合理开发和利用资源、延长矿山开采年限、重视废弃物的资源化利用、提升经济增长质量的重要性和紧迫性。发展循环经济，既可以为企业树立良好的社会形象，同时也可以产生巨大的经济效益，它与企业的可持续发展及每一个员工的利益息息相关。

4. 宣传发展循环经济的先进典型

为了缓解资源、环境压力，国内外同行业中的许多企业

在提高资源综合开发利用水平、节能降耗、废物资源化利用等方面取得了很大的成效，许多成功的经验值得效仿和借鉴。在宣传的内容中，既应有国内外同行中的先进典型，也应有攀钢内部自己的先进典型，使之具有可比性、启发性、带动性和激励性。

（七）抓住机遇，整体推进循环经济发展

近一个时期是攀钢发展循环经济的重大机遇期，一是国家、省、市的高度重视，措施有力；二是国家加大了钢铁资源的整合和宏观调控力度；三是攀钢被列入国家首批循环经济试点单位；四是集团在技术、人才、资金等方面有较好的储备；五是集团正在进行着产业结构的重大调整和升级。这些机遇，有利于得到资金和政策的支持，有利于实现集团内外的资源整合。利用这些机遇，用3~5年的时间，努力促使循环经济跨上一个大的台阶，使攀钢真正成为全国钢铁乃至整个矿产业富有特色的循环经济示范企业。

七、需要国家给予支持的建议

攀钢作为国家大型钢铁企业集团，几十年来，为国家的经济建设作出了重要的贡献。在新的历史发展时期，攀钢根据国家宏观要求和自身发展实际，提出了“做大钒钛、做精钢铁、做好资源、做强企业”的总体发展战略，要实现这一目标，除了大力发展循环经济，提高资源综合效率，节能减排等具体措施外，还需要国家在宏观层面上给予攀钢一些具体的支持，主要有以下几点：

（一）加大资源优化配置与整合力度

一是红格矿区权的取得。红格钒钛磁铁矿是攀西地区储量最大的铁矿，资源储量达35.45亿吨，并含有经济价值很高的钒、钛、铬等伴生元素。特别是其中的铬元素，Cr_2O_3 含量达0.23%，达815万吨左右，相当于铬铁矿1 800万吨，是全国其他铬资源保有储量的2倍，是我国极为重要的战略资源。攀钢从20世纪70年代开始一直在进行铬的回收利用研发工作，其生产工艺及设备与攀钢目前的提钒工艺及设备类似。因此，攀钢将来在利用红格钒钛磁铁矿时，可充分发挥自身拥有的技术优势和经验，对其中的铬进行回收利用，生产三氧化二铬和金属铬等产品，并形成产业。

红格矿由南、北两个矿区组成，南、北矿区同属一个露天开采境界，矿床开拓运输也属同一系统。现四川龙蟒集团公司已取得红格铁矿北矿区的部分采矿权，若攀钢取得其余部分的开采权，势必人为地将红格铁矿划分为两个采场，按两个矿山企业分别建设，由两个企业组织生产，则不仅矿山建设不能统筹考虑、周密安排，而且建成以后生产组织也很难协调。若为同一企业开采，则南、北矿区的开发可以统一规划，统筹安排排土场、尾矿库、选矿厂及供配电、机修设施的位置。特别是选矿厂、尾矿库选址，受地形条件限制，选址困难。因此，希望国家从整体战略考虑，利用一定的行政手段，再由攀钢按市场经济规则，通过并购、股份制合作等方式，取得红格矿南、北矿区的全部采矿权。

二是白马铁矿剩余两个矿段的采矿权划归攀钢。白马矿区钒钛磁铁矿资源储量共17.10亿吨，矿区从北向南依次由夏家坪、及及坪、田家村、青杠坪、马槟榔五个矿段组成，其中及及坪、田家村已归属攀钢开采。2004年，攀枝花市通过公开拍卖，由两个中小民营企业取得了青杠坪矿段采矿权，这对攀钢的发展、对白马矿区整体规划和开发形成了不利局面。为了合理利用资源，为攀钢可持续发展提供充足的原料保障，希望国家有关部门出面协调，明确白马矿区剩余的夏家坪、马槟榔两个矿段作为攀钢的后备矿山，今后不允许再拍卖这两个矿段的采矿权。

（二）适当降低矿产资源税

目前攀钢的矿产资源税均按照开采原矿征收，未体现出对贫富矿和普通铁矿与多金属共生矿利用难度的差异，使企业税负过高，综合利用技术进步慢。建议国家考虑攀钢表外矿和极贫矿利用的难度，制订不同的资源税征收标准。另外，攀钢目前缴纳的铁矿资源税平均为6～8元/吨原矿，明显高于地方民营矿山平均2.8元/吨原矿的水平。过高的税率对攀钢矿山建设和发展形成了不利的影响，建议国家给予攀钢与民营企业同等的资源税政策。另外，发展循环经济实施的尾矿选钛项目等，希望国家给予增值税、企业所得税的全额或部分财政返还。

（三）减免或返还表外矿及尾矿资源化利用税收

为加快循环经济发展，提高资源的综合利用率和减少废物的排放量，攀钢在向国家申报循环经济试点工作实施方案中列出了30多个项目，如果这些项目得以建成，将会大大提升全集团的循环经济发展水平。在这些项目建设中，对废物资源利用的两个重大项目建议国家给予增值税、企业所得税的减免或财政返还政策。

一是表外矿的利用。攀钢矿业公司朱家包铁矿和兰尖铁矿有难利用的表外矿4亿多吨，为此，拟建年处理表外矿316万吨，年产钒钛铁精矿55万吨，其中Tfe54%，$TiO_2$10%，V_2O50.6%。

二是尾矿坝选钛工程。到2004年底，攀钢本部历年堆积的尾矿1亿多吨。现已开始建设年处理尾矿约460万吨，年产细粒级钛精矿20万吨，同时回收铁、钴等资源。

以上两个项目的建成，相当于增加了一座中型矿山。但这类资源的利用成本偏高，优惠的税收政策及其导向有利于废物的资源化利用。

（四）加大研发支持力度

攀钢较国内其他钢铁企业在资源综合利用方面有其特殊性，因此，建议国家组建国家级钒钛工程技术中心，在资金上给予支持，调动全国的科技力量参与钒钛资源综合利用科技攻关，重点攻克、突破关键和核心技术，特别是要加强对氯化法钛白国产化生产技术和装备及高品质富钛料的制作技术的研究开发，形成自有知识产权，打破国外对中国钛产业的技术封锁。

"攀钢（集团）公司发展循环经济研究"课题组

2007年7月20日

结　语

合理发展是一个庞大的系统工程，仅靠一个课题的研究，难以做到全面、系统、周全。本书撰写过程中的一个指导思想便是力求点的深入研究，避免面上的面面俱到。因此，书中一些内容，尤其是后面几章实证性的内容，体现出刻意抓住西部地区合理发展的主要问题、主要方面，侧重围绕带有共性的和比较重要的问题展开分析论述。

发展的合理性与科学发展观所蕴涵的本质特性是内在统一的，合理发展与科学发展亦是高度一致的。发展的合理性是对科学发展观在学理上的认知和佐证，而科学发展观是发展合理性的时代体现和实践应用。科学发展观对我国乃至人类社会的发展道路、发展模式、发展战略、发展动力、发展目的和发展要求等一系列重大理论和实践问题作出了马克思主义的科学回答，揭示了当代中国经济社会发展的客观规律，是指导我们实现科学和合理发展的世界观和方法论，是推动我国经济社会合理发展的重要指导方针和重大战略思想。因此，科学发展观充分反映出了中国共产党对发展问题的崭新认识和对发展合理性的高度提升。强调发展的合理性、谋求合理发展的过程，就是在理论和实践上深入践行科学发展观的过程。

合理发展是一个动态过程。随着西部大开发的深入进行和西部地区经济社会的不断发展，合理发展的要求和目标也将有所变化，需要与时俱进地加以调整、丰富和提升。因此，对西部地区发展合理性的研究也将不断地持续下去。我们应当坚定地以科学发展观作为西部地区经济社会发展的思想和方法的统领，以不断提升西部地区发展的合理性为要求，以实现科学、合理发展为目标，扎扎实实地发展，真真切切地进步，为实现西部地区既好又快的发展，为促进全国和谐社会的建设作出应有贡献。

主要参考文献

一、著 作

[1]马克思，恩格斯．马克思恩格斯文集：第2、3、4卷[M]．北京：人民出版社，1995.

[2]邓小平．邓小平文选：第三卷[M]．北京：人民出版社，1993.

[3]邓小平．邓小平文选：第二卷[M]．北京：人民出版社，1994.

[4]科学发展观重要论述摘编[M]．北京：中央文献出版社，2009.

[5][美]阿瑟·奥肯．平等与效率[M]．王奔洲，等，译．北京：华夏出版社，1999.

[6][法]卢梭．论人类不平等的起源和基础[M]．李常山，译．北京：商务印书馆，1962.

[7][德]康德．纯粹理性批判[M]．韦卓民，译．武汉：华中师范大学出版社，2000.

[8][印度]阿马蒂亚·森．以自由看待发展[M]．任赜，于真，译．北京：中国人民大学出版社，2002.

[9][美]乔治·吉尔德．财富与贫困[M]．储玉坤，等，译．上海：上海译文出版社，1985.

[10]联合国教科文组织．发展的新战略[M]．北京：中国对外翻译出版公司，1990.

[11][英]戴维·米勒．社会正义原则[M]．应奇，译．南京：江苏人民出版社，2001.

[12][埃及]萨米尔·阿明．不平等的发展[M]．北京：商务印书馆，1990.

[13][西班牙]费德利克·马约尔．不要等到明天[M]．北京：社会科学文献出版社，1993.

[14][美]伯特尔·奥尔曼．市场社会主义[M]．段忠桥，译．北京：新华出版社，2000.

[15][德]哈贝马斯．行动的合理性和社会的合理化[M]．洪佩郁，译．重庆：重庆出版社，1994.

[16][美]莱斯特·R. 布朗．生态经济[M]．林白新，等，译．北京：东方出版社，2000.

[17]Vinod Thomas，Mansoor Dailami. 增长的质量[M]．北京：中国财政出版社，2001.

[18]李德顺．价值论[M]．北京：中国人民大学出版社，1987.

[19]樊纲．发展的道理[M]．北京：生活·读书·新知三联书店，2002.

[20]中国21世纪议程管理中心可持续发展战略研究组．发展的实现方式[M]．北京：社会科学文献出版社，2006.

[21]樊勇．贫富论——唯物史观视角[M]．北京：人民出版社，2006.

[22]胡辉华．合理性问题[M]．广州：广东人民出版社，2000.

[23]邱耕田．发展哲学导论[M]．北京：中国社会科学出版社，2001.

[24]吴忠民．发展社会学[M]．北京：高等教育出版社，2002.

[25]费多益．科学的合理性[M]．北京：科学出版社，2004.

[26]王炳书．实践理性论[M]．武汉：武汉大学出版社，2002.

[27]周毅．西部反贫困研究[M]．兰州：甘肃人民出版社，2001.

[28]周毅．中国东西均点[M]．广州：广东经济出版社，2007.

[29]李纪恒．贫困地区发展论[M]．北京：中央党校出版社，1997.

[30]刘茂松．反梯度推移发展论[M]．长沙：湖南人民出版社，2006.

[31]王靖．中国东西部发展不平衡研究[M]．昆明：云南科技出版社，2002.

[32]刘泽民．社会主义市场经济的哲学审视[M]．北京：人民出版社，2001.

[33]范金．可持续发展下的最优经济增长[M]．北京：经济管理出版社，2002.

[34]王克敏．经济伦理与可持续发展[M]．北京：社会科学文献出版社，2007.

[35]张凯．循环经济理论研究与实践[M]．北京：中国环境科学出版社，2004.

[36]罗龙．当代经济发展中的开放度问题[M]．北京：中国对外经济贸易出版社，2003.

[37]邹东涛．中国西部大开发全书[M]．北京：人民出版社，2000.

[38]《中国统计年鉴》、《中国统计摘要》等各类统计资料和年度报表。

二、论 文

[1]胡锦涛．把贯彻落实科学发展观提高到新的水平[N]．人民日报2008-09-20.

[2]温家宝．开拓创新扎实工作 不断开创西部大开发的新局面[N]．人民日报2005-02-05.

[3]易晓波．可持续发展观本质上是一种创新观[J]．哲学动态，1995(8).

[4]刘德中．发展合理性试探[J]．哲学动态，1995(2).

[5]孙伟平．全面建设小康社会的价值理念[J]．理论研究，2003(2).

[6]李青．全面建设小康社会中的困难群体问题及其消解[J]．科学社会主义，2003(1).

[7]樊勇，李胜俊．生态脆弱地区现代公路建设的哲学审视——以云南为例[J]．自然辩证法研究，2010(9).

[8]王鑫．坚持共同富裕的发展观[J]．科学社会主义，2000(6).

[9]余晓菊．实践的合理性：人类走出困境的现实途径[J]．湖南师范大学社会科学学报，2003(1).

[10]张明仓．论合理的代价思维[J]．福建论坛：文史哲版，2004(1).

[11]范燕．社会进步的多元互动结构及其评价尺度[J]．首都师范大学学报：社会科学版，1996(1).

[12]王鹏飞．贫困与发展理念[J]．连云港职业技术学院学报，2004(1).

[13]王汉华，彭炬．论社会发展的合理性和人文价值导向[J]．求索，2004(3).

[14]李国华．论“合理性发展”的基本内涵[J]．长沙电力学院学报：社会科学版，2003(2).

[15]樊勇．由逐步实现共同富裕看发展的合理性[J]．唐都学刊，2005(3).

[16]任保平．西部贫困地区的生态性贫困及其治理[J]．商洛师范专科学校学报，2005(1).

[17]朱红．西部地区必须在新型工业化进程中统筹城乡发展[J]．经济问题探索，2006(1).

[18]苏振锋．特色经济：西部民族地区落实科学发展观的契入点[J]．经济问题探索，2006(1).

[19]谢丽霜．产业梯度转移滞缓原因及西部对策研究[J]．中央民族大学学报，2005(5).

[20]张宝兵．论西部地区主导产业的合理选择[J]．重庆邮电大学学报：社会科学版，2005(2).

[21]高筱梅．特色经济形成的机理探讨[J]．经济问题探索，2003(10).

[22]樊勇．发展的合理性问题[J]．昆明理工大学学报：社会科学版，2002(2).

[23]朱奇．关于中国西部资源开发的实证研究[J]．铁道学院学报，2002(3).

[24]姜太碧．西部欠发达地区小城镇发展模式实证研究[J]．江海学刊，2008(2).

[25]梁风文．优先开发西部地区水电资源的理性思考[J]．西南师范大学学报：人文社会科学版，2008(6).

[26]刘德华．西部大开发新问题及形成因素分析[J]．内蒙古民族大学学报：社会科学版，2005(3).

[27]李天德．中国东西部经济发展不平等现象分析[J]．西南民族大学学报：人文社会科学版，2005(3).

[28]彭介忠，彭秀丽．西部大开发中的经济正义问题研究[J]．吉首大学学报：社会科学版，2005(1).

[29]丁任重．西部发展：资源开发战略的调整与转型[J]．改革与战略，2009(5).

[30]吴海鹰．西部地区经济发展与环境质量关系的实证研究[J]．贵州社会科学，2007(3).

[31]官卫华，姚士谋．西部大开发中城市化发展的几个关键问题[J]．经济地理，2002(5).

[32]杨新军．中国西部地区特种旅游开发的可行性[J]．桂林旅游高等专科学校学报，2008(2).

[33]王仁贵．西部大开发10年启迪[J]．瞭望，2009(51).

[34]王仁贵．深入实施西部大开发战略探秘[J]．瞭望，2010(28).

[35]以科学发展观为指导　努力实现又快又好发展——云南省"三个代表"重要思想研究中心[N]．云南日报 2006－02－28.

[36]郭笑笙．文化产业发展与"云南模式"探讨——2005文化产业云南论坛专家学者观点摘要[J]．社会主义论坛，2005(5).

[37]樊勇，李晓偲．西部地区资源开发中的矛盾及求解——从发展合理性的视角[J]．云南社会科学，2009(5).

[38]李万明，等．西部大开发的现状分析及前景展望[J]．新疆农垦经济，2009(6).

后　　记

本书是在顺利完成国家社科基金西部项目“西部地区发展合理性的研究”（05XZX003）的基础上撰写而成的，出版过程中得到了云南省教育厅优秀著作出版基金的出版资助。

在进行国家社科基金项目研究的多个年头里，得到了中国人民大学马克思主义学院张云飞教授、云南大学公共管理学院袁明旭教授及昆明理工大学胥留德教授等的指点与支持。清华大学人文社会科学学院吴倬教授、大连理工大学人文社会科学学院王前教授、云南民族大学马列部主任张建国教授、云南农业大学人文学院诸锡斌教授等对书稿提出了宝贵的修改意见和建议。尤其在撰写本书过程中，由云南省地方公派留学基金资助赴加拿大北不列颠哥伦比亚大学进行了为期一年的访学和合作研究，我们在 Prof. Baotai Wang、Prof. Fiona MacPhail 等的指导和帮助下较好地开展了相关研究工作，尤其是作了有针对性的对比分析，获益匪浅。在具体的出版事宜上，得到了昆明理工大学社会科学学院和云南大学出版社蔡红华副编审的大力支持和热情帮助。在此，一并表达深深的感激和诚挚的谢意。

在本书的撰写过程中，参考了有关书刊资料，吸取了许多专家学者研究的成果，这些大多已经在相关部分作出了说明，但仍难免挂一漏万，敬请谅解并特此致谢。

樊　勇　高筱梅

2011 年春